QINGSHAONIAN
BIZHI DE ZHIMOU
JINGDIAN

青少年必知的
智谋经典

本书编写组◎编

生命的质量需要锻铸，读书是锻铸的重要一环。本书用通俗易懂的简洁文字阐述作品精华，诠释大师们的思想，传递原作精辟的理论，帮助青少年朋友站在大师的肩上看世界领悟人生，走向辉煌。

世界图书出版公司
广州·北京·上海·西安

图书在版编目（CIP）数据

青少年必知的智谋经典/《青少年必知的智谋经典》
编写组编 . —广州：广东世界图书出版公司，2009.11（2024.2 重印）
ISBN 978 - 7 - 5100 - 1243 - 3

Ⅰ. 青… Ⅱ. 青… Ⅲ. 谋略－青少年读物 Ⅳ. C934 - 49

中国版本图书馆 CIP 数据核字（2009）第 204841 号

书　　名	青少年必知的智谋经典
	QING SHAO NIAN BI ZHI DE ZHI MOU JING DIAN
编　　者	《青少年必知的智谋经典》编写组
责任编辑	陈晓妮　张梦婕
装帧设计	三棵树设计工作组
出版发行	世界图书出版有限公司　世界图书出版广东有限公司
地　　址	广州市海珠区新港西路大江冲 25 号
邮　　编	510300
电　　话	020-84452179
网　　址	http://www.gdst.com.cn
邮　　箱	wpc_gdst@163.com
经　　销	新华书店
印　　刷	唐山富达印务有限公司
开　　本	787mm×1092mm　1/16
印　　张	13
字　　数	160 千字
版　　次	2009 年 11 月第 1 版　2024 年 2 月第 9 次印刷
国际书号	ISBN　978-7-5100-1243-3
定　　价	49.80 元

青少年必知的经典系列

出版缘起

在人类文明发展史上，每个时代都会有一批在各个领域创作出惊世之作的伟人，他们所留下的一份份宝贵的文化遗产和精神财富，既没有时空界限，也没有地域之分，像星斗辉煌于当时，也像阳光灿烂于今天。在人类历史上，这是为数不多的一群人，但也是值得关注、值得崇拜、值得追随的一批人。他们用真理的力量统治我们的头脑，而不是用武力奴役我们。正是他们影响着我们的生活，他们所留下的杰作已成为全人类共同的宝贵财富，供我们一代一代分享下去。这些人，我们称之为大师，这些伟大的作品，我们称之为经典。

人类文明史的一页页是由许多大师承接起来的。莎士比亚、贝多芬、达尔文、梵高、弗洛伊德、甘地、毕加索、海明威、钱钟书……每个如雷贯耳的名字，都代表着一个知识领域的高峰，正是他们不同凡响的创造，成就了人类文化的鸿篇巨制。有人说，"阅读大师，读懂读不懂都有收获"。的确，尽管很多大师与我们生活在不同的时代、不同的国度，说着不同的语言，却几乎时刻伴随在我们的精神世界中，遥远而又亲近。每一位大师都是一座丰碑，他们是精神的引领者和行为的楷模。阅读他们的经典之作，可以使我们变得深沉而非浮躁、清醒而非昏聩、深刻而非肤浅，可以使我们的人格得到提升，生命得到重塑。

读书可以经世致用，也可以修身怡心，而阅读经典，了解大师，是人生修养所应追求的一种境界。千百年来，大师们的经典著作曾经影响了无数人。然而行色匆匆，为了事业、生活忙碌奔波的现代人，几乎没有闲暇静下心来解读这些大师们给予我们的忠告和教诲，我们难以感受到伟大作品的力量。更为遗憾的是，伟大的作品又常常那么晦涩难懂，一些只有专业人士才肯翻阅的书籍令很多人望而却步，甚至是敬而远之。在一切讲求快节奏的今天，每个人都希望能在最短的时间内获得最多的知识，为了帮助广大爱读书的朋友寻找到一种最省时而且最有效的方式，去阅读那些能经受住时间考验的、世界上亿万读者多少年来都从中得到过特别启迪的书，我们跨越时空地域的界限，从人类文明发展史中采撷菁华，在参考诸多名家推荐的必读书目的基础上，组织数十位中青年专家学者编写了这套《青少年必知的经典系列》丛书。本丛书从国学、西学、中国文学、外国文学、诗歌、名人传记、谋略、修身处世、心理励志、科普、管理、经济、投资、电影、美术、音乐16个领域中各选取了几十位最具影响力的大师，着重介绍他们最有代表性的作品，这些流芳百世的经典之作曾经是一代又一代人的路标，了解并阅读这些经典著作，必将给每一位读者以智慧的启迪。

生命的质量需要锻铸，阅读是锻铸的重要一环。真正的经典都有一种强大的精神力量，指引我们的为人处世。站在大师的肩上，我们能够看得更远；沿着他们开拓的道路，我们能够前进得更快。本丛书用最浅显的文字诠释大师们的深邃思想，用最易懂的字句传递原著中绞尽脑汁才能读懂的理论，以最简洁的话语阐述伟大作品的精华，让读者在最短的时间内汲取大师身上沉淀出的宝贵经验与智慧，走进一个神圣的精神殿堂。

阅读的广度改变生命历程的长短，阅读的深度决定思想境界的高低。大师经典带来的影响，不只是停留在某个时代，而是会穿越时空渗透到我们的灵魂中去。英国著名诗人拜伦曾经说过："一滴墨水可以引发千万人的思考，一本好书可以改变无数人的命运。"的确，读书对于一个人的文化水平高低、知识多少、志向大小、修养好坏、品行优劣、情趣雅俗，往往起着至关重要的作用。我们精心编写的这套《青少年必知的经典系列》丛书品位高雅，内容丰富，设计、装帧精美、时尚，不仅具有较高的阅读欣赏价值，还可以收藏，或作为礼物馈赠亲朋好友，是一套能让读者从中获益良多的读物。

一本好书是一个由优美语言与闪光思想所构成的独特世界，选择一本好书，不仅可以品味一时，更可以受益一生。

目录

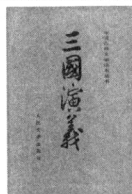

CONTENTS

★一部百科全书式的谋略大全

★创一家之言，成千古治世奇书

★一部治国御民的经略全书

★研究中国传统谋略文化的重要典籍

管 子

管 子 （中国·春秋 约公元前725～前645）

《管子》是我国古代一部著名的典籍，内容十分丰富。其中对如何治国安邦，振兴国力，有很多精辟的见解和深邃的论述。

——当代学者 蔡国相

管仲是我国春秋时期伟大的政治家、军事家、思想家和经济学家。他辅佐齐桓公励志改革、富国强兵，创下九合诸侯、一匡天下的丰功伟业。他的民为邦本、礼法并用、通商惠贾、开放务实的深邃思想，赢得了世人的讴歌和后人的礼赞。孔子称赞他说："管仲辅助齐桓公做诸侯霸主，一匡天下。要是没有管仲，我们都会披散头发，左开衣襟，成为蛮人统治下的老百姓了。"梁启超誉之为"中国之最大的政治家"、"学术思想界一巨子"。

管仲的一生，不仅建立了彪炳史册的功勋，还给后世留下了一部以他名字命名的巨著——《管子》。这部先秦时代的重要典籍所体现出的政治、经济和哲学等思想是我国古代杰出的思想成就的精华。书中的内容包罗万象、博大精深，涉及政治、经济、军事、哲学、伦理、自然科学等诸方面，糅合了法、儒、道、阴阳诸家思想，在我国是一部少见的综合性巨著。

在齐国为相期间，管仲凭借其卓越的治理才能、盖世的治国谋略，帮助齐国成为五霸之首，建立千秋霸业。《管子》这部千古治世奇书中，举凡经济、政治、文化、教育、军事、外交和个人修养、人际关系等各领域的智谋韬略，应有尽有。其精言妙道足以启迪今人，流传后世。"智者善谋"，是说有智慧的人善于谋划，这句话即出自《管子》一书。所以《管子》一直是研究中国传统谋略文化的重要典籍。所以，它不仅为我国历代学者所注目，而且也为世界上许多国家的军事家、谋略学家所重视。

《管子》是中国传统谋略思想的一朵灿烂奇葩，书中丰富多彩的理论中所蕴藏的许多哲理和真理，至今熠熠生辉，对于我们也有很大的启发意义。争强者必先争谋，在竞争激烈的社会生活中，若想争当强人，就应该先争谋略，力争在智谋上高人一筹。正如《管子·霸言》篇所说："夫争强之国，必先争谋。"然而今天毕竟与以往的历史有所不同，因此，对于《管子》中的谋略思想，应结合今天的情况，巧用、妙用。

旷世杰作
KUANGSHI JIEZUO

整部《管子》在一定意义上可以说是一座贮藏丰富的智谋之仓，相传为春秋齐国相管仲所撰。至西汉末年，经刘向整理后，定为86篇，后来佚失10篇，存76篇，这就是现在流传的《管子》。

作为我国春秋战国时代诸子百家中一部非常重要的作品，《管子》内容庞大，体系完整，基本上反映了管仲的治国谋略思想，是研究先秦特别是春秋时期社会政治、经济、军事、法律、文化等各个方面非常重要的原始资料。其中《牧民》篇讲述治国治民的原则，《形势》篇讲述主持政事的规律，《权修》侧重于政治，《乘马》侧重于经济，《立政》侧重于典章制度，《七法》侧重于军事问题，乃至《版法》、《幼官》、《五辅》、《八观》、《法禁》、《重令》、《兵法》、《法法》及其他大部分篇章，都在讲富国强兵、正世安民之道。即使是有关哲学方面的著作，也常与治世之道相联系。但它们又不是只讲一时一事的具体对策，一般是把政治、经济的具体要求，上升到理论高度并写成文章。举尽先秦诸子，我们还没有看到像《管子》这样面面俱全、百家荟萃的著作。就其所涵盖的内容而言，完全可以称得上是一部百科全书式的学术著作，其中不乏精辟的议论，深邃的见解，对后世有深远的影响。

····华文精选····

凡治国之道，必先富民。民富则易治也，民贫则难治也。

译文：大凡治理国家的方法，一定要首先使人民富裕起来。人民富裕了就容易治理，人民贫穷了就难以治理。

仓廪实则知礼节，衣食足则知荣辱。

译文：粮仓充实，百姓才懂得礼节制度；衣食丰足，百姓才知道荣誉耻辱。

好的谋略汲取了众人智慧的长处，带有全面性和综合性。管仲提出"别而听之则愚，合而听之则圣"的原则，即只听一面是愚蠢的，兼听全面才是圣明的，即使有商汤和周武王的德行，也要综合听取一般市民的意见。因此，管仲建议齐桓公仿效古代圣王纳谏的措施，特设"啧室之议"的机构和制度，专门受理来自各方面的意见。这种做法无疑有益于齐桓公广泛吸取民众的建议，为其称霸打下了良好的基础。

《管子》提倡从全面出发的大谋略。提倡慎重选择可谋之人而与之谋，千万不要跟不可谋之人谋划，以免上当受骗。对于那种只顾眼前利益，只图速效、不顾后患与忧愁的谋略家，应该不予采用。什么样才是可用的谋略之才呢？在《管子》中，人才思想占有相当重要的地位。治国在用人，只有任用贤能之士才能使国家兴旺发达。因此，管子非常强调人才的重要性，注重培养选拔贤良之才。他坚持认为，人是国家最宝贵的财富，从长远利益考虑，培养人才是治国的根本。"一年之计，莫如树谷；十年之计，莫如树木；终身之计，莫如树人。一树一获者，谷也；一树十获者，木也；一树百获者，人也。"培养人才固然重要，发现人才同样重要。《管子》中还阐述了不少如何发现和选拔人才的方法。就如何使用人才，管仲指出，为政者必须善于根据每个人的才能，量才使用"信其所长，不任其所短，故事无不成而功无不立"。聪明的君主总是"度量人之力所能为，而后发焉"。

••• 华文精选 •••

是故先王之治国也，不淫意于法之外，不为惠于法之内也。动无非法者，所以禁过而外私也。威不两错，政不二门。以法治国则举措而已。

译文：所以先王治国，不在法度之外浪费心机，也不在法度之内私行小惠。所谓任何行动都离不开法度，就正是为了禁止度内私行小惠。所谓任何行动都离不开法度，就正是为了禁止过错而排除行私的。君权不能由两家占有，政令不能由两家制定。以法治国不过是一切都按法度来处理而已。

管仲认为应该讲求谋略的灵活性，他在《霸言》篇中指出，智者善于谋划，不如善于把握时机。精于把握时机，则用力少而功效大。因此他主张谨慎地把握时机，准备好了等待时机到来，时机合适才兴办大事。如《山至数》篇"乘时进退"，根据时机决定前进还是后退的策略。《正世》篇的"不慕古，不留今，与时变，与俗化"，不机械地模仿古代，不固执地留住今天，而是随着时机和风俗的变化而变化。《宙合》篇讲，采取谋略"必因于寸"、"与变随化"即根据时机，随时变化。

此外，《管子》一书还强调在竞争激烈的社会中，并不是一切谋略都适于公开的。管仲在《宙合》篇提出"谋不可以泄"的原则，就是认为"谋泄灾至"，即谋略泄露，灾祸就要来临。如果轻言泄谋，灾"必及于身"。因此谋略家说话应该谨慎。想当初，管仲被鲁国拘捕，随时有生命危险，鲍叔牙与桓公谋划，想把管仲弄回齐国，任他为相，所以故意散布要把管仲弄回，当众杀死，才解心头之恨。这正是利用谋略机密性之一例。

管仲为齐桓公谋划了一个称霸天下的宏伟战略，即先富国强兵，后兼并天下。他改革了齐国的政治、经济、军事制度，恢复和提高齐国的综合国力，其中最重要的一个方面就是经济改革。《管子》认为，只有国家拥有大量的财富，才能给人民以物质利益，从而得到他们的拥戴，为天下所归附，国家富足，统治者能给人民创造安居乐业的生活环境与生活条件，政权才能巩固，国家要给百姓物质上的利益，就必须府库充裕。要做到这些就必须重视社会经济，发展社会生产。《管子》所记载的经济思想，堪称中国经济思想史上一颗璀璨的明珠。早在《管子》中就已经有了比较系统的货币数量论以及货币政策主张："国币之九在上，一在下，币重而万物轻。敛万物应之以币，币在下，万物皆在上，万物重什倍。"《管子》在一定程度上认识到了"节俭悖论"，主张在一定条件下应该"侈靡"。《管子·侈靡》中写道："兴时化，若何？曰，莫善于侈靡。""富者靡之，贫者为之。"比之于凯恩斯，《管子》的政策主张毫不逊色。除此之外，在财政、贸易、消费、分配等许多方面，《管子》都有不凡的观点。

《管子》一书同时收录了大量春秋时管仲的军事谋略思想。其中的"七法"、"兵法"、"大匡"、"小匡"、"霸言"等篇都涉及军事问题，而且多属战争方略。这些观点极大地丰富了齐国的军事谋略思想，使齐国兵学进一步发展。

管仲是位思想家，他主张法治。全国上下贵贱都要守法，赏罚功过都要依法办事。他认为国家治理的好与坏，根本在于能否依法治国。管仲思想中有不少可贵的地方，如他主张尊重民意，他说"顺民心为本"，"政之兴，在顺民心；政之所废，在逆民心"。于利、信、武相结合的谋略，避免了单纯以武力征服的做法。这对于保存齐国的国力，团结各诸侯，巩固齐国的霸业，均有重要意义。正是这种外交路线、外交政策与《管子》的其他治国思想与实践相结合，管仲才能相桓公，不以兵车霸诸侯，一匡天下，成就齐国的霸业，使人民一度免于战乱，有休养生息和发展的机会与客观条件。

《管子》的经济谋略

管仲多谋善断，他不仅把智谋用于政治和军事，还用于经济用于理财，《管子》一书记载了许多生动的事例。

一、统计理财谋

管仲很重视统计在理财乃至整个经济工作中的作用。《巨乘马》、《乘马数》、《山国轨》等几篇都是讲统计筹划的。

《管子》认为，国家对土地、人口、需用、常旨、货币都要有统计，县、乡和国家都要心中有数。特别是对于土地的等级要有准确统计。如果统计准确了，便于管理和控制，就可以取得收入，而不必向人们征税。对于统计的内容必须严格保密，否则就会受制于下面的富民商人。总体统计完成后，然后计划发行一笔经过全面筹算的货币，对于预计其土地收成有余粮的农户，就主动借钱给他们，大户多借，小户少借。对于预计缺粮户，也要借给他们钱，以保持其最低生活水平。第二年，年景好，五谷丰登。官府就对余粮户说：

在现代社会中，对社会组织的有效管理关键在于领导。合理而有效的领导除了组织内部应有严谨而规范的制度外，还必须有领导者的权威以及领导者驾驭全局的方法和艺术等因素。管子领导科学在这些方面给了我们很多的启迪。
——当代学者 吕洪涛

中国经济和经济管理谋略以管仲为奠基人。
——著名经济学家 凯恩斯

一部《管子》倒真可以作为治理国家者重要而有益的参考。该书有三分之二的内容涉及经济问题，所论范围也十分广阔，诸如对外贸易、宏观调控、价格、市场、货币、垄断等等，几乎把所有的经济问题都包揽无遗。因此，也可以说《管子》是一部古代的经济学全书。
——知名学者 胡显中

齐桓公以霸，九合诸侯，一匡天下，管仲之谋也。
——《史记》

"我所贷给你们的共多少钱？乡中粮食的现价是多少？请按十分之七的折价还粮。"这样粮价就会涨，币值就会下跌。这样余粮被国家掌握起来了，使粮价坐涨了10倍。这时对妇女所生产的布帛，只要合于国家需要的，都加以收购并订下合同。合同按乡、市的价格写明："官府无钱，但有粮，用粮食折价来收购。"这样又用卖回粮食的办法清偿买布人合同，国家需用的布帛便可解决。接着粮价又降回到原来水平。再贷放经过统筹发行的货币，再进行囤积粮食，粮价又上涨10倍。这时官府通告豪富之家和高利贷者们："国君将出巡各地，尔等各应出钱若干备用。"还要通告邻近各县说："有存粮的都不准擅自处理。如果巡行用粮不够，国君将为解决人马食用向民间借粮。"邻县四周的粮价又会坐涨10倍。国君便下令说："从富家所借的钱，一律以粮食折价偿还。"这样，粮食的市价就会降下来，币值又要上升了。这种方法首先使粮价坐涨10倍。其次用粮食支付借款。再次因国家货币的九成在官府，一成在民间，币值高而物价贱，便收购物资而投出货币。最后因货币放在民间，物资集在官府，物价上涨；官府便按市价抛售物资，至物价回降而止。这样的国家统计理财工作，安排在产品未成之前，掌握经营在产品已成之后，运用国家号令而收放进退，这样就不必向民间直接征税了。此种方法虽然是运用价格，但其关键是统计要准确，信息要及时，故称"统计理财"。

二、高桥谋

齐国重视武备，国家对皮、干、筋、角4种制造兵器的材料征收太重，使得市场上皮、干、筋、角的价格十分昂贵。桓公就向管仲请教解决的方法。管仲说："请下令修筑高桥深池，使行人站在桥东看不到桥西，站在桥南看不到桥北。"桓公照办了。过了一年，国家对皮、干、筋、角的征收减少了一半，人民在这方面的负担也减少了一半。桓公召见管仲询问这是什么缘故，管仲回答说："桥和池平坦的时候，夫妻两个人拉着车子可以轻松地走百里路。现在桥高池深，东南西北的行人互相看不到对方，一旦天下小雨，10个人的力量也不能推车上桥，洼地遇雨，10个人的力量也靠不住。除了利用牛马的力量别无其他办法。牛马被累坏了，而且不断死在路上，牛马的皮、干、筋、角白送都没有人要。牛马的价格必然上涨，天下各诸侯国听到这个消息，势必像流水一样赶着牛马到齐国抛卖。所以，高架桥而深挖池，正是用来招引天下的牛马且减少人民负担的办法。

三、美锦谋

为了帮助贫民和农夫维持农事，齐国通用的办法是向富商巨贾和高利贷者征收赋税。齐桓公想改变这种办法。管仲说，要改变这种办法必须利用国君的号令。于是派宾胥、隰朋、宁戚、鲍叔牙分别到全国各地作调查。要他们为国君调查四处放贷地区的情况，调查那里负债的人有多少家，统计出数额回来报告。4个大臣调查完毕回来，报告情况。全国所有高利贷者，共放债3000万钱、3000万盅左右的粮食，借债贫民3000多家。管仲说："不料我国的百姓等于一国而有5个国君的征敛，这样还想国家不穷，军队不弱，怎么可能呢？"桓公问怎么办。管仲就叫他下号令，前来朝拜贺献的，都必须献来织有漂亮花纹的美锦，美锦的价格就上涨了。国君"栈台"所藏的同类美锦，价格也随着涨了许多倍。然后，国君下令

召见高利贷者，并设宴招待他们。太宰敬酒后，桓公便提衣起立而问大家："我需要做的事情很多，只好派官在国内收税。听说诸位曾把钱、粮借给贫民，使他们得以完成纳税义务。我藏有漂亮花纹的美锦，每匹价值万钱，我想用它来为贫民们偿还本息，使他们免债务负担。"高利贷者都俯首下拜说："君上如此关怀百姓，请允许我们把债券捐献于堂下就是了。"桓公又说："那可不行。诸位使我国贫民春得以耕，夏得以耘，我感谢你们，无所奖励，这点东西都不肯收，我心不安。"这样，国家拿出一定数量的织锦，便偿清了四方贫民的本息，免除了他们的债务。贫民对君王自然更感激不尽。

四、轻重之术

管仲把轻重之术运用于诸侯国之间的斗争，取得了不战而胜的效果。

据《管子·轻重戊》记载：桓公说："鲁国、梁国对于我们齐国，就像田边上的庄稼，蜂身上的尾螫，牙外面的嘴唇一样。现在我想攻占鲁、梁两国，怎样进行才行？"管子为桓公谋划说："鲁、梁两国的百姓，从来以织绨为业。您就带头穿绨做的衣服，令左右近臣也穿，百姓也就会跟着穿。您还要下令齐国不准织绨，必须让给鲁、梁二国去织。这样，鲁、梁二国就将放弃农业而去织绨了。"于是，桓公在泰山之南做起绨服，10天做好就穿上了。管仲还对鲁、梁二国的商人说："你们给我贩来绨1000匹，我给你们金300斤；贩来万匹，给3000斤。"这样，鲁、梁二国即使不向百

姓征税，财用也充足了。鲁、梁的国君听到这个消息，便要求他们的百姓织绨。13个月后，管仲派人到鲁、梁探听。两国城市人口之多使路上尘土飞扬，十步内都互相看不清楚，走路的足不举踵，坐车的车轮相撞，骑马的列队而行。管仲说："可以拿下鲁、梁二国了。"桓公说："该怎么办？"管仲回答说："您应该改穿帛料衣服，下令百姓不再穿绨。还要封闭关卡，与鲁、梁断绝经济往来。"10个月后，管仲又派人探听，看到鲁、梁的百姓逐渐陷于饥饿，连朝廷的正常赋税都交不起。鲁国国君命令百姓停止织绨而务农，但粮食也不能在几个月内生产出来。鲁、梁的百姓买粮每石要花上千钱，而齐国粮价才每石十钱。两年后，鲁、梁的百姓十分之六投奔齐国。3年后，鲁、梁的国君也都归顺齐国了。 （佚 名）

《管子》中的军事谋略

《管子》一书极为重视战争，这主要表现在两个方面：一方面强调战争的重要性，认为"君之所以卑尊，国之所以安危者，莫要于兵"，"故兵者尊主安国之经也，不可废也"（《参患》）；另一方面又强调战争的危害性，认为"夫兵事者，危物也，不时而胜，不义而得，未为福也。失谋而败，国之危也，慎谋乃保国"（《问》）。正是这种既强调战争的重要作用又主张慎谋的战争观，决定了《管子》重视谋略的基本特色。"至善不战，其次一之"（《兵法》），即不战而胜、一战必胜，这正是《管子》军事思想的核心。

一、"财不盖天下，不能王天下"——运用经济手段不战而屈人之兵

管仲以善于理财著称。他作为一个卓越的经济学家，对军事与经济的关系有独到的见解。管子后学继承和发挥了其遗说，对军事与经济、富国与强兵的关系在先秦诸子中论述得最为全面、系统。

《管子》充分强调了军事对经济的依赖关系。认为国用富足，军队才会强大，"国富者兵强，兵强者战胜，战胜者地广"。否则，"国贫用不足，则兵弱士不厉；兵弱士不厉，则战不胜守不固；战不胜而守不固，则国不安也"。把物质财富看作是战争胜败的根本条件，把富国看作是强兵的根本途径。《七法》篇提出了"为兵之数"的8个方面，而以"聚财"为首并提出"财不盖天下，不能王天下"。正是基于这种认

识，《管子》提出了一系列"经济战"的谋略。

《管子》主张对敌国不能只是一味地武力较量，而是应先开展广泛的经济战。《轻重甲》："请战衡、战准、战流、战权、战势，此所谓五战而至于兵者也。"首先在经济方面，即在物资供求、物价调节、物资流通、运用权谋、利用形势等方面作战，使之作用到军事即通过经济战使敌国降服，不战而胜，此为至善。即使经济战不能使敌国亲服，也为军事战创造了必胜条件。

二、"九合诸侯，不以兵车"——以外交手段达到军事战的政治目的

管仲辅佐齐桓公"九合诸侯"，其中有"兵车之会"，也有"乘车之会"。所谓兵车之会是率领军队即武力盟会，而乘车之会是纯属外交手段的和平盟会。显然，管仲极为重视外交战与军事战相结合，注意用外交战来达到军事战的政治目的，不战而胜，称霸诸侯。管仲的这一谋略深受后人推崇，孔子干脆说"桓公九合诸侯，不以兵车，管仲之力也"（《论语·宪问》）。盛赞管仲以外交手段辅君成霸。管子后学继承、发挥了这一谋略，在《管子》一书中突出地表现了运用外交手段不战而胜的思想。

三、"行义胜之理"——合乎道义的用兵思想

《管子》认为，政治与军事相互制约，因此始终把政治与军事当作统一的整体来对待。从国家政治的大角度看待战争，所以《管子》强调战争必须合乎理义，要求"顺于理义"的正义之师。《管子》认为，军事力量强大是战胜敌国的基础，但不是兵强就必然能够取胜，战而胜必须合于理义。《制分》篇："强者所道胜也，而强未必胜也，必知胜之理，然后能胜。"是否合于理义是胜败的关键，"兵强而无义者，残"（《侈靡》），即使侥幸获得胜利，也不可取，"不义而得，未为福也"（《问》）。《管子》强调了理义与兵强、胜败的关系，突出了"举兵必义"的用兵观点。

四、"奇举发不意"——出奇制胜的军事谋略

《管子》认为"至善不战"，即不用战争手段而达到预期的政治目的，这是最理想的。在不得不用战争来解决问题的情况下，《管子》主张"一战必胜"。《兵法》篇把"战不必胜"列为"用兵之祸"的4个方面之一。《管子》围绕着战而必胜这一核心目标，提出了较为全面的军事谋略。

《管子》认为，天地万物多种多样，事物变化的可能性也不是固定的，而是"可浅可深，可浮可沉，可曲可直，可言可默；天不一时，地不一利，人不一事"（《宙合》）。《管子》冲破了宿命论的思想，认为社会万物的变化是多种多样的，特别是在战争中，结局绝不是注定不变的，而是存在着多种可能性，这就为人们发挥聪明才智

提供了广阔的天地。

综上所述，《管子》围绕"至善不战，其次一之"这一核心，提出了较为全面、系统的军事谋略思想，给我们留下了丰富的军事谋略遗产。（战化军）

《管子》中的领导方式与领导艺术的统一

领导方式是领导者的工作方式或行为方式，是领导者怎样进行领导的过程。《管子·形势解》中指出：领导者应掌握一定的管理方式。与建立领导者权威的世界观相适应，《管子》在管理方式上采取了命令式或集权式的领导方式。它是一种最后由领导者来决断和处理事务的方式。《管子》指出："兼听独断，多其门户。"领导者应多听取不同意见，最后做出决断。管子十分注重决断必须掌握好度的原则，指出："过与不及也，皆非正也。"只有在政治上和经济上进行有效的控制，决断才会有效，国富兵强才会实现。《管子》的集权式领导方式不是闭目塞听，主观武断。除了要兼听之外，还主张领导者要进行调查研究，在调查研究中形成正确的决策。《管子》指出："察而征之，无听辩，万物归之，美恶乃自见。"对事物要进行观察和考证，不要轻易相信别人对事物好坏的评价，应该通过自己的调查研究去了解事物的真相，最后做出正确判断。

《管子》在强调集权式领导方式的同时，也十分注重领导的艺术性。领导艺术是指领导者在进行领导的过程中采取灵活、随机应变的技巧和方法。作为领导者如果事无巨细，每事躬亲，那么领导者必然会整天纠缠于日常琐事中，难以集中精力处理大事和要事。因此，领导者必须掌握领导艺术。《管子》认为：作为一个明智的领导者，应该掌握这样的领导艺术。"君不动，政令陈下而万功成，心不动，四肢耳目使万物情。"如果领导者能够不必亲自动手，只须通过下达政令就可以办好事情，那么他就是一个非常高明的领导者。处理具体事务，领导者必须分清大事和要事。只要大事和要事得到解决，其他事务就会迎刃而解。高明的领导者还善于如何引导民众，使民众自觉接受领导。《管子》认为："善治其民，度量其力，审其技能。"要合理使用民力，领导者才能建功立业。要善于引导民众关键在于懂得"决"与"塞"之道。《管子》指出："民迁则流之，民流通则迁之，决之则行，塞之则止。"领导者应时时注意"民意"。当民众中产生了一种有益于社会发展的思想时，领导者应该敏锐地察觉到其重大意义，应该对它大力宣传和弘扬，使之发扬光大，成为推动社会进步的因素。当民众中产生了一些有碍社会进步和发展的观念时，领导者应当能够预感到它将带来的巨大危害，用疏导的方式将它消除在萌芽状态，领导者的处事艺术应建立在预见的基础上。

《管子》的领导艺术还体现在使用人才问题上。对待人才应该"苟大意得，不以小缺为伤。"人无完人，作为人才也有其缺点。如果在使用人才上对人才求全责备，以有小毛病和小缺陷而拒绝使用或者伤害他，那么对富国强兵战略的实现肯定是有百害而无一利的。作为领导者必须明了人才的特长和专长，用其所长，制其所短，只有这样，各种有专长的人才会云集而来。　（吕洪涛）

大师传奇
DASHI CHUANQI

管子，名夷吾，字仲。春秋时颖上（今安徽境内）人，是春秋时著名的政治家、军事谋略家。当今亦有人称他是"杰出的政治思想家、哲学家、法家的先驱、管仲学派的创始人"。

管子所处的时代正是列国并峙，征战不休的时代。当时在黄河卜游比较活跃的大国有齐、鲁、郑、宋、卫；小国有邢、遂、谭、纪、杞。大国又分两派，一派是郑、齐、鲁，一派是宋、卫。小国也附属在各个大国一边。两派的力量以郑、齐、鲁为强。由于郑国发生内乱，渐渐中衰，齐国慢慢强大，逐渐成了各国的霸主。

管子的祖先是姬姓的后代，与周王室同宗。父亲管庄是齐国的大夫，后来家道中衰，到管仲时已经很贫困。为了谋生，管仲做过当时被认为是微贱的商人。他到过许多地方，接触过各式各样的人，见过许多世面，从而积累了丰富的社会经验。青年时期的管仲，一方面受其曾显赫辉煌一时的家族史的影响，超凡脱俗，志存高远，具有干一番轰轰烈烈大事业的意识；另一方面家境的贫困，谋生的坎坷，使管仲具有坚韧不拔的进取精神；乱世的纷争，时局的动荡，锻炼、铸就了管仲明察世态、洞悉时局的能力。他为了实现功名显于天下的志向，学先贤、习武艺、交友共勉、调查实践，多方吸纳齐家、治国、平天下之道，为其后来能成为治齐贤相、称霸诸侯、建立伟功奠定了坚实的基础。

齐襄公十二年（公元前686），齐国爆发内乱。齐襄公叔伯兄弟公孙无知因齐襄公即位后废除了他原来享有的特殊权利而恼怒，勾结大夫闯入宫中，杀死齐襄公，自立为国君。公孙无知在位仅一年有余，齐国贵族又杀死公孙无知，一时齐国无君，一片混乱。两个逃亡在外的公子，一见时机成熟，都想急忙设法回国，以便夺取国君的宝座。齐国在公孙无知死后，商议拥立新君的各派势力中，正卿高溪势力最大，他和公子小白自幼相好。高溪又同另一个大夫国氏勾结，暗中派人急去莒国请公子小白回国继位。公子小白接信后又和鲍叔牙仔细分析国内形势，然后向莒国借了兵车，日夜兼程回国。鲁庄公知道齐国无君后，也万分焦急，立即派兵护送公子纠回国。后来发现公子小白已经先出发回国。管仲于是决定自请先行，亲率三十乘兵车到莒国通往齐国的路上去截击公子小白。人马过即墨三十余里，正遇见公子小白的大队车马。管仲非常沉着，等公子小白车马走近，就操起箭来对准射去，一箭射中，公子小白应声倒下。管仲见公子小白已射死，就率领人马回去。其实公子小白没有死，管仲一箭射中他的铜制衣带勾上，公子小白急中生智装死倒下。经此一惊，公子小白与鲍叔牙更加警惕，飞速向齐国挺进。当他们来到临淄时，由鲍叔牙先进城里劝说，齐国正卿高氏和国氏都同意护立公子小白为国君，于是公子小白进城，顺利地登上君位，这就是历史上有名的齐桓公。

齐桓公即位后，急需找到有才干的人来辅佐，因此就准备请鲍叔牙出来任齐相。鲍叔牙诚恳地对齐桓公说："臣是个平庸之辈，现在国君施惠于我，使我如此享受厚育，那是国君的恩赐。若把齐国治理富强，我的能力不行，还得请管仲。"齐桓公惊讶地反问道："你不知道他是我的仇人吗？"鲍叔牙回答道："客观地说，管仲是天下奇才。他英明盖世，才能超众。"齐桓公又问鲍叔牙："管仲与你比较又如何？"鲍叔牙沉静地指出："管仲有五点比我强：宽以从政，惠以爱民；治理江山，权术安稳；取信于民，深得民心；制订礼仪，风化天下；整治军队，勇敢善战。"鲍叔牙进一步谏请齐桓公释掉旧怨，化仇为友，并指出当时管仲射国君，是因为公子纠命令他干的，现在如果赦免其罪而委以重任，他一定会像忠于公子纠一样为齐国效忠。

经鲍叔牙的建议，齐桓公同意选择吉祥日子，以非常隆重的礼节，亲自去迎接管仲，以此来表示对管仲的重视和信任。同时也让天下人都知道齐桓公的贤达大度。此后，齐桓公经常同管仲商谈国家大事。一次齐桓公召见管仲，首先把想了很久的问题摆了出来。"你认

管　子（约公元前725～前645）

为现在的国家可以安定下来吗？"管仲通过一段时期的接触，深知齐桓公的政治抱负，但又没有互相谈论过，于是管仲就直截了当地说："如果你决心称霸诸侯，国家就可以安定富强，如果你要安于现状，国家就不能安定富强。"齐桓公听后又问："我现在还不敢说这样的大话，等将来见机行事吧！"管仲被齐桓公的诚恳所感动，他急忙向齐桓公表示："君王免臣死罪，这是我的万幸。臣能苟且偷生到今天，不为公子纠而死，就是为了富国家强社稷；如果不是这样，那臣就是贪生怕死，一心为升官发财了。"说完，管仲就想告退。齐桓公被管仲的肺腑之言所感动，便极力挽留，并表示决心以霸业为己任，希望管仲为之出力。

后来，齐桓公又问管仲，"我想使国家富强、社稷安定，要从什么地方做起呢？"管仲回答说："必须先得民心。""怎样才能得民心呢？"齐桓公接着问。管仲回答说："要得民心，应当先从爱惜百姓做起；国君能够爱惜百姓，百姓就自然愿意为国家出力。""爱惜百姓就得先使百姓富足，百姓富足而后国家得到治理，那是不言而喻的道理。通常讲安定的国家常富，混乱的国家常贫，就是这个道理。"这时齐桓公又问："百姓已经富足安乐，兵甲不足又该怎么办呢？"管仲说："兵在精不在多，兵的战斗力要强，士气必须旺盛。士气旺盛，这样的军队还怕训练不好吗？"齐桓公又问："士兵训练好了，如果财力不足，又怎么办呢？"管仲回答说："要开发山林、开发盐业、铁业，发展渔业，以此增加财源。发展商业，取天下物产，互相交易，从中收税。这样财力自然就增多了。军队的开支不就可以解决吗？"经过这番讨论，齐桓公心情兴奋，就问管仲："兵强、民足、国富，就可以争霸天下了吧？"但管仲严肃地回答说："不要急，还不可以。争霸天下是件大事，切不可轻举妄动。当前迫切的任务是百姓休养生息，让国家富强，社会安定，不然很难实现称霸目的。"

由于管仲系统地论述了治国称霸之道，使齐桓公的全部问题都迎刃而解，不久就拜管仲为相，主持政事，为表示对管仲的尊崇，称管仲为仲父。管仲为齐相后，根据当时形势，对齐国进行了一系列的改革。经过近30年的苦心经营，齐桓公在管仲的辅佐下，先后主持了3次武装会盟，6次和平会盟；还辅助王室一次，史称"九合诸侯，一匡天下"，齐桓公成为公认的霸主。

管仲的一生，不仅建立了彪炳史册的功勋，还给后世留下了一部以他的名字命名的巨著——《管子》。书中记录了他的治国思想，对后世影响深远。《管子》被众多学者们视为"百家争鸣的高潮"时期的代表作，全书兼有道、法两家之长而无其短，又掺以阴阳、兵、农、儒各家学说，实则是中国历史上最早、最大的杂家，任何一家的思想均不足以涵盖本书的丰富内容，而又远非《吕氏春秋》、《淮南子》之属所能仰望项背。可以这样说，先秦诸子之博大精深，无出《管子》其右者，孔孟老庄申韩荀墨所不及，以至于很难将其准确地划归某家某派。

延伸阅读
YANSHEN YUEDU

明代刘基编撰的《百战奇略》作为一部以论述作战原则和作战方法为主旨的古代军事理论专著而问世，这无论是在宋以前或是宋以后，都是不多见的。因此，从其产生以来，就为兵家所重视和推崇，给予很高评价，并一再刊行，广为流传。明弘治十七年（1504）陕西布政使司左参政李赞，称该书是"极用兵之妙，在兵家视之，若无余策"；他认为，只要"握兵者平时能熟于心，若将有事而精神筹度之，及夫临敌，又能相机而应之以变通之术"，那就可以建"成凯奏之功"。明万历二十七年（1599），骠骑将军王鸣鹤认为，该书"殊足以启发后人，而战道略备矣"。崇祯间邹复认为："以此书教战于昔人，用兵之妙思过半矣"，倘若"神明而善用之，虽以百战而百胜可也"。清咸丰年间满人麟桂认为，是书"启发神智，或不无所补"等。从明、清诸多论兵者的赞语中，可以明显看出，《百战奇略》一书在我国兵学理论发展史上的重要影响和地位。

※　※　※　※

忍学是中国儒家思想之精髓，《尚书》云："有容德乃大"皆忍之谓也。元朝吴亮所撰的《忍经》是中国最系统的忍学教科书，是一部寓意深刻，济世劝好，和睦相处，得颐天年的劝世书。忍是大智大勇大福，忍是修身、立命、成事、生财的津梁！

★东方的"圣经"

★两千年中国政治伦理与社会伦理的基石

★一部包含治国安民之谋略与经验之谈的奇书

论语

孔子（中国·春秋 公元前551～前479）

孔子学说与《论语》本书的价值，无论在任何时代、任何地区，对它的原文本意，只要不故加曲解，始终具有不可毁的不朽价值，后起之秀，如笃学之、慎思之、明辨之、融会有得而见之于行事之间，必可得到自证。

——国学大师 南怀瑾

孔子，中国伟大的思想家、教育家。他的思想和学说，为中国乃至世界文明做出了不朽的贡献，他的精神光泽、文化精华，几乎渗透到中华大地的每一寸土壤。孔子的一生是颠沛流离、饱经忧患的一生；是艰苦卓绝、激励奋发的一生；是春风化雨、培育英才的一生；是著书立说、济时救世的一生。如今，他的思想早已潜入每个东方人的心灵，熔铸了中华民族的个性和品格。孔子是中华民族文化的象征，而儒家思想则是华夏文化的代表，成为一种无与伦比的民族凝聚力。美国出版的《世界名人大辞典》和英国出版的《人民年鉴手册》，都不约而同地把孔子列为世界十大思想家和历史名人之首位。

孔子的思想凝聚了中华民族优秀文化的精华，是人类社会共同的精神财富。他的理论从修身齐家，到治国、平天下，政治、经济、军事、伦理、教育、饮食，几乎无所不包。千百年来，数不清的中外名人，给予了孔子许许多多至高无上的评价，孔子被封为"大成至圣文宣王"和"万世师表"、"千古圣人"。孔子一生编审的古代典籍无数，自己却没有著书立说。他的思想主要体现在由其弟子所编写的《论语》一书中。这部记录孔子言行的著作，篇幅不大，但在中国几千年的历史上，没有哪一个政

青少年必知的智谋经典

治家、思想家、文学家不受《论语》的影响。

孔子重视修身齐家，不过，他又主张危邦不入，乱邦不居，可以说他是深谙处世谋略的。在中国，政治、社会、人生谋略通称"文兵法"，可见，它们的运用不亚于用兵。宋朝著名宰相赵普有"半部《论语》治天下"之说，充分说明了《论语》一书对于后世的影响。《论语》中颇多"千古难易"的治国理政的至理名言，其智慧之光至今仍然闪耀着光芒。《论语》的影响还越出国界，远播日本、欧洲等地，作为中华文化的代表性著作，在世界范围内产生了重大的影响，被誉为东方的"圣经"。

旷世杰作
KUANGSHI JIEZUO

《论语》是记载孔子及其弟子言行的一部书。孔子一生编审的古代典籍无数，留下了像《诗经》、《尚书》、《周易》、《春秋》等传世经典，但他只是"述而不作"，自己没有著书立说。因此，他的弟子在他去世之后将他的言行记录下来，编辑成书，即著名的《论语》。《论语》是中国古代儒家的一部重要经典。全书约编定于战国初期，共有20篇，每篇各有若干章。《论语》成书于春秋战国之际，是孔子的弟子及其再传弟子所记录整理的。《论语》涉及哲学、政治、经济、教育、文艺等诸多方面，内容非常丰富，是儒学最主要的经典。在表达上，《论语》语言精练优美、形象生动，是语录体散文的典范。

•••华文精选•••

子曰："为政以德，譬如北辰，居其所而众星共之。"

译文：孔子说："执政全凭有德，这就譬如北极星一样，只要处在自己的位置上，众星就自然会环绕在它的周围。"

子曰："三人行，必有我师焉！择其善者而从之，其不善者而改之。"

译文：孔子说："三个人同行，其中必定有可以做我表率的。发现好的同他看齐，发现不好的就对照改掉。"

《论语》一书基本上反映了孔子思想的精粹，诸如其仁与政的政治理想，见贤而思齐焉，见不贤而内自省也、亲君子、远小人的修养要求，有教无类的教育实践，"学而不思则罔，思而不学则殆"、"学而时习之，不亦乐乎"的学习态度以及统治者必须爱民、取信于民的治国之道等等。《论语》是孔子思想的代表作，也是儒家思想在中国古代影响最大的一部著作。

中国古代曾有"半部《论语》治天下"的说法，这缘起于公元960年，赵普辅佐赵匡胤在陈桥驿黄袍加身，登上了皇帝的宝座。赵普也由此成为一人之下、万人之上的开国名相。后来，宋太宗继位，赵普又两次出任宰相。当时人们纷纷传言赵普读书甚少，仅仅一部《论语》而已，宋太宗便问赵普，是不是这么回事。赵普回答道："我平生的学问哪有这么多？只有半部而已。当初我用半部《论语》辅佐太祖皇帝（即赵匡胤）平定天下，现在打算仍用这半部辅佐陛下达到天下太平。"这就是"半部《论语》治天下"的来历。《论语》不长，半部更短。然而，倘若一个人真正读懂了"半部《论语》"，并能身体力行，那么，对于克服人生道路上的种种艰难险阻，就有了一个更高的高度，正所谓"会当凌绝顶，一览众山小"了。

"半部《论语》治天下"的说法，当然有夸张了以孔子思想为核心的儒家伦理的实践价值之嫌，然而，儒家伦理作为中华民族传统文化中的最深邃、最富有生命力的思想体系，千百年来的确对中国的经济、政治、文化领域产生了广泛而深远的影响。儒家文化不像人类历史上许多灿烂一时但终归湮灭的大文化一样，已经失去了其深度和存在价值，它有着辉煌的发展前景。对《论语》的重新解读，可以说是从一个角度来继承、发展儒家文化的有益尝试。

•••华文精选•••

曾子曰："吾日三省吾身：为人谋而不忠乎？与朋友交而不信乎？传不习乎？"
译文：曾子说："我每天要多次反省自己：替别人谋事，尽心尽力了吗？和朋友交往，信守诺言吗？教给他人的，有不是我所修习的吗？"

定公问："君使臣，臣事君，如之何？"孔子对曰："君使臣以礼，臣事君以忠。"
译文：定公问道："君主役使臣子，臣子奉事君主，该怎样做？"孔子说："君主役使臣子要符合礼，臣子奉事君主要符合忠。"

随着对《论语》研究的继续深入，愈来愈多的研究者从伦理政治、政治思想、领导思想、管理思想等不同视角来考察《论语》的治国谋略。《论语》首先是一部教人"为政"的帝王之书，教人通过道德手段而达到"为政"的目的。"为政"的思想和主张集中、简括、明确地表达为："为政以德，譬如北辰，居其所而众星共之。"这就清楚地阐明了"政"与"德"的主从关系。更进一步说，就是孔子把人看作管理中心，把"德"当作管理的手段，把人际关系和谐视为管理目标的环境。在中国的谋略文化中本身就蕴涵了中和、辩证、圆融、和谐、阴柔等谋略。孔子则堪称中国的社会谋略大师，孔子尚礼治，行中和，曰"礼之用，和为贵"，又曰"君子和而不同，小人同而不和"，此乃社会谋略，孔子主张社会实行礼治，后来的儒家、法家都强调一种必须的社会秩序。"半部《论语》治天下"的《论语》是一部包含治国安民之谋略与经验之谈的奇书。"半部"尚且有如此之功效，"全部"就更不待言了。任何一位以天下为己任，志在匡时济世的思想家都不可能不对自己心目中的理想社会作一番理性的思考和描述，孔子自不例外，孔子也因此被公认为是最早提出了自己的政治理想的思想家之一。

经典导读
JINGDIAN DAODU

半部 《论语》 治天下

"文革"结束的时候，我小学还没读完，所以小时候的我就无缘读《论语》了。事实上那时候的"批林批孔"正在全国上下搞得如火如荼，如果有人读《论语》，恐怕会惹祸上身，给别人以"四旧"而批之的口实。

一晃这么多年过去了，仍然未能一读《论语》。去年，因公去了新加坡，在地铁里几乎每一个站台都可以见到明亮显眼的《论语》语录，给人印象极深。我当然早就知道新加坡是儒家治国，也就是《论语》治国，但没有想到该国宣传《论语》的攻势具有如此广泛和深入的力度。想到俗话说的"半部《论语》治天下"；想到朱熹说："读其他书不如读《论语》最要，盖其中无所不有。"换句话说，《论语》是一部人生的百科全书。此外，还想到孔子不靠金钱，不靠强力，也不用宗教的力量，而门人三千，贤人七十二，心甘情愿追随他，原因何在？回国便有了细读《论语》、探究其奥妙的心思。

捧读《论语》，没想到原以为可能是板着面孔"讲道理"的书却是如此的平易、亲切和随意，几乎一词一句都富于日常人生的人情味道；同时，儒学内在的和谐和外在的进取精神也令人深长思之。

在《论语》中，孔子很诚实地告诉我们：他好名、也求富，食不厌精、嗜酒，如果有人肯高薪聘用他，他一定会欢欢喜喜地去应聘。谈到最理想的人生，在他看来，不是功名，不是权位，不是辉煌的事业，而是与自己喜欢的几个学生，在春天快要过去的时候，一起去河边吹吹风，唱唱歌，手拉手地踏着月光回来——"莫春者，春服既成；冠者五六人，童子六七人，浴乎沂，风乎舞雩，咏而归。"

"子见南子，子路不悦。夫子誓之曰：'予所否者，天厌之！天厌之！'"看到这里我忍不住哈哈大笑——当学生误解孔子喜欢艳丽的女人南子时，老夫子也会急得跳脚，对天发誓说："如果是那样，让天劈了我！"《论语》中除了有许多这些生动、趣味隽永的短小叙事，更有许多机锋频出的对话，令人读来兴味盎然。

当然，如果仅仅把《论语》当做文学书来消闲阅读，

> 诸子以孔子为第一人，诸子之书以《论语》为第一部。
>
> ——知名学者 蔡伯潜
>
> 孔子、老子堪称中国的社会谋略大师，孔子主张社会实行礼治，后来的儒家、法家都强调社会的秩序。
>
> ——西方思想家 韦伯
>
> 孔子思想的核心就是仁学，仁学就是如何做人，尤其是如何做中国人的道理和学问。我之所以喜读《论语》，就是为了学会做人，尤其是为了学会如何做中国人的道理的。我想，作为一名中国人，作为炎黄子孙的一分子，就必须读一读《论语》这本书，懂得做中国人的道理，懂得中国人应有的价值观、人生观和世界观，自觉地做一名中国人。
>
> ——北大教授 许抗生

就有些本末倒置了。譬如孔子说最好的政治原则是"允执其中"、"政者正也"。这其实就是我们今天讲的公正、正义，表明政治不是为一小部分人的利益服务的工具。譬如他讲的"无为而治"，又差不多等于近代西方经济学所说的"最佳政府、最小统治"，即政府尽量减少不必要的行政干预。这些都是《论语》非常具有现代意义、常读常新的思想。

写到这里，突然想到一些人的办公室的墙上或桌上挂放着写有"忍"字的座右铭，这对于主人而言，"忍"其实就是一种内心的强迫，情绪的压抑，如此久而久之，心理难免会变异，人自然就会成为喜怒不露于色，心里所思所想与其言行相左这样一种生理和心理都不健康的双重人格（其实，也终于会有忍无可忍的一天）。但孔子倡导"恕道"，"以责人之心虑己，以恕己之心恕人"，一个"恕"字与一个"忍"字，也许表面的情形并无二致，但内心的境界则有了霄壤之别，所产生的社会结果更是相差十万八千里。恕是平等、宽容、自觉自愿，而忍是权宜之计、是欲擒故纵的谋

略。

《论语》的思想高度是"仁"。仁是人与人之间的平等、友爱，痛痒相关的一体感觉。现代世界有变得越来越技术化的趋势，技术及其带来的社会迅速变化，也导致了人的关系的疏离、破碎、荒漠化。如果作为中国人的我们坚持读一点《论语》，可以说就是重温通往生命之旅起点上的美与真。

"学而不厌，诲人不倦。"正是追求大道的孔子，把生命的源泉传给了别人。弟子从他身上吸取的是厚道和仁爱，反省自躬，至大至刚的进取精神。智能而不自满，温柔敦厚而不软弱，宽容而不相怨。为理想奔波不已，知其不可为而为之——这也许就是儒家学说、孔子思想流传至今，而且远播海外的原因吧。　　（陈长春）

寻找孔子的智慧

1998年诺贝尔奖获得者聚首巴黎时提出："人类要在21世纪生存下去，必须回首2500年前，从孔子那里寻找智慧。"孔子的管理艺术思想是一份珍贵的历史遗产，他对现代企业家的经营管理有重要的借鉴作用。中国现代企业家在汲取西方现代管理科学的同时，还应从传统思想特别是集中了孔子思想主要内容的《论语》里寻找智慧的源泉。

●●●华文精选●●●

夫仁者，己欲立而立人，己欲达而达人。能近取譬，可谓仁之方也已。

译文：对于有仁德的人来说，自己期望有所成就的就让他人同样有所成就，自己期望达到的就让他人也同样达到。从自身开始，做自己所能做的，这可说是走向仁的途径了。

《论语》中，"仁"先后重复出现了109次，它是孔子人本主义哲学的中心概念。当然，"仁"的内涵很丰富，但其本义就是"爱人"，以仁爱之心待人。就一个企业家来说，要坚持以人为本，首先就要解决好如何对待员工，并依靠员工办好企业这个根本。

第一，以仁爱人，强调对人的关心、爱护和尊重。"人"是管理活动的核心，企业家应把员工看成是企业最宝贵的财富。当孔子听说马棚失火时，首先问的是"伤人乎？"不问马，这充分体现了对人的态度。

第二，以义统利，使社会的利益、企业的利益和员工的利益紧密结合起来。《论语》中倡导："己欲立而立人，己欲达而达人"的思想，曾使历代中华儒商取得了辉煌。要使企业不断发展，就不能只考虑个人和企业的利益，还要实现、维护和发展好员工的利益。想员工之所想，急员工之所急，为员工办好事办实事。

第三，以德服人，企业家要率先垂范、廉洁自律。《论语》中说："道之以政，齐之以刑，民免而无耻；道之以德，齐之以礼，有耻且格。"这说明孔子并不反对"法制"但更主张以仁德来管理，以礼教来整治。主张培育人的美德和良好的社会风尚，使人们高兴地按照道德准则去做他们应当做的事。

孔子为解决好管理艺术问题提出了一个总的谋略原则——"无为而治"。这里"无为"是指国家和企业的领导者不自为或尽量少自为；"治"是把国家的管理工作充分做好，到达所谓的"大治"。用现代管理科学的术语说，即实现最佳的管理目标。孔子把舜看作这种高超管理艺术的典型，极口称赞："无为而治，其舜也与！夫何为哉?恭已正南面而已矣。"意思是说舜谦恭谨慎地处于最高位上，从容不迫，不躁不乱，而国家的一切工作都自然而然地进行着，而且做得恰到好处。这自然是管理艺术的最高境界。

《论语》中反复强调，"言而有信"、"人而无信，不知其可也"。诚实守信是儒家传统美德的重要组成部分，也是孔子伦理思想的基本要义。历代儒商都挂着"货真价实，童叟无

欺"的牌子，作为其经营信条。为此，我们必须在全社会营造讲求商业道德、诚实守信、公平竞争的氛围，以诚信为本、信誉第一的信条来塑造一个企业家的形象。

《论语》中倡导"礼之用，和为贵"。《中庸》说，"和也者，天下之达道也"。用现代企业管理学的语言表达，孔子相当重视管理系统的团队精神。企业领导者一定要做到和气待人，要善于使自己的企业保持一团和气。要认识到这不是别人非要

求你这样做不可，而是你经营的企业这个整体的利益所决定的。"和为贵"是一个内容极广的概念，人们可以从许多方面去理解和实践。就企业家而言，它就意味着要面对企业中人们各种各样的欲望、追求、利益的冲突，如何承认矛盾，通过解决矛盾，达到积极的和谐，也就是使企业上下左右都能呈现一种向上的和气，人气旺，人心齐的最佳状态。

总之，跨入21世纪，《论语》的管理艺术思想经过不断提炼、重组和发展，将为现代企业家进行有效的经营管理提供宝贵的经验。同时它必然会在现代经济生活中产生越来越大的影响。（黎　敏）

大师传奇
DASHI CHUANQI

在2500多年前一个遥远的朝代，华夏大地的文化沃土孕育了集上古三代文化之大成者，一位流芳万世的至圣先师——孔子。

孔子名丘，字仲尼，鲁国人。中国春秋末期伟大的思想家和教育家，儒家学派的创始人，他是中国传统文化最杰出的导师和代表，由他开创的儒家学派的思想成为中华民族传统文化的主干，对中华民族价值体系的形成及发展有着极其重大、极其深刻的作用和影响。在孔子的一生中，主要以游说列国，编审典籍，开办教育来阐述自己的政治和学术主张。

公元前551年，孔子出生在鲁国陬邑，也就是今天山东省曲阜市东南部的尼山一带。孔子一生事迹详见《史记》的《孔子世家》。从这篇文章中我们知道孔子年轻时很穷。成年后，孔子在鲁国先后担任过主管建设和主管刑法的官吏，也开设学堂，收徒讲学。50岁时进入了鲁国政府，后来做了高官。54岁时，孔子辞去官位，带领学生们周游列国，总希望找到机会，实现他的政治、社会改革的理想，可是一直也没有找到。先后到过卫、曹、宋、陈、蔡、楚等国家。宣传自己的政治主张，一直到68岁时，他才回到鲁国，专心从事教育和整理古代文献。公元前479年，孔子病逝，埋葬在鲁国城北的泗水河边。孔子去世以后，他的学生不断地讲授着他的思想与主张，孔子学派的影响越来越大，越来越多的人信奉儒家思想。

孔　子（公元前551～前479）

孔子的思想，特别是关于教育的思想，对中国社会产生了重大影响。孔子生活的年代，教育还是由国家控制，即所谓的"学在官府"。孔子首开私人讲学的先河，打破了封建贵族对教育的垄断。在教学中，孔子还总结了一套因人施教的教学方法，就是根据每个学生不同的情况，进行不同方法和内容的教育。有一次，子路和冉有向他请教："一个人想办一件事，能不能马上去办呢？"孔子对子路说："你有父兄在，还是先听听他们的意见吧。"而对冉有说："当然马上去办。"有的学生不理解，问孔子："老师，你对他们的回答为什么不一样呢？"孔子说："冉有遇事犹豫不决，应当鼓励他遇事果断；子路办事急躁，所以要他多方考虑，然后再做。"孔子的教育思想和实践，改变了中国古代受教育是少数人特权的局面，这对中国后来施行的平民科举制产生了直接影响。

　　公元前2世纪，西汉王朝规定官吏要从儒生中选拔，从此，儒家文化逐渐成为了中国封建社会的正统文化。孔子思想被历代王朝所重视，孔子的名号也随着时间的推移而渐渐提高到至高无上的地位。公元元年，汉平帝封孔子为公爵，500年后，北魏孝文帝又改称孔子为"文成宣尼公"，唐太宗李世民尊称孔子为"先圣"，宋真宗赵恒又改封为"至圣文宣王"，到了清代，顺治皇帝加号孔子为"大成至圣文宣先师"。

　　早在公元1世纪，孔子的儒家学说就已经传到了中国周围的朝鲜、越南等邻国，公元3世纪又传到日本，引起这些国家广泛的重视。在欧洲中世纪时期，孔子的教育思想传到了西方。17世纪，西方启蒙运动接触到孔子思想以后，可以说在西方也掀起了一场教育革命。因为在17世纪的时候，西方也是贵族统治，尤其在法国，路易十四时代的法国，当伏尔泰听到了"有教无类"和"因材施教"的思想以后，也感到在心灵上开启了一扇窗户，然后才随即开始有了现代教育制度的改革和普及。

　　2000多年来，孔子创立的儒家学派一直是统治中国封建社会的正统思想。孔子于自己学而不厌，对别人诲人不倦，他发奋求知的精神是激励国人奋发向前的楷模。孔子献身教育的无私精神，丰硕的教育成果以及一整套完备的教育理论体系对中华民族教育的形成、发展起到了不可估量的作用。如果对中国文化史进行一番巡礼的话，我们所能看到的最显著的人便是孔子；最突出的思想、绵延最长久的意识形态则是孔子所创立的儒家文化。

　　西方的学者们一直将孔子、耶稣、释迦牟尼并称为"世界三圣"，以赞扬孔子集古圣先贤之大成，对中华民族文化的形成和对世界文化思想教育所产生的巨大影响而树立的丰碑。作为世界十大文化名人之一，孔子既属于中国，又属于世界，他的思想既是历史的，又是跨时代的。

延伸阅读
YANSHEN YUEDU

《春秋》是中国古代编年体历史著作，儒家经典之一。东周时诸侯国的史书后来均已散失，只有孔子编订的鲁国史《春秋》留传了下来，这是孔子的一大功劳。《春秋》是孔子晚年的呕心沥血之作，他为寓寄自己的政治理想和主张，以便留给后人效法，就用晚年的精力编撰《春秋》等"六经"。《春秋》全书大约17000字，主要内容记载春秋时期统治阶级的政治活动，包括诸侯国之间的征伐、会盟、朝聘等；也记载一些自然现象，如日食、月食、地震、山崩、星变、水灾、虫灾等；经济文化方面，记载一些祭祀、婚丧、城筑、宫室、搜狩、土田等。《春秋》是一部自成体系的书，它所用的是比较规范的书面语言，在修辞技巧上，表现出很深的功夫，一字之用竟会"寓褒贬，别善恶"，在谨严的措辞中表现出作者的爱憎，被后世称之为"春秋笔法"，这种鲜明的倾向性和笔法对后代文学家、历史家有极大影响。

※   ※   ※   ※

《孟子》是儒家的重要典籍，宋代以后与《论语》、《大学》、《中庸》同列为四书，是当时初学入门和科举考试的必读书。《孟子》一书虽然并非全由孟子本人所作，却也能够代表孟子本人的思想和风格。孟子继承发展了孔子的思想。读《孟子》，如能与《论语》联系起来，比较其异同，既可有助于我们深刻理解《孟子》，也可有助于进一步理解《论语》，并可了解儒家思想的发展。《孟子》思想的核心是性善论，在此基础上提出了其仁政学说和修养学说。他大力提倡自觉修养，反对自暴自弃。孟子还认为，尽心、知性就可以知天，事天的途径就是修养心性，据此，就把"天"落实到人的心性上来。这样，对于天，不必去祈祷、占卜，不必外求。孟子的这些思想鼓励了人们进行道德修养的主体自觉性，同时也阻断了中国文化向宗教方面发展的道路，对于以后中国文化的发展有深远的影响。

★影响中国历史进程的一部著作

★中国文化的大宝藏

★众多政治家、军事家从中汲取智慧谋略的秘本珍籍

★中国谋士的必修课

道德经

老子 （中国·春秋 生卒年不详）

> 老子既是一位高深的思辨玄学家，又是一位有权术的政治谋略家。因而在两千年的中国历史上，《道德经》一书既是后来很多思辨玄学理论的发源之地，也是许多政治家、军事家从中汲取斗争策略、术数权谋的秘本珍籍。
>
> ——著名学者 何 新

长期以来，人们把春秋战国时期当做是中国社会结构和中华民族精神思想的孕育期。在那个现实生活相对混乱动荡、思想领域却极其活跃繁荣的时代，流传至今的中国式的最根本的道德、思想乃至文化精粹得以孕育成型。诸子百家如灿烂繁星，相映生辉。尤其是老子，创道家学派，开文化一脉，泽被千年，影响深远。

老子的谋略思想博大精深。秦始皇吞并六国、汉高祖刘邦破秦灭楚以及唐太宗李世民的反隋、赵匡胤的黄袍加身、朱元璋的奋起淮泗、康熙的帝王术，所用谋略都是在老子的基础上形成而且获得成功的。

著名历史学家范文澜说："老子是有极大智慧的古代哲学家。"的确，老子的思想博大精深，他的《道德经》是中国历史上最负盛名的著作，也是人类传统文化皇冠上的一颗明珠。在美国作家麦克·哈特著的《人类百位名人排座次》一书中，老子被列为第七十五位，在地球上出现过的数百亿人中，老子以短短五千言而进入百位名人之列，足见《道德经》在人类历史上影响之巨大。

《道德经》是我国古代一部真正的谋略学经典，包含着丰富的治国谋略思想。早在中国西汉初年，统治者所奉行的"无为而治"、"休养生息"的政治策略，从本质

青少年必知的智谋经典

上看，就是老子思想的一种扩展。正是"文景之治"使得经历多年战乱的整个中华民族有了喘息的机会，老子思想成为当时统治者的一种适时的需要，"无为，无不为"的治国谋略在汉代初期的经济恢复过程中起到了重要的作用。同时，作为一部名副其实的兵书，《道德经》中直接谈兵的就有19章，哲理喻兵的则近20章。它的军事思想中所包含的以柔克刚、以退为进、以奇用兵、哀兵必胜等军事谋略为军事家们提供了一把打开胜利之门的钥匙。

时至今日，《道德经》仍影响着世人，它在管理学、军事学、运筹学等许多领域中得到了广泛的应用，其谋略价值日益凸显。一本好书的魅力也正于此，在时间隧道的穿梭中，我们惊讶地发现，人类停留的每一个时代，《道德经》的闪光都是永恒的，它在不断给予我们新的东西。

旷世杰作 KUANGSHI JIEZUO

《道德经》的智慧作为一种民族元典智慧，对中国文化的衍射是多向、多维的，对中国人的文化心理结构、认知世界的方式、处世态度、人生态度、谋略文化、军事思想、美学思想乃至生态意识等都产生了广泛而深远的影响，而在这众多影响中其谋略艺术方面的影响又是比较突出的。

中国人的谋略艺术受惠《道德经》最多，有人说得很准确：道学是韬略之母。

所谓谋略，顾名思义，即有一定目的性的谋划策略。谋即谋划、计谋、策划、运筹；略即韬略、经略、策略、方略。谋略的前提和基础是智慧，换句话说，谋略就是智慧的运用、施展。中国人在谋略艺术方面受老子智慧的滋润、影响最广泛、最深

●●●华文精选●●●

道可道，非常道；名可名，非常名。

译文：道可以用语言来表述，但不是经常所说的那个道；（对于抽象的事物）可以给它命个名字，但不是经常所说的那个名。

吾有三宝，持而宝之：一曰慈，二曰俭，三曰不敢为天下先。

译文：我有三件法宝，我十分珍视地掌握在手里：第一件叫做慈爱，第二种叫做约束自己，第三种叫做不敢居于天下先。

远。历史上不少人在谋划治国、治军、治民、理财、外交以及用人、处世等方面都从《道德经》中吸取了智慧。

《道德经》，又名《老子》，相传为老子所作，是春秋战国时期道家的主要经典著作之一，也是中国最重要的一部古典著作，它不但是一部哲学著作，影响了中国2000多年的哲学史，而且其影响涉及中国政治、经济、军事等各个领域，称《道德经》为影响中国历史进程的一部著作毫不为过。《道德经》整篇九九八十一章，以简洁优美的5000余字建构出一个自然、豁达、飘逸的宇宙观、人生观、方法论的宏大框架。

　　在政治上，老子主张"无为而治"，建立一种"鸡犬之声相闻，民至老死，不相往来"的"小国寡民"的社会是他的理想。在当时的思想家们普遍关心自然界与社会变化的规律之时，老子的"道法自然"、"无为而治"的思想独树一帜，对后世影响深远，以它为主，形成了中国历史上和儒家对立的道家学派。《道德经》一书81章，其中涉及治国的有34章。历史上的"文景之治"就是运用这一学说的辉煌成果。老子的学说往往具有引导社会完成"由乱而治"的巨大

价值。老子讲"无为"既不是无所作为，也不是什么都可以作为，而是以整个国家、整个社会和全体人民的意志为意志，以整个国家、整个社会和全体人民的目的为目的，以整个国家、整个社会和全体人民的利益为利益，以整个国家、整个社会和全体人民的作为为作为，而不是以个人意志为意志，以个人目的为目的，这才是老子"无为"的真谛所在。

　　作为一种传统的管理思想，老子的无为而治也是最具有其代表性的。它浓缩了"为——无为——无不为"的管理全过程，形成了典型的无为思想管理模式。在道法自然的基础上，无为而治所包含的内容相当丰富，既有对领导者道德品质的严格要求，又有管理行为与方法和管理艺术的启示。究其内涵完全是与现代管理思想相通的。让无为的管理思想从传统走进现代，将现代管理的新内容充实到无为而治的领导管理模式之中，完成无为思想的现代转换，这样就使我们的现代企业管理具有中国传统文化的印记，这是《道德经》带给我们现代人的崭新的启示。

　　东汉末年，老子被奉为道教教主，《道德经》也同时被奉为道教经典。虽然自汉

27

武帝始，文化思想上施行了"罢黜百家，独尊儒术"的文化统治策略，但自春秋战国时已形成的道家以后仍延续发展。后来的道教在本质上与道家不是有着十分必然的联系，但《道德经》这部著作作为两者的契合点，这就使道家与道教在随后的发展中成为中国思想文化史上一条重要的不同于传统儒家思想的一脉，从而影响了中国2000年的历史。道教虽以巫术和方术为基础，但其对人"求本""归真"的境界，为人们在喧嚣之外提供了一处宁静之所。

老子是位智人，他学识渊博，通晓古今之变，他的智慧对中国人乃至整个人类的启示也是多方面的。他的思想和思维方式，开启了中国人的思维方式和思想方法，影响了中国人的历史。即使是在现代，当我们重读他的五千言时，仍能受到很多新的启发。如老子把整个宇宙看作是一个有机的整体，即天人合一。各部分都是相互关联的，相互影响的，相互牵制的。他的平衡和谐的理论，至今给当代人类有益的启示。它对当今出现的自然生态平衡问题、人的心理平衡问题及人际关系的平衡问题、缓解矛盾、维护社会的安定环境等问题的解决，都提供了足以借鉴的理论。

经典导读

JINGDIAN DAODU

《道德经》 与谋略策划的深层次意义

老子，是我国古代伟大的道德学家。他的千古名著《老子》，又称《道德经》或《道德真经》，是一部博大精深的阐述真理大道的天书，被道学界誉为"万经之王"。对我国古代的三教九流、诸子百家都产生过深远的影响和无可限量的作用。

一部《道德经》，仁者见仁，智者见智，导引师称它为导引学、养生家称它为养生学、修真者称它为修真学、宗教家称它为真经、哲学家称它为社会科学、医学家称它为自然科学、军事家称它为兵法学、政治家称它为政治学、谋略家称它为智慧学……众说纷纭，莫衷一是。如果按照老子当初著书时原始的旨意。《道德经》就是道德学，而道德学，可道德学，非常道德学。

根据现代西方哲学的概念，大家把老子的"道"解释成了"物质"、"精神"、"场"、"波"、"气"等等，这一切解释，都是一种权宜假借的注释说法而已，而不是老子的本意。连老子自己都"不知其名，强名曰道"，我们也只有站在自己的当时当地的客观环境中，来理解老子的道了。

在谋略策划学中来引用老子的学说，"道"就是规律、天机。策划之道，就是要发现这个最高的道的规律，并运用到万事中来。"道破天机"就是策，天机者，天大的机密！就是未被发现的潜在的规律；然后呢，发现了这个规律，就来"划"了。掌握领先的优势，导引时代或行业的潮流就是"划"。

老子的哲学在其认识论上有其独到之处。这就是，万事万物，首先要从"道"入其手，先掌握其潜

在的规律，做到心中有数；然后手中有术，利用这个规律去发挥领先优势，引领潮流。但是，这个过程一定要按照自然规律，即通过客观存在的规律去"有为"，而且要把握好"为而不争"。不要把自己的主观愿望强加于客观规律，用自己的私心欲望去改变大自然的规律，否则，"为者败之，执者失之"。什么都好策划，只有大自然的规律不好策划，就像这几年，北方城市沙尘暴的现象非常严重，其实就是世人用自己的私心去策划大自然的后果，用私心妄图改变大自然的规律、导致生态平衡的破坏，最终害苦了自己。所以，策划的最高境界就是人与自然大融合，一切都是天然而成。

"反者道之用，弱者道之动"。谋略的应用，常常体现在奇与正、先与后、虚与实、弱与强、进与退、寡与众等对立与辩证之中，甚至不是你去策划别人，就将有别人来策划你。而真正的大策划、大谋略智慧，则往往在小中求大、死里逃生、虚中藏实、绵里藏针、无中生有……关键的关键，在于"动"、"用"潜在的规律，来引发其无与伦比的自然力量，一切人为的投入都是没有真正掌握谋略的表现，所以，谋略策划的最高境界就是至境无为，浑然天成，用四两拨动千斤，以口舌而取天下。

道德并称，体用合一，就是"修真"。谋略结合、策而划之，就是智慧。所以在"阴谋阳略"中：谋是阴，略是阳；谋是内在的智慧，略是外在的形象，谋是私自的只能在密室中进行的，略是公开的能够号召天下人追随的，"阴谋"假"阳略"以实施，"阳略"因"阴谋"而实现（在唐代以前，"阴谋"都是中性词）。所以，真正

的谋略大师，一定要道德齐备、阴阳调谐、虚实互用、有无一体……否则，则"阴差阳错"，差以毫厘，失之千里。

谋略术之所以历代隐传，这里主要有统治阶级考虑众多因素，他们需要谋略来治理国家，但同时又害怕和反对谋略。因为谋略是智慧的工具，是中性的，有道德者用之，则安邦兴国；失道德者用之，则招摇撞骗、挑拨是非、混乱人心、离间民情、破坏自然，人为的利用和曲解谋略，会造成社会大自然的混乱和不安。所以，作为谋士，一定要"善而不恶、利而不害、为而不争、功成而不居"，要多注重略而不要一味沉迷于谋，要从太极返回到无极。无极是什么？无极就是老子所说的"道"，是整个世界、是宇宙万物的大统一的整体，是生发万事万物的大主宰，是大自然和谐圆融的大规范，是挖掘不尽、开发不完的大智慧，是宇宙万物大自然的总规律和总纲要。米卢在对中国足球队进行策划时，提出了一个概念：态度决定一切！"心有多大，世界就有多宽广！"心就是无极，心就是道。谋士修炼的最高境界，就是要忘了自己在做策划，要跳出策划的圈子和自身的视野而返回无极之中，当自己处在一个大的高度和大的背景之中，才能做出空前绝后的策划来。因为当人与自然一体，则会"无欲以观其妙"，妙在常常能发现潜在的规律，而道破天机；"有欲以观其窍"，窍在借力打力，以巧取胜。

识谋略者，不足以驰骋人生；不修道德者，不足以成就智慧。《道德经》，中国谋士的必修课。我觉得我们到了该认真研究对待谋略的时候了。　（李海波）

"无为而治"中的谋略精华

《道德经》是用韵文写成的一部哲理诗。它是一部言简意赅的哲学著作，其朴素的辩证法对管理谋略具有极大的参考作用。日本企业界运用老子思想进行管理，获得了极大成功。老子的管理谋略博大精深，涉及管理原则、管理环境、管理策略、管理方法以及管理者自身修养诸多方面，其中"无为而治"是其管理谋略的核心。

所谓"无为"，并非毫无作为，而是"为无为，则无不治"；"我无为，而民自化；我好静，而民自正；我无事，而民自富；我无欲，而民自朴"。其实质就是以消极面目的"无为"来达到积极的"无不为"。在这种思想的指导下，老子的其他管理谋略观点也大都是以消极的面孔出现，来达到积极的目的。而这一整套"无为"的管理谋略又源于他朴素的辩证法，具有一定的科学性。

一、无为而治的管理原则——遵循规律，"前后相随"

老子所谓"无为"，并非不为，而是顺其自然，即"辅万物之自然"，依据事物自身的必然规律运行和发展，"前后相随"，而不凭借任何外加的力量。任何事物都有其自身规律，经营管理也不例外。一个企业，既有自己运行发展的规律，又往往要受整个社会的经济规律所制约。遵循这些规律，是经营管理的重要原则。但是，一个企业要遵循规律，做到"前后相随"、"事善能，动善时"，并非易事。因为：企业因其本身条件的千差万别，管理主体如何发现并驾驭具体规律，需要潜心探求；制约企业发展的社会经济规律的外在形式很复杂，不易识别掌握；一些企业领导在思想上又没有真正地树立按经济规律办事的思想观念。正因为如此，"前后相随"的思想，对于现代企业经营管理的影响尤为重大。

二、无为而治的环境——清静安静，简政放权

老子主张安宁，说"清静为天下正"，即包含着对政局（环境）安定的企求。这既有超脱事物之外以求安适的意思，又是在冀望环境的清静。而"为无为"，就是要创造一个适于"无为而治"的安定环境。西汉初期，统治者按照老子"无为而治"的观点行事，结果出现了70余年政通人和、经济繁荣的"文景之治"。企业环境内容广泛，但最重要的是需要安定的政治环境：时局要安定；方针政策、法令等要保持相对时间的稳定，企业才可能安心经营。简政放权也是给企业提供良好环境的重要内容。"政烦刑重，民无所措手足"，应"希言自然"。让企业在国家计划的指导下，根据市场经济规律去确定和安排生产，企业的活力就可以充分发动起来。

三、无为而治的策略——以退为进，以后取先

老子十分讲究运行计谋，他说："爱国治民，能无以知乎？"所谓"知"，即智慧、计谋也。老子以退为进，以后取先的谋略，运用于企业经营的营销、市场竞争、新产品开发等方面，可以显示出旺盛的生命力。企业经营策略的内容十分广泛，它

主要有投资策略、营销策略、市场竞争策略、新产品开发策略和人事组织策略等。企业经营策略的制订和执行过程，其实就是企业管理者运筹帷幄，定计、用计的过程。比如，在市场竞争策略中，就要避产品饱和之峰，避竞争对手长处，而依靠自己的长处，不断改善产品质量、性能、造型及包装，并不断开发新产品，以不争为争，获取更大的经济效益。老子主"退"、主"后"的计谋策略，其实质就是以不争为争，以无为而为，为企业镇定自若，巧胜对手的锦囊妙计。

四、无为而治的行为管理方法——"实腹""强骨"，以身下民

管理的意义在于最充分地利用资源，达到组织的目标。由于"人"是最大的资源，所以对人的管理特别重要。

人的需要是多方面的，按层次是从低到高的，首先是生理，其次才是安全、社交、尊重和自我实现。在老子所处的时代，由于"民之饥"、"民之轻死"的社会现象存在，所以老子主张"为腹而不为目"，反对"五色"、"五音"、"五味"以及"驰骋田猎"，要求"实其腹"、"强其骨"，即满足人民生活的低层需要。

老子从当时情况出发，提出首先解决人的低层需要这一思想方法，这对现代企业管理具有启示作用。企业管理者应该真心实意地想着职工，并使自己"以言下之"，"以身下之"，真正把职工当成企业的主人，对职工的燃眉之需认真予以解决，使职工从中看到"自我"的价值。这样，还可以激励动机，调动职工为企业而奋斗的积极性。

五、无为而治的管理者自身素质——治身为重，可托天下

老子说："贵以身为天下，若可寄天下；爱以身为天下，若可托天下"。也就是说，"圣人"最重要的就是"治身"，提高自身的素质，然后才可以治国，接受万民所托的"天下"。

由于企业的厂长、经理掌握着全厂的经营管理大权，率领职工为实现经营目标而进行有效的生产活动，责任重大，因此，其自身素质的高低便决定着一个企业的成败兴衰。所以，企业领导必须不断提高自身的素质，才能成为一个出色的企业家，担负起企业管理的重任。总之，我们从老子"无为而治"的管理谋略中吸取精华，可以大受其启发并变通应用于现代企业的经营管理的。　（千永昌）

大师传奇
DASHI CHUANQI

老子是中国古代的哲学家、思想家，道家学派的创始人，被公认为"中国第一个哲学家"，亦是东方世界的三大圣人（老

子、释迦牟尼、孔子）之一。他的地位在中国乃至在世界文化发展史上都十分重要。

老子，姓李，名耳，字聃，楚国苦县（今河南鹿邑县东）厉乡曲仁里人。老子生活于春秋末期，生卒年月无处可考。除了《史记》上的记载，老子所留下的就是历朝历代的传说了。在东汉末年，张道陵在巴蜀鹤鸣山创立天师道（也就是后来的道教），老子被推崇为教主，跻身于天神之列，他的生平事迹便更被人们加以神化。传说老子的母亲未婚有孕，怀胎整整81年，结果由右腋生下一个孩子，一出生时就须发皆白，因此才叫老子。据传说老子骑的青牛原是麒麟，被老子用一根树枝插入鼻中驯服成牛，于是，给牛穿鼻环也成了老子的创举。后世图画中的老子，大多是一位老翁骑着青牛的形象。

李耳师从常枞，据记载，常枞是一位精通殷商礼乐的学者，他学识渊博，教诲学生孜孜不倦。常枞对李耳的教导都要李耳自己体悟。他告诉老子，人在经过故乡时要下车，表示不忘故旧根本；在高大的树旁经过要弯腰伛背，以示其对长辈的尊敬。相传老子曾问学于其师，他的老师张开嘴问老子，我的舌头还在吗？老子说，在啊！他的老师又问，那我的牙齿还在吗？老子回答道，一颗也没有了！老师最后问道，那这是什么缘故呢？老子随后悟到，舌头还能存在就是因为它柔软；牙齿所以全掉了反是因为它太刚强。他的老师回答说，对啊，天下的事情，待人处世的道理都在里面了。

老子学习十分勤奋，再加上常枞的教导，他的思想日益成熟。他与孔子生活于同时代，比孔子稍微年长些。当时的老子已是一个颇有声望的学者，学识在当时无人能及，因而被任命为周守藏室之史官，管理朝廷的众多藏书。在这里，老子的思想又一次产生了飞跃。老子在任史官的过程中研读了《尚书》。《尚书》中载有从尧到周初历朝历代最高统治者的讲话、文告，渗透着那个时代的精神和许多精深的道理。

老子研读《尚书》的时期是他思想发展的成熟期。当时的老子声名鹊起，许多学者都慕名前来讨教。据说孔子就专程前往洛邑向李耳问礼。他们在庙堂阶前看到一尊"三缄其口"的金人，孔子问他，背后的铭文"无多言，多言多败。无多事，多事多虑"是何意。老子的回答是："一个人等到他的骨头都已腐朽了，只有他的言论尚存。况且作为一个君子，时机成熟的时候可以出而为仕，否则就随遇而安。会做

老 子（生卒年不详）

青少年 必知的智谋经典

生意的商人，常把货物藏得很严密，仿佛一无所有；有盛德的君子，看他的容貌，仿佛十分愚钝。去掉你身上的骄气与过多的欲望，去掉你造作的姿态与过多的志向，这些对你有益无害。"孔子离去后，对自己的弟子说："鸟，我知道它能飞翔；鱼，我知道它能在水中游动；兽，我知道它能奔跑。能奔跑的兽我可以用网去捕捉它，能游的鱼可以用钓绳去钓，能飞的鸟可以用箭去射。至于龙，我就不知道了，它是否能乘风飞上天呢？我今天见到老子，感觉他就像龙一样。"

本来，老子的思想已开始向隐居修养、追求无名发展，恰好此时周王室的一场内乱又使他得以由仕途中解脱。周王室发生内乱，景王崩，王子朝叛变，在守藏室中带走了大批周朝的典籍逃奔到楚国。此事波及李耳，李耳于是辞去守藏室史官之职，离开周都，准备从此隐居。行至函谷关时，令尹喜请求道："先生要隐居了，请尽力写一部书吧。"于是老子写成了一部书，这就是《老子》。

老子在东汉末年被奉为道教教主，"道教"这个中国土生土长的宗教为什么尊老子为祖师呢？老子的生平早已失传，当时流行着许多关于老子的传说，如传说他因为修道，活了200多岁，他的学问之高深莫测，连孔子也要向他请教等等，所以，汉朝的时候，对老子就非常崇拜。后来，对老子的渲染越来越多，简直成了一位活神仙。道教成立后，为了吸引百姓的注意和信仰，就尊奉老子为祖师，称他为"太上老君"。他写下的《道德经》也成为道教的最高经典，被千百万教徒所颂阅。从此老子便在中国历史上又多扮演了另外一个角色。

由于老子的年代离我们过于久远，关于其生平的记载太少，所以老子留下了许多故事与传说，这些故事与传说恰似一个个耐人寻味的寓言为后人所学习。同样，《道德经》初看起来朴实平淡，但细细品来却深奥精妙，于平凡之处显神奇，这便是它的高妙之处了。老子其人到底有多大本事，当时无人知晓，因其留下的《道德经》太过玄妙，后世众人景仰之余，相互传诵，越传越奇，遂将老子捧为寿与天齐的神仙，并以神话的方式描述。

延伸阅读
YANSHEN YUEDU

《庄子》是一本奇书，在中国思想史上留下了深刻的影响，特别是在高层知识分子中间，更有无可比拟的影响。《庄子》在汉代已经流行，但影响还不大，汉代经学随汉代的统治衰微以后，《庄子》在魏晋时代开始盛行起来，被玄学家尊为经典"三玄"之一。许多人都研究、注释它，扩大了它在学术思想界的影响。唐代道教盛行，与《老子》并称"老庄"的《庄子》也是身价百倍，被尊为《南华真经》。受到许多著名的思想家、艺术家，特别是画家的欣赏和崇拜。历史上如唐代的李白、宋代的苏东坡、清代的曹雪芹都深受庄子的影响。近现代的一些思想家都对《庄子》有很高的评价。鲁迅说：《庄子》一书，"其文则汪洋辟阖，仪态万方，晚周诸子之作，莫能先也。"

※　　※　　※　　※

《周易》是我国最早的经典之一，也是具有世界影响的一部古代典籍。全书中包含着丰富的哲学思想，其内容涉及天文历算、地理、生物、伦理、道德、哲学、政治、历史等诸多方面。它还有许多有价值的方法论思想（如简单性原则、相似性原则、循环原则以及稳定与不稳定、无穷演化的思想等）。玄妙而神秘的《周易》，是中国以及世界一份十分珍贵的文化遗产。它的宝藏，还有待于人们继续求索、挖掘，使它发出更加耀眼的光芒。

★世界第一部"军事谋略学"

★中国古代最著名的军事著作

★国外多家军事院校的教材

★被中外商家奉为谋略制胜的法宝

孙子兵法

孙 武 （中国·春秋 约公元前6世纪末～前5世纪初）

《孙子兵法》是世界上最早的军事名著，其内容之博大，论述之精深，后世无出其右者。可以说，《孙子兵法》是战争指导智慧的结晶。历代古往今来的军事思想家，只有克劳塞维茨可与孙子媲美。然而克劳塞维茨的著作比孙子晚2000年，其局限性也大，而且有一部分已经过时。相比之下，孙子的文章讲得更透，更深刻，永远给人以新鲜感。

——英国军事理论家 利德尔·哈特

孙武是中国古代大军事学家，古代军事理论奠基者，春秋末期吴国将军，亦称孙子。他身处诸侯争霸、列国兼并、大夫争权、社会变革的动乱之世，为寻求以战止战、保国安民的途径和方法，入吴后长期避隐深居，潜心研究兵学，总结春秋时期及其以前的战争经验，著书立论，成兵法13篇。当时正值吴王阖闾即位，欲破楚以图霸，经伍子胥多次举荐，以所著兵法13篇献吴王阖闾，深得阖闾赞赏，被任为将军。孙武得以有用武之地，并立下了赫赫战功。

在中国和世界军事史上，孙武率先论述战争全局和战略全局问题，最早揭示出"知彼知己，百战不殆"、"先胜而后求战"、"致人而不致于人"、"因敌而制胜"等指导战争的普遍规律，深刻总结出"以正合，以奇胜"、"攻其无备，出其不意"、"我专而敌分"、"避实而击虚"等一系列至今仍有科学价值的作战指导原则。孙武以其卓越的见识深深影响了后世，受到古今中外军事家的广泛推崇，由此确立了他在春秋末期思想界中与孔子、老子并列的地位，以"兵圣"之誉而名垂千古。

流传至今的《孙子兵法》集中反映了孙武丰富而深邃的军事谋略思想，堪称是中华民族的不朽兵书和世界第一部"军事谋略学"。该书讲的虽是用兵之道，但它提出的多种战争谋略不仅应用于军事作战中，其意义远远超过了兵法本身，它吸引了无数的政治家、军事家和企业家，在政界、军界、商界、体育界、医学界等领域对其广泛地加以运用。在当代，这部被誉为兵学圣典，不仅在军事科学领域仍然有重要的地位，而且在经济领域的竞争中，亦被中外商家奉为制胜的法宝。商场如战场，现代企业中的企业家如果能熟读和理解《孙子兵法》，并能得心应手、游刃有余地运用"出奇制胜"之谋略，那么就一定能够在激烈的市场竞争中击败对手，立于不败之地。

旷世杰作
KUANGSHI JIEZUO

公元前515年，吴国阖闾即位后，礼贤下士，整个吴国呈现出一派欣欣向荣的景象。阖闾又注重搜求各种人才，立志要使吴国更加强盛，而后向长江中游发展，灭楚称雄。隐居吴都郊外的孙武由此更加看清自己的前途，他在隐居之地，一边灌园耕种，一边写作兵法，并请伍子胥引荐自己。终于，孙武写好了13篇兵法。这13篇兵法，讲的全部都是如何克敌制胜的战略战术，全书构成了一个严密的体系。

《孙子兵法》13篇遵循着十分鲜明的逻辑顺序，即由总体到部分，由全局到局部，由战略到战术，由一般到个别。第一《计篇》为全书之总纲，提出了战争与国家生死存亡的关系、将帅的德才智谋与战争胜负的关系等有关战争的根本大计；第二《作战篇》、第三《谋攻篇》是从战略的高度，对能否进行与如何进行战争所提出的根本性的战略方针，从战争的物质基础写到战争的最理想境界"上兵划谋"、"不战而屈人之兵"；第四《军形篇》、第五《兵势篇》、第六《虚实篇》，开始进入具体作战形式的说明，如防守、进攻、军争、行军、火攻以及不同地形环境中的特殊争斗，既有战略与策略的一般原则，如"先为不可胜"，"胜兵先胜而后求战"，"以正合、以奇胜"，"奇正相生"，"致人而不致于人"，"避实就虚"等，也有具体战术原则的论述，如"善守者，藏于九地之下；善攻者，动于九天之上"，"择人而任势"，"形兵之极，至于无形"等等；第七《军争篇》、第八《九变篇》、第九《行军篇》更多述及具体行军作战的情况与方法，如"以迂为直"，"避其锐气，击其惰归"，"以治待乱，以静待哗"，"以近待远，以逸待劳，以饱待饥"，"围师必阙，穷寇勿追"以及将帅指挥军队的"九变之术"和审察敌情的"三十二术"等等；第十《地形篇》、第十一

青少年 必知的智谋经典

《九地篇》、第十二《火攻篇》、第十三《用间篇》更全然进入了对战斗中的具体条件、具体情况、具体方法的分析论述，如对地形地貌的考察与利用，火攻的具体形势。在短短的共13篇6000余字里，《孙子兵法》为我们勾勒了整个战争的全貌，"知己知彼，百战不殆"的制胜真理也全然显现。

孙武的兵法13篇，各有侧重，波澜起伏，分析透彻，见解精到，实用性强，它不仅对我国的军事理论和实践产生了深远的影响，而且在世界军事史上也占据着重要地位。在兵学史上，《孙子兵法》是我国古代最著名的兵书，也是世界上最古老的军事理论著作。作为一部军事圣典，它一直被历代政治家、军事家、商人、学者奉为至宝。这部百家兵法之始祖，曾造就了一批批伟大的军事家和政治家。无论是三国时的曹操、诸葛亮，还是近代指点江山的风云人物，他们在军事、政治、外交等诸多方面，都无一例外地受到了孙子谋略思想的启发。在短短6000余字里，《孙子兵法》把人类的智慧淋漓尽致地展现在我们的面

前。正是由于《孙子兵法》揭示了战争的普遍规律，因此，二次大战以来，国内外许多军政要员都把《孙子兵法》视为克敌制胜的法宝。孙子在2000多年前提出的"兵者诡道"、"上兵伐谋"、"攻其无备，出其不意"、"知己知彼者，百战不殆"等凝聚着深刻谋略思想的名言粹语，至今仍具有十分重要的指导意义。

2500多年过去了，这部被后人奉为"兵学圣典"的古老兵书，虽历经沧桑巨变却不失其光泽，不仅启迪了中国历史上一代又一代的谋臣将帅，而且跨越时空，流传海外。《孙子兵法》是美国西点军校的必修教材，是日本知名大企业员工的必读之书，

成为全世界的精神财富。法国皇帝拿破仑在惨败之后读到了翻译成法文的《孙子兵法》，不禁喟然长叹："如果我能早些读到《孙子兵法》，那么，世界历史将会重写"；英国著名军事理论家利德尔·哈特向人透露：他的军事著作中所阐述的观点，其实在2500多年前的《孙子兵法》中就可以找到；1990年海湾战争爆发期间，美国总统布什桌上放着两本书，一本是《恺撒传》，另一本就是《孙子兵法》，而且，在此期间，美国还将大量的《孙子兵法》英译本供给前线的海军陆战队官兵阅读。在21世纪的今天，《孙子兵法》仍然熠熠生辉，以其博大精深的战略理论彪炳古今中外。

经典导读
JINGDIAN DAODU

《孙子兵法》中的军事谋略思想

按现代军事学的体系来分析的话，《孙子兵法》至少包含4个层次：第一个是它的战争观念。一个军事家，一个军事思想家，孙子首先对战争要有一个基本的态度，是肯定战争还是否定战争，战争与政治的关系怎么样，战争与民心向背的情况又有什么关系，胜负又有什么关系。那么战争要不要区别性质，是正义的，还是非正义的，它必须要有个基本的看法。孙子的战争观，最主要的核心就是"慎战"，谨慎地对待战争。他既不否定战争，因为在当时那个时候，战争是不可避免的历史现象，国家要统一，还得打仗才能完成统一，所以他不否定战争，但他又反对穷兵黩武，反对把战争看成是最好的、包医百病的良方，这是孙子对战争的一个基本的态度。这是他的战争观，简单地说就是慎战思想。

第二个层次是孙子的战略思想。首先，他是推崇"不战而屈人之兵"的全胜战

> 《孙子兵法》可以古为今用，军为民用，达到他山之石可以攻玉的效果。
> ——中国工程院院士 涂铭旌
>
> 《孙子兵法》揭示的许多原理原则，迄今仍然颠扑不破，仍有其运用价值。
> ——美国经济学家 霍吉兹
>
> 孙子是古代第一个形成战略思想的伟大人物，《孙子兵法》中的大部分观点在我们的当前环境中仍然具有和当时同样重大的意义。
> ——美国知名学者 柯林斯

青少年 必知的智谋经典

略，就是说追求万全，追求以最小代价取得最大的胜利；其次，他的战略思想里面非常突出的，他提倡先发制人，他认为，打仗不能被动挨打，必须自己主动进攻；再次，他认为战争应该速战速决，要进攻、进攻再进攻，在最短的时间内，取得最大的战果，实现战争的目标。这是他的战略思想的一个基本情况。

第三个孙子的军事思想的层次，是他的战术思想，这个思想是孙子所有兵学体系里面的主体部分，也是他的核心。《孙子兵法》说来说去就是用兵的方法，那么他实际上就把重点放在用兵方法的探讨上，他里面提出了许多重要的原则，包括他的争取战争主动权的思想——"致人而不致于人"。这个话虽然很简单，但是包含了一切战争里面的最主要的核心含义，就是说：调动别人，不要被别人所调动。就是把主动权掌握在自己手上。第二个他讲的要"知己知彼"，不了解情况不能打，情况了解得不充分也不能打，不但要知己知彼，而且要早知，战争要了解情况要有时效性，过了时的话，就过了期，"明日黄花"了。战争中还要"避实而击虚"，不能跟别人硬碰硬，要用自己的优势去打击别人的薄弱，这是关键的一个方面。

第四个层次，也是最后一个层次，是治军的理论，是管理军队和建设军队的一个基本的思想。军队是老百姓组成的，这个军队不经过训练，不经过调教没有一定的纪律，没有一定的规章制度，它是形成不了战斗力的。所以孙子对这个问题，也非常地重视，并提出了一系列具体的治军方法。这些方法包括用将、包括部队的训练、包括部队的赏罚，就是说怎么奖励怎么惩罚，等等。

他的核心就是一句话，叫做"令之以文，齐之以物"，就是用政治教育、物资管理、精神鼓励来教育军队，使他们形成为谁打仗、为谁作战的一种基本的思想，就是相当于我们今天的政治思想教育；"齐之以物"就是要用严格的军纪军法，谁犯了错误，坚决不能留情面，就是要加以惩罚。这是《孙子兵法》的军事谋略思想的四个基本层次。（黄朴民）

《孙子兵法》与商战谋略

一、"夫将者，国之辅也"

"夫将者，国之辅也，辅周则国必强，辅隙则国必弱"，"故知兵之将，民之司命，国家安危之主也"。孙子认为将才关系到国家的安危强弱、百姓的命运，可见孙子高度重视将才在战争中的作用。战争史上有许多事例都表明了将才在军事中的作用举足轻重。战争需要将才，商战亦需要将才，企业领导者智慧才能是决定其经营活动成败的重要因素之一。

当今世界，市场竞争的商战可谓惊涛拍岸，这就更需要驾驭者必须具备高超的才能，方可使得商战之舟安然驶向胜利的彼岸。从某种意义上讲，商战亦可谓人才之战，犹如战场的胜败往往很大程度上取决于将才一样，商场的胜败也取决于经营者的谋略。同样一个企业，同样都是销售，在不同的经营者的谋略下可能会产生完全不同的结果。日本之所以能在商战中立于不败之地，一个很重要的因素就在于他们有一批主管一流企业的一流经营管理人才。

二、"将孰有能"

《孙子·计篇》提出的将才决定战争双方谁胜谁负的第二条是"将孰有能"。孙子接着又谈到了为将必须具备五德，"将者，智、信、仁、勇、严也。"曹操给孙子的"五德"注曰："智者，智谋才能；信，赏罚有信；仁，爱抚士卒；勇，勇敢果断；严，纪律严明。"可见孙子以为军中双方主将的能力对比是造成胜负的基本因素之一，而具备"五德"的将才方可率军在战争中立于不败之地。

••• 华文精选 •••

出其所不趋，趋其所不意。行千里而不劳者，行于无人之地也；攻而必取者，攻其所不守也。守而必固者，守其所必攻也。故善攻者，敌不知其所守；善守者，敌不知其所攻。微乎微乎，至于无形；神乎神乎，至于无声，故能为敌之司命。

译文：通过敌人不设防的地区进军，在敌人预料不到的时间，向敌人预料不到的地点攻击。进军千里而不疲惫，是因为走在敌军无人抵抗或无力抵抗的地区，如入无人之境。我进攻就一定会获胜，是因为攻击的是敌人疏于防守的地方。我防守一定牢固，是因为守住了敌人一定会进攻的地方。不善于进攻的，能做到使敌方不知道在哪儿防守；不善于防守的，使敌人不知道从哪儿进攻，不知怎样进攻。深奥啊，精妙啊，竟然见不到一点形迹；神奇啊，玄妙啊，居然不漏出一点消息。所以能成为敌人命运的主宰。

孙子所言的为将必备的五德也适合于当今商战之中的经营者。任何竞争性的活动首先需要的是"智"，而商战天经地义需要智慧才能。经商活动必须讲求"信"，经营者必须在企业内取信于企业员工，在外取信于一切顾客，取信于同行人员，要信守诺言，遵守法规，必须明确经营目的是服务和造福于人类社会，其次才是经济效益。"仁"，则要求经营者以爱人

41

之心对待自己企业的职工和顾客，所谓"上下同欲"。经营者需要在商战中抓住良机，积极主动勇敢稳健地去决断，此乃"勇"也。企业的管理，当然应该是严格的，要使全体职工遵守法度和纪律的约束，这就是所谓"严"。可见，孙子在古代战争中对将才的五德要求，对在当今商场竞争中对将才的栽培和要求是有借鉴作用的。

在现代企业中，企业经营者领导能力和领导水平的高低是企业兴衰成败的关键因素之一。现代企业是一个由多种要素组成的比较复杂的经济组织，因此企业经营者，不但要熟悉各种领导的方法、原则和规律，同时也要讲求领导艺术，依靠丰富的知识、无穷的创造力，运用高度纯熟精细的技巧来灵活地解决复杂多样的问题。在企业领导的实践中，我们常常发现，在这个企业用这种领导方式和方法是有效的，在另一个企业这种领导方式和方法却不一定有效。这就是我们在阐述孙子讲能力与艺术时必须强调的"权变"原则。所谓因地因时而宜，即时即兴而发，知己知彼，实事求是而已。

三、用人之道

善用人才主要是要给以实权，信任人才，全才而用。《孙子·谋攻》曰："不知三军之事，而同三军之政，则军士惑矣。不知三军之权，而同三军之任，则军士疑矣。三军既惑且疑，则诸侯之乱至，是谓乱军引胜。"曹操注曰：不知道军队内部的事务，而干涉军队的行政，军士就会迷惑不解。不知道用兵的权谋，而干涉军队的指挥，将士就会产生疑虑。军队既迷惑又疑虑，各诸侯国乘隙进攻的灾难就临头了。这就是所谓扰乱自己的军队而导致敌人的胜利。可见孙子以为要给将才以作战指挥权，要信任将帅。所谓放权于部下，一任东西南北中，用人不疑，疑人不用。

在经济活动中，主管者要有所作为，就必须首先把自己锻炼为一位懂得择人用人的原则和艺术、贤明豁达、知人善任的领导者。领导者要能信任属下，并给以业务实权，使其充分发挥主观能动性和智慧才干，灵活机动自由处置业务，以人才壮行，何愁功业不成，企业不兴。　（刘正平）

大师传奇
DASHI CHUANQI

孙武，字长卿，我国春秋时期伟大的军事家及军事理论家，后人尊称其为孙子、孙武子。他出生于公元前535年左右的齐国乐安（今山东惠民），具体的生卒年月日不可考。是春秋时期与老子、孔子鼎足而三的思想大家，被历代军事家尊为"兵圣"、"兵家之祖"。

孙武出生于军事世家，使得他从小就受到浓厚的军事战争知识的熏陶，因而孙武从小便酷爱兵法。他渴望探求作战的制胜之道，以便将来能超越父辈，大有作为。他博览群书，学习黄帝的作战方法以及商汤、西周的一些军事名家的作战史实，并从中总结出作战策略及作战思想。

由于贵族家庭给孙武提供了优越的学习环境，孙武得以阅读古代军事典籍《军政》，了解黄帝战胜四帝的作战经验以及伊尹、姜太公、管仲的用兵史实，加上当时战乱频繁，兼并激烈，他的祖父、父亲都是善于带兵作战的将领，他从小也耳闻目睹了一些战争，这对少年孙武的军事方面的培养是非常重要的。但孙武生活的齐国，内部矛盾重重，危机四伏。齐国公室同四大家族的矛盾，四大家族相互之间争权夺利的斗争，愈演愈烈。孙武对这种内部斗争极其反感，不愿纠缠其中，萌发了远奔他乡、另谋出路去施展自己才能的念头。当时南方的吴国自寿梦称王以来，联晋伐楚，国势强盛，很有新兴气象。孙武认定吴国是他理想的施展才能和实现抱负的地方。在齐景公三十一年（公元前517）左右，孙武正值18岁的青春年华，他毅然离开乐安，告别齐国，长途跋涉，投奔吴国而来，孙武一生事业就在吴国展开，死后亦葬在吴国，因此《吴越春秋·阖闾内传》就把孙武称为"吴人"。

公元前515年，吴国公子光在伍子胥的辅佐下夺得吴国王位，称阖闾。阖闾胸怀大志，礼贤下士，任用贤能。在发展生产，增强国力的同时，他还广泛地搜罗人才，立志要称雄天下。伍子胥便借这个机会向阖闾推荐了隐居的孙武。孙武见到吴王后，把自己撰写的兵法13篇呈献给吴王。吴王看罢，赞不绝口，但他却想考验一下孙武是否能将这些理论运用于实战，便对孙武说："你的兵法13篇，我已经逐篇拜读，实在是见解独到，令我耳目一新，受益匪浅，但不知实行起来如何呢？"孙子便说："可以用后宫的宫女试验一下。"吴王同意了。于是孙武让180个宫女都披上铠甲、戴上头盔，拿着剑和盾站着，又向吴王借了宠爱的妃子二人，让她们当军队的队长，并使她俩每人带领一队。接下来孙武又把军队的法规告诉她们，叫她们随着鼓声或前进或后退、或向左或向右、或者旋转打圈，并向她们讲述了操练时的禁例。安排就绪后，孙武便亲自击鼓发令，但宫女们由于内心的好奇，虽然嘴上答应听令，但做起来

孙　武（公元前6世纪末～前5世纪初）

青少年 必知的智谋经典

却嘻嘻哈哈，不成体统。孙武便召集军吏，根据兵法，要斩两位队长。吴王见孙武要杀掉自己的爱姬，便马上派人向孙武求情。孙武却毫不留情地说："臣既然受命为将，将在军中，君命有所不受。"孙武执意杀掉了两位队长，重新任命两队的排头充当队长，继续练兵。当孙武再次击鼓发令时，众宫女前后左右，进退回旋，跪爬滚起，全都合乎规矩，阵形十分齐整。吴王虽然失去了两名爱姬，但他看了孙武所操练的阵法后，明白了孙武是能帮助他成就霸业的难得将才，因此最后还是拜孙武为将军。孙武一生战功赫赫，从"养城之战"初露锋芒到公元前510年大破越军再展风华；从吴楚"豫章之战"到中国历史上以少胜多的著名战例"柏举之战"，每一场战役都显示了其超凡的军事思想和卓越的军事指挥才能。

随着吴国霸业的蒸蒸日上，在阖闾之后的吴王夫差渐渐自以为是，不纳忠言。吴国名臣伍子胥认为：勾践被迫求和，一定还会想办法以后报复，故必须彻底灭掉越国，决不能姑息养奸，留下后患。但夫差听了奸臣的挑拨，不仅不理睬伍子胥的苦谏，反而制造借口，逼其自尽，甚至命人将伍子胥的尸体装在一只皮袋里，扔到江中，不给安葬。孙武深知"飞鸟绝，良弓藏；狡兔尽，走狗烹"的道理，对伍子胥惨死的一幕十分寒心，于是便悄然归隐，息影深山，根据自己训练军队、指挥作战的经验，修订其兵法13篇，使其更臻完善。这部震古烁今的《孙子兵法》，被誉为世界"兵学圣典"。短短的6000余字，体现了孙武完整的军事思想体系。

正是因为孙武在军事科学这门具体科学中概括和总结出了异常丰富、多方面的哲学道理，确立了他在春秋末期思想界中与孔子、老子的并列地位，被并称为春秋末期思想界上空的三颗明亮的星体。孙子在东方被尊称为"兵圣"，在西方军事家那里也备受推崇。著名的军事理论家利德尔·哈特在1963年为美国将军萨姆·格里菲思的《孙子》英译本所作的序中，写道："《孙子兵法》是世界上最早的军事名著，其内容之博大，论述之精深，后世无出其右者。"

延伸阅读
YANSHEN YUEDU

如果说《孙子兵法》是中国古代兵学的奠基之作，是对春秋时期及其以前军事思想的概括和提炼，那么战国时著名军事家和法家学派代表人物之一吴起的《吴子》则继承和发展了《孙子兵法》的军事思想，并总结了战国前期的丰富的战争经验。该书反映了吴起军事思想的基本内容，堪与《孙子兵法》相媲美。这两部兵书，对中国军事思想的发展都产生过深远的影响，故历代习惯于把《孙子兵法》和《吴子》并称为"孙吴兵法"，一向被人们奉为兵学经典。后来，《吴子》又流传到国外，被译成英、法、日、俄等文本，对世界军事思想的发展也产生了一定的影响。

※　　※　　※　　※

春秋末期，在中国思想界的上空，出现了三颗明亮的星体——孔子、老子和孙子。他们的思想包罗宏富，见解精到，而各有侧重。孙子注重于研究军事学，对于政治、经济、文化、外交、法律、教育也都有论述，建构了一个严密的独具特色的思想体系。孙子的思想就全部凝聚于他的不朽杰作《孙子兵法》13篇中。杨善群的《孙子评传》着重评论的是春秋末年的孙子及其兵法，从《孙子评传》中，我们对孙子会有一个更全面而透彻的认识。

★中国先秦时代游说、纵横之学的登峰造极之作

★在国内外产生重要影响的智谋宝典

★一部妙义无穷的旷世杰作

★一部"奇变诡伟"的纵横家著作

鬼谷子

鬼谷子（中国·春秋 生卒年不详）

《鬼谷子》不是禁果，它含有充分的民主性精华的养分，每位读者都可以通过自己的品尝和咀嚼，深切地感受到"获益匪浅"、"大受启迪"乃至"妙义无穷"的愉悦，并转化为日常生活中的智慧和才干。

——当代学者 盛瑞裕

在中华民族五千年文明史上，曾有一个最为动荡然而也最为辉煌的历史阶段——春秋战国时代。在这一时期里，中华民族的政治、军事、经济及科学文化都得到了突飞猛进的发展，出现了中国历史上空前繁荣的景象，诸子百家应运而生，各种思想相互撞击，迸发出令人眼花缭乱的奇光异彩。诸子中有一位具有浓烈神秘色彩的人物，人称鬼谷先师，他仙风道骨、精于养身，被尊为纵横家的鼻祖。

综观世界史，第一个谋略家、策划大师非鬼谷子莫属。他在诸侯争霸、各国纷争的时代，于鬼谷山中研究学问、谋略天下、飞钳帝王、左右历史。培养出孙膑、庞涓等军事谋略家，使社会结构因战争快速结合，民众能稳定生存；又培养出苏秦、张仪等政治家和策略外交家，用纵横之法，遏止和缩短战争，从而使社会迅速统一，人民生活稳定。因此，纵横家称他为先师、兵家称他为师祖、道家称他为真人、阴阳家称他为祖师爷。

中国是世界谋略的发祥地，鬼谷子这位精通阴阳五行、奇门遁甲之术的奇人，将中国的谋略艺术演绎得淋漓尽致。如果说鬼谷子这位我国最早的游说理论大师是一位奇人，那么他的《鬼谷子》则是一部奇书，这部研究社会政治斗争谋略与权术的智

青少年必知的经典系列

慧之书，是一部叱咤风云的智谋宝典。在中国传统文化中，《鬼谷子》历来享有"智慧禁果、旷世奇书"之称，它的哲学思想是实用主义的道德论和价值观，讲求名利与进取，其实践方法论是顺应时势，知权善变。这本书曾对社会尤其是战国时期纵横家的理论起过重要的指导作用，是中国先秦时代游说、纵横之学的登峰造极之作，在国内外都产生过重要的影响。

时至今日，我们透过《鬼谷子》一书中的机巧、诡妙之辞，还可以清楚地感受到蕴涵其间的游说奥秘，它仍然适用于对外交往、商贸会谈和公共关系的协调等诸多方面的需要，是现代人的一部谋略参考书。因此可以说，《鬼谷子》在当代仍然闪耀着诱人的熠熠光彩。

旷世杰作
KUANGSHI JIEZUO

《鬼谷子》是一部"奇变诡伟"的纵横家著作。自汉魏六朝隋唐以来，一直流传不绝，书中所述各种术数，更使之充满离奇色彩。

《鬼谷子》大致成书于战国晚期，是纵横家的理论著作。被世人称为"金书"。《鬼谷子》崇尚计谋，文字"奇变诡伟"，表达了纵横家的智慧和谋略。全书共14篇，其中包括捭阖第一、反应第二、内揵第三、抵巇第四、飞钳第五、忤合第六、揣篇第七、摩篇第八、权篇第九、谋篇第十、决策第十一、符言第十二、本经阴符七篇、持枢、中经等详细内容，第十三、十四篇已失传。今天我们看到的《鬼谷子》一书，相传为苏秦所编，是以社会政治斗争的实践为基础，把经验和感悟系统化、条理化而成的智慧成果。《鬼谷子》是一部游说的书、战略的书、谋略的书，也是一部外交的书、政治的书、军事的书。其中包含着许多闪光的智慧，精妙的技巧。

•••华文精选•••

用之于人，则量智能、权材力、料气势，为之枢机以迎之随之，以钳和之，以意宜之，此飞钳之缀也。

译文：如果把"飞钳"之术用于他人，就要揣摩对方的智慧和才能，度量对方的实力，估计对方的势气，然后以此为突破口与对方周旋，进而争取以"飞钳"之术达成妥协，有意识地适应对方。这就是"飞钳"的秘诀。

鬼谷子主张，不管是君主统治百姓、量材用人，还是军事家统兵打仗、外交家游说诸侯，在开始行动之前，都要进行揣测。在揣测的基础上，与事实相对应，进行有分析、有目的的谋略，然后有针对性地实施。鬼谷子认为用兵打仗，揣测和谋略是从宏观上控制人和军队，但要使被游说之人信服和使军队取得胜利，领导者必须善于决策和具有高超的实际本领。这种本领，鬼谷子称为"术"。而这种"术"又分为几类：

捭阖术。鬼谷子认为阴阳、开合、捭阖是命名万物生死存亡的大道理，是事物发展的普遍规律，捭阖术就是要掌握这种客观规律，从而达到自己的目的。按照对方的贤智、骁勇等情况，"乃可捭，乃可阖，乃可进，乃可退……"。

反应术。鬼谷子认为在军事中，要善于掌握敌方的情况，从而根据不同的变化采取不同的措施，并以静制动，达到"张网而取兽"的目的，反应术中运用一些小的术谋，即给对方小的利益，诱取大的成果。

飞钳术。鬼谷子认为，只有了解对方的心理，才能诱导对方跟着自己走。首先给对方以肯定和推崇，然后诱入自己的圈套。

雄辩术。纵横家的主要活动就是游说，在外交辞令上，必须重视讲话的艺术，鬼谷子的雄辩术，主张研究说服的对象，见什么人说什么话。

在百家争雄、百家争鸣、你中有我、我中有你的先秦时代，《鬼谷子》无疑吸收和发展了老子和阴阳家的思想。《鬼谷子》主张阴阳化生构成万物，并从这一理论出发，认为纵横策士可以凭借个人智识、权术去"变动阴阳"、"以化万物纵横"，促使事物朝着有利的一方转化。这一重视个人才智和权术的思想与老子和阴阳家相比，无疑更具有人文色彩。

纵横家所崇尚的是权谋策略及言谈辩论之技巧，其指导思想与儒家所推崇之仁义道德大相径庭。因此，学者历来对《鬼谷子》一书推崇者甚少，而讥诋者极多。其实外交战术之得益与否，关系国家之安危兴衰；而生意谈判与竞争之策略是否得当，则关系到经济上之成败得失；即使在日常生活中，言谈技巧也关系到一人之处世为人之得体与否。当年苏秦凭其三寸不烂之舌，合纵六国，配六国相印，统领六国共同抗秦，显赫一时；而张仪又凭其谋略与游说技巧，将六国合纵土崩瓦解，为秦国立下不朽功劳。所谓"智用于众人之所不能知，而能用于众人之所不能"。潜谋于无形，常胜于不争不费，此为《鬼谷子》之精髓所在。

《鬼谷子》不仅仅是一部纵横家之书，一部外交家之书，一部兵书，同时它也是一部极富价值的商战之书，道尽了所有的谈判和谋略，直到今天还夺光异彩。所以历来研究鬼谷子的人很多。不仅有中国的政治家、军事家、外交家、历史学家与文学家，同时还有外国政治家与外交家。日本是受《鬼谷子》影响最大的国家之一。《鬼谷子》作为纵横家智谋的本经，很早就在日本传播。日本学者大桥武夫在一部关于鬼谷子的著作中，把鬼谷子智谋在当今政治、经济、文化、外交、军事等方面的作用给予了充分肯定。鬼谷子学说在越南、新加坡、马来西亚及菲律宾等国都有一定影响，在马来西亚设有"鬼谷子学术研究所"、"鬼谷子学术奖金"。

经典导读
JINGDIAN DAODU

鬼谷子的"飞钳术"

鬼谷子曰："审其意知其所好恶，乃就说其所重，以飞钳之辞钩其所好，乃以钳求之，用之于人，则量其智能，权材力，料气势，为之枢机，以引之随之，以钳和之，以意宣之，以飞钳之缀也。"

就是说，用扬钳制术对付别人时，要先审察、揣摩他的心意，知道他喜欢什么讨厌什么，然后再靠上去说些他最为喜欢听的话，把他捧得得意忘形，引你为知己时，你就会探知到他的底细，让他自露老底，从而你就可以去设计钳制他。在施术时，首先要衡量他的学识能力，权度一下他的才气天分，称量一下他的气度派头，然后抓住他的主要性格等弱点去做文章，施手段，牵着他的鼻子走。实施飞钳术的技巧，在于搔到对方的痒处，越搔越痒，越痒越舒服，从而把对方控制住。此术关键所在就是要使对方喜滋滋地接受你的"飞"之后，无法拒绝后边的"钳"。

飞钳术主要有3种变式。第一，故弄玄虚，"飞扬"己威以"钳制"他人，即夸张自己的能力使不明真相的旁人敬畏你；第二，借人之力，"飞扬"己威以"钳制"

他人；第三，利用飞扬钳制术，先"钳制"后"飞扬"，让对方顺从我意行事而又被"扬"得心中痒酥酥地满意。对付比自己地位高的人变式效果最佳，既达到了自己的目的又不至于得罪上司。如后唐庄宗喜欢看戏听戏，一次庄宗上了妆和艺人胡闹大叫："李天下在哪里？"一个戏子上前打了他一巴掌，然后说："李天下只有一个人，你在喊谁？这不是怂恿别人篡位吗？"庄宗闻言大喜并未怪罪，反而大表其忠心。在商场上，也可以力捧对方能干有远识有魄力，吹嘘对方的产品在市场上将是如何如何地畅销受欢迎，让其盲目生产最后积压滞销而亏本或破产。 （佚　名）

《鬼谷子》的谋略学价值

日本人大桥武夫，二战后成为东洋精工钟表公司的重建人，当他读到《鬼谷子》时，立即把鬼谷子的智谋用于企业管理与经营活动中，写出了"大桥派鬼谷子"——《鬼谷子与经营谋略》一书，正是得益于鬼谷子的智慧，大桥武夫等企业家在竞争中出奇制胜。而整个日本在世界经济中一直处于主动地位，可以说曾在一定程度上得益于鬼谷子的智谋。《鬼谷子》一书特别强调在管理中要"审时度势"，把握事物发展的客观规律，只有这样，作为君主才能称得上开明君主，作为谋士才是聪明的谋士，其计谋也才能为君主所用。

鬼谷子曰："古之善用天下者，必量天下之权。量权不审，不知强弱轻重之称。"这里提到的"量权"，用现代的语言来说，就是情报。从情报而获得的知识、数据、文件、素材和各种资料，都是做出决策所绝对不可少的根据。鬼谷子接着说："何谓量权？曰：度于大小，谋于众寡……"他认为善于统治天下的人，必然衡量各方面的轻重，揣摩诸侯的实情。如果对形势分析不全面，就不可能了解诸侯力量的强弱虚实；如果揣摩诸侯的实情不够全面，就不可能掌握事物暗中变化的征兆。所谓"量权"，就是测量尺寸大小；谋划数量多少；称验财货有无；估量人口多少和贫富；分辨地势险要；判断各方的谋略谁长谁短；分析君臣亲疏关系；考虑谋士的智慧；观察天时祸福；比较与诸侯的关系，测验民心的离叛或亲附的变化，预测反叛事件等等。这是一个放到现在都非常完善科学的谋略规划体系，让人叹服。

鬼谷子说："故观蜎飞蠕动，无不有利害，可以生事。"也就是说不要放过任何小事，连小飞虫、小爬虫的活动，都可能意味着极大的消息。这种情报的来源，既简单，又廉价，不必兴师动众，人家也无法防范。有许多时候，只要你肯问，人家不知不觉、自告奋勇地就提供了情报。"经起秋毫之末，挥之于泰山之本。"这也是在说，凡事开始之时，都是极其细微，不为人所注意，可是发展起来，泰山也压不住。蝈飞蠕动，都有它们本身的利与害的动机。就因为它们要趋利避害，所以才飞才动。天下事物绝无没有缘故的动或静。又由于它们的飞和动，牵动了别人的利与害。别人又牵动别人，反复间，不知牵动了几许。所以，一个优秀的领

导者比别人都敏锐，能见微知著。何以他能见微知著？因为他决不放过任何值得怀疑的小动静。如果一个人怀疑一件事情而不去探寻它，那么他一定精神上有问题。一点儿也不怀疑，肯定是个傻瓜，怀疑一件事情就去探寻求证，求得结果以后，仍有怀疑的继续求证，不应该怀疑的立即放弃，就是优秀的领导者。而一个优秀领导之所以成为优秀的领导，就离不开情报。怀疑引进情报，情报消除怀疑。如果所怀疑的经过求证，而证实了所怀疑的是事实，就立即应该采取行动，以收立即制止、不使矛盾扩大之效。鬼谷子称这种状态为"抵而塞之"。如一个大国侵略一个小国，并企图辖制它。但这个小国为了抵制侵略，而把另外一个大国卷入冲突之中，给这个大国许多可能的好处。由于这个大国的介入，给予侵略的大国许多滞碍难处。同时，由于侵略的非正义性，引起世界其他国家对侵略者的非难，并给予这个小国许多道义上的支持和援助。

一般来说，进行思考与拟订方案者，大多是参谋者的作业。幕僚们绞尽脑汁，拟出方案，以供领导者选择施行。鬼谷子说："审得其情，乃立三仪。三仪者，曰上、曰中、曰下。参以立焉以生计。"参谋作业，拟订方案，参考各种可能情势，同时应该拟出上、中、下三策，就是一个主要方案，两个准备方案。鬼谷子还强调赏罚分明，但他认为赏罚不可以随意，要有一定的标准，一定的原则，"用赏贵信，用刑贵正。赏赐贵信，必验耳目之所见闻，其所不见闻者，莫不暗化矣。"君主通过赏罚为自己树立起一个讲究信用、公正无私的高大形象，从而可以使更多的有识之士投到自

青少年必知的智谋经典

己麾下。另外，鬼谷子特别强调管理中主动性的重要性，"事贵制人，而不贵制于人，制人者，握权也；见制于人者，制命也"。

中国的历史一再证明：智囊决策是成功决策取之不尽的源泉。兴周800年的姜尚，兴汉400年的张良，众所周知的诸葛亮，他们都充分说明了智囊人物的极端重要性。换句话说，也就是谋略在历史中一定程度上起着决定性的作用。这或许就是《鬼谷子》给人们的启示。（李红军）

大师传奇 DASHI CHUANQI

先秦诸子之中，鬼谷子是最富于传奇色彩的一位，我们不了解他的生平，找不到有关的文献，自西汉以来，人们对鬼谷子不断地研究和考证，演化出各种说法，真伪难辨、众说纷纭。

据民间传说，鬼谷子是赵家女所生，周家的后代。原来周赵两家是邻居，周家务农，赵家经商，相交甚厚，赵家经商破产，周家慷慨接济，赵家感谢，把女儿许给了周家。不久，周家父母相继去世，家境败落，赵家悔婚。周家子念青梅竹马之情，气恼加相思，竟病入黄泉，赵家女闻其噩耗，赶到周家子坟前，悲号不止，因哀痛难节，竟哭昏过去，恍惚中，好像有周家子要求她把坟前的一株稻谷带回去吃掉。赵家女苏醒后，见身边确有稻谷一株，真的带回去吃了，以后赵家女怀孕，生下一个男孩，长得很快，因鬼生谷，因谷生子，所以赵家女给孩子取名鬼谷子。

鬼谷子在各种传说中显得非常梦幻神奇，历史上多说他是纵横家，传奇中多说他是兵家，笔记中多说他是仙家，民间多说他是命相家，似乎有道家的仙风、隐者的逸气，策士的权谋，学者的方术，豪士的旷达。总之，仁者说仁，智者说智。

据历史学家考证，鬼谷子，姓王名诩，又名王禅，春秋时卫国朝歌人。常入云梦山采药修道。因隐居清溪之鬼谷，故自称鬼谷先生，是先秦诸子之一。他是一位隐士，又是一位豪杰；是著名的纵横家，更是一位教育家。他当时有弟子500人，从确凿的史料《史记》当中，我们只能找到两句话：一是《史记·苏秦列传》中讲苏秦"习之于鬼谷先生"，二是在《史记·张仪列传》中又讲张仪"始尝与苏秦俱事鬼谷先生学术"。鬼谷先生的大名是与苏、张二人的功绩、才能一起著称于世的。苏、张二人合纵连横，游说诸侯，天下为之变；苏秦挂六国相印，张仪定秦一统之基。白手起家可以把事业做到如此程度，世人在赞叹的同时，愈加觉得二人背后的老师鬼谷子先

生真是高深莫测。相传其弟子中不仅有文才精英（如苏秦、张仪等），还有武将奇才（如孙膑、庞涓等）；既有谋权怪杰，也有谋事圣人。所以，世上人称鬼谷子是一位奇才、全才。他有阴阳家的祖宗衣钵，预言家的江湖神算，外交家的纵横之术，政治家的六韬三略。但他不愿为官，过着隐居生活，所以他的详情不为世人所知，因而关于他的身世，充满神秘色彩。

鬼谷子在先秦是一位高明的隐士，在后世其影响已远涉域外，波及日本、朝鲜、韩国、越南、菲律宾、马来西亚等国，甚至西方的美国、德国，也有著名学者对其刮目相看，深入研究。鬼谷子学说已成为中国文化国际化的重要组成部分。另外，鬼谷子学说与现代的政治、经济、文化生活也并非渺不相涉，今日的商战、外交斗争态势，使鬼谷子学焕发青春，有了良好机缘。中国传统的优秀文化，无需西方人去证明其价值，但是，"他山之石，可以攻玉"，海外学者对鬼谷子的研究与发掘，毋庸讳言地刺激和启发着中国学者对鬼谷子的研究。

延伸阅读 YANSHEN YUEDU

《吕氏春秋》是吕不韦集合门客编写的一部巨著。全书编撰的基本思想就是吕不韦思想的再现，其编排是经过精心设计的，并自成一个完整的系统，这在先秦的典籍中是罕见的。该书26卷，160篇，20余万言。《吕氏春秋》的内容以儒家思想为主干，以道家思想为基础，以名、法、墨、农、兵、阴阳家思想为辅翼，熔先秦各派学说于一炉。这本书除在哲学思想、政治思想上有着重要的价值外，还保存了很多先秦的史料和科学文化方面的珍贵资料。著名的历史学家郭沫若先生曾评价这部书"含有极大的政治上的意义，也含有极高的文化史上的价值"。当代著名历史学家杨宽先生的《战国史》也多处引证此书。足见《吕氏春秋》不仅是当时治国方略的集大成，而且亦对后朝，乃至今代都有深刻的影响。

＊　＊　＊　＊

《尉缭子》是古代兵学圣典中内涵丰富的著作之一，对于它的作者、成书年代以及性质归属历代都颇有争议。一说《尉缭子》的作者是梁惠王时的隐士，一说为秦始皇时的大梁人尉缭。一般署名是尉缭子。最早著录于《汉书·艺文志》，书中杂家类著录《尉缭子》29篇，兵形势家类著录《尉缭子》31篇。它虽然是一部军事著作，但其内容却涉及军事、政治、经济、教育等诸多方面，思想深邃，内容丰富，是中国历代治国治军、安民兴邦的必备参考。

★先秦诸子学说的集大成之作

★中国哲学思想史上继往开来的不朽丰碑

★一部包含丰富的治国方略、军事谋略和
　用人之道的经典著作

荀 子

荀 子（中国·战国 约公元前313～前238）

> 《荀子》中的人性论认为人性虽然是恶的，但可以通过
> "化性起伪"得以改变，这就把后天的改造作用提到重要地
> 位，较之孔子的"天生德于予"，显然更具进步意义。
>
> ——当代学者 赵黔宁

荀况是先秦儒家最后一位大师，也是先秦思想的集大成者。其思想和社会实践对战国末期社会政治和思想学术的发展，对中国古文化的传承，都产生过重大影响。荀况所处的时代，社会正大踏步地迈向统一，自春秋以来长达550年之久的诸侯割据行将结束。与此相一致，思想学术的发展也出现了融合的趋向。荀况顺应了这一潮流，集诸子百家之大成，成为春秋战国时期思想理论的品读者和总结者。

《荀子》一书，内容丰富，涉及哲学、政治、经济、军事、法律、伦理、教育、科技、历史、文艺，无不思虑精湛，独辟蹊径。荀子治学严谨，涉取诸子、综合百家，既师法有源，又不抱残守缺，规模宏浩，成为中国古代思想的集大成者，一位为诸子百家画句号的历史性人物。《荀子》对诸子百家兼收并蓄，思想宏富却不离现实的土地，忧患深重，眼光始终投向未来。正因为此，荀子的博大，跨越时代，足以让来者阅尽人间沧桑；荀子的深邃足以令人悟透人生的真谛。天地、制度、礼法、教化、军政、文艺，说来万千故事无穷道理，然而都是人为，尽是人生。其中的谋略精华，于政治、于为官、于为人都可作为借鉴。使人读来字字千金，受益终身。

荀子周游列国，并在各国论兵、治学、议政，他满怀着治国宏愿与文韬武略，抱有很高的政治理想，因此在《荀子》一书中也就包含了许多治国平天下的道理。作为战国末期著名的思想家和学者，荀子批判地继承了孔子的儒学，《荀子》中所建立的他自己的一套思想体系，也从某种意义上讲甚至超越了孔子。

旷世杰作
KUANGSHI JIEZUO

春秋战国是我国历史上思想解放、百家争鸣的一段盛世，不但奠定了学术之大基础，更留下众多令后人受益匪浅的盖世之作。而诸子之中，荀子的思想前继孔孟之余绪，后开儒家之新风，在各方面都有自己的特色。

荀子名况，时人尊他为荀卿。《荀子》共32篇，大部分为荀况自著，小部分出自荀子弟子之手。《荀子》一书中多为长篇的专题论文，体系完整，涉及面广。经汉代学者刘向整理编订成32篇，定名《荀卿新书》，唐人杨倞为之作注，改称《荀卿子》，后世称为《荀子》。其中《大略》等最后6篇疑为弟子所记。在《荀子》一书中，他赞扬富国强兵的制度或政策，尤其赞扬秦国，对孟子等人的陈旧学说有过激烈的批判。

荀子批判地汲取了先秦诸子百家尤其是儒法两家的思想精华，建构了独具特色、饶有魅力、深湛宏大的治国谋略之体系。他的政治思想和经济思想，主要反映在《王制》、《富国》、《王霸》、《君道》、《臣道》、《强国》等篇中。为了加强封建统治，巩固地主阶级政权，荀况提出了"隆礼敬士"、"尚贤使能"的用人原则。他在《王制》篇开头便说："贤能不待次而举，罢不能不待须而废，元恶不待教而诛，中庸民不待政而化。""虽王公士大夫之子孙也，不能属于礼义，则归之庶人。虽庶人之子孙也，积文学，正身行，能属于礼义，则归之卿相士大夫。"这就彻底否定了孔孟赞扬的封建世袭制。

同时作为政治家和军事家的荀子，政治上提出了要顺应历史发展的潮流，"法后王，一制度"，结束诸侯异政、天下分裂的政治主张。在《王制》一文中，他阐述了奉行王道而成就帝王大业的圣王的制度，论及王者的政治纲领、策略措施、用人方

…●华文精选●…

人之性恶，其善者伪也。
译文：人的本性是邪恶的，他们那些善良的行为是人为的。

君子曰：学不可以已。青，取之于蓝，而青于蓝；冰，水为之，而寒于水。
译文：君子说，学习不可以固步自封。较青，是从蓼蓝中提取出来的，但比蓼蓝更青；冰，是水变成的，但比水寒冷。

针、听政方法、管理制度等等。在《议兵》篇中他还对军事理论作了系统的探讨，并详细论证了统一战争中的战略和战术。荀子论兵，不只就兵论兵，而把治国与治兵、政治与军事、仁义与武力等，紧密地联系起来加以论述，进而说明战争胜利与诸多因素密切相关，从中显出其哲学家的智慧和兵学家的深邃之所在。在《儒效》、《致士》等篇中，荀子反复强调齐一制度，统一天下。荀子也将理论付诸实践，终生游说各国，这些均说明他不读死书，不拘泥于前人的思想，有进步的历史观以及对社会发展的清醒认识。

荀子把孔子的"礼"赋予法治的内容，作为中央集权主义的理论基础。他对各家的思想也都有批判的吸收，所以他的思想已经开始了春秋战国思想的大融合。荀子，发展了先秦的儒家学

●●●华文精选●●●

故曰：君子行不贵苟难，说不贵苟察，名不贵苟传，唯其当之为贵。

译文：所以说：君子对于行为，不以不正当的难能为可贵；对于学说，不以不正当的明察为宝贵；对于名声，不以不正当的流传为珍贵；只有行为、学说、名声符合了礼义才是宝贵的。

天行有常，不为尧存，不为桀亡。应之以治则吉，应之以乱则凶。

译文：大自然的规律永恒不变，它不为尧而存在，不为桀而灭亡。用导致安定的措施去适应它就吉利，用导致混乱的措施去适应它就凶险。

说，使之从不切实际的形态走了出来。荀子，是儒家的发展，法家的开拓，开创秦朝以法治国的先声。汉以后的"独尊"的儒学，实质是荀学。如此说荀子既是法家的鼻祖，又在儒家中独树一帜，在中国的政治历史实践中影响深远。因为几千年中华帝国政治格局的框架和基础都是由他奠定的，这就是统治手段上的"阴法阳儒"（外儒内法），也就是荀况的这种思想，既构成了中华帝国数千年政治统治格局的思想基础，又是后世儒家能够提倡和实施的所谓礼法结合的德主刑辅背后所包藏着"外儒内法"的秘密，这也正是儒学能够成为正统、最后成为儒教的内在机制。清代的谭嗣同就曾经明确地指出，中国几千年不是孔学，而是荀学！

治国平天下，是儒学的起点，也是儒学的终点，其中治国之大谋略是实现平天下的理想的前提，这就决定了儒学的重点是探讨有关治国的谋略，作为儒学传人的荀子自不例外。荀子以其对现实的强烈的责任感，更以其兼容并包的治学精神和务实求用的学术原则，对治国问题进行了深入的探讨和研究，形成了颇具特色的治国谋

略。其中大部分都为后世统治者所付诸实施，并取得了切实的功效。荀子的治国谋略是中国古代政治谋略领域里的宝贵财富。

战国末期，天下久乱思治，各种治国思想层出。儒家从人性善的角度出发，主张重义轻利，强调王道而反对霸道；法家从人性恶的角度出发，主张重利轻义，强调霸道而蔑视王道；荀子则从人性恶的角度出发，重利而不轻义，法先王而不排斥法后王，讲王道兼尚霸道。《荀子》中的治国思想，因与孟子相左，被历代封建统治者长期束之高阁，特别是到宋朝理学兴起之后，扬孟抑荀之风更甚，终致《荀子》也无法扬其光彩。然而，时至今日，时过境迁，《荀子》早已重放异彩，因其包含了丰富的治国方略、军事谋略和用人之道，它在我国传统的政治思想、军事谋略等各个领域中已成为一颗璀璨的明珠。

经典导读
JINGDIAN DAODU

《荀子》中的谋略

荀子是先秦时代同孟子齐名的儒家大师，是集诸子百家之大成的学者。他对春秋战国以来的各派学说进行研究、总结，有批判有吸收，提出了一套完整的思想理论。荀子的谋略思想是其整个思想理论体系的重要组成部分，至今仍有可资借鉴的意义。

一、关于知人善用思想

知人善用思想是其谋略思想的重要内容，至今仍有现实意义。荀子强调实施管理要以人为本。他在《王制》中指出："君者，舟也；庶人者，水也。水则载舟，水则覆舟。"荀子在《王霸》中又指出："用国者，得百姓之力者富，得百姓

近读《荀子》而乐之，其学醇乎醇，其文知《孟子》，明白宣畅，微为繁富，益令人入而不能出。
——清代名士 郝懿行

两千年之学，皆荀学也。
——清代学者 谭嗣同

荀卿之学出于孔子，而尤有功于诸经。……自七十子之徒既殁，汉诸儒未兴，中更战国暴秦之乱，六艺之传赖以不绝者，荀卿也。
——清代学者 汪中

之死者强，得百姓之誉者荣。"其意思是，管理国家的人，能使百姓为他尽力，国家就会很富足；能使百姓为他效死，国家就会强大；国君能得到百姓的称赞夸奖，他才能获得光荣。

荀子主张量能授官。他在《王制》中指出："无能不官"，"尚贤使能，而等位不疑"。其意思是，没有能力的人不能任命为官吏，对于贤能者所给的等级地位要与他们的贤能程度相当。荀子在《君道》中还说："量能而授官，皆使其人载其事而各得其所宜。"假如不这样做，"能小而事大，辟之是犹力之少而任重也，舍粹折无适也。"其意思是，能力小而任重职的人，除了碎骨折腰再没有其他的出路。

荀子还主张有能力的人应该破格使用。他在《王制》中提出："贤能不待次而举，罢不能不待顷而废。"这是说，对有贤德有才能的人，要破格提拔，疲沓无用的人要立即免职。

荀子对帅才治学修身提出了要求。他认为，领袖人物应该具有全面、深刻和精确的知识。他在《劝学》篇中说："君子知夫不全不粹不足为美也……全之尽之，然后学者也。"荀子的所谓"全"是指帅才的知识、才能、品质要全面；"尽"是指帅才的知识要彻底、极度发展；"粹"是指帅才的知识、才智和品质纯而不杂，精而不乱。

二、关于激励的思想

荀子主张良好的管理应满足人的需要。他在《礼论》中指出："人生而有欲，欲而不得，则不能无求；求而无度量分界，则不能不争；争则乱，乱则穷。"他认为，人生来就有欲望，有欲望得不到满足，就不能没有需求；有所需求，没有一定的标准限度，就不能不发生争斗；争斗起来，就会混乱，混乱就会导致贫穷。所以，荀子接着在《礼论》篇中提出要"养人之欲，给人之求，使欲必不穷乎物，物必不屈于欲，两者相持而长"。其意思是，要研究人的欲望，满足人的需求，使人的欲望决不会由于物质缺乏而无法照顾，物质也一定不会因为满足欲望而用尽，物质和欲望两者在

青少年必知的智谋经典

互相制约中增长。

荀子注意发挥人的主观能动性，他在《天论》中提出："从天而颂之，孰与制天命而用之。""天有其时，地有其财，人有其治，夫是之谓能参，舍其所以参，而愿其所参，则惑矣。"其意思是，顺从天而且颂扬它，哪赶得上掌握它的变化规律并且加以利用呢？天有四季的变化，地有蕴藏的财富，人有掌握天时、使用地利的办法，这就叫做善于同天地配合。如果放弃人的努力，期望天地的恩赐，那就太糊涂了。

荀子认为奖惩是管理的重要手段。他在《富国》中指出："赏不行，则贤者不可得而进也；罚不行，则不肖者不可得而退也。贤者不可得而进也，不肖者不可得而退也，则能不能不可得官也。若是，则万物失宜，事变失应……"其意思是：没有赏罚，有德才的人就得不到提拔，没有贤能的人就不能被斥退，于是有能力的人和没有能力的人都得不到恰当的使用，这样一来，万事都安排得不适当，不能适应势态的发展变化。

三、善用权力的思想

应用什么样的权力更好些？荀子在《强国》中指出："威有三：有道德之威者，有暴察之威者，有狂妄之威者。此三威者，不可不孰察也。……故赏不用而民劝，罚不用而威行，夫是之谓道德之威。"这意思是说，威力有3种：有道德的威力，有强制的威力，有狂妄的威力，这3种威力不可不认真加以考察。所以不用赏赐，百姓就能尽力，不施刑罚，权威就能树立。这就是道德的威力。荀子还说："道德之威成乎安强，暴察之威成乎危弱，狂妄之威成乎灭亡也！"其意思是，道德的威力，其结果是国家巩固和强盛；强权的威力，其结果是国家必然灭亡。

荀子作为2000多年以前的古人不可能提出系统、完整的管理理论，但其管理思想对解决现实管理实践中如何摆正管理主客体在管理活动中的关系，如何知人善用，如何实施柔性管理，如何激励组织的成员，如何增强组织内聚力，如何提高管理者的基本素质和管理艺术水平等问题，具有十分重要的借鉴意义。（许　吉）

王道治国，握有天下

荀子在《王道》一文中，主要谈统治术的问题。他认为要以王道治国。

荀子认为以霸道治国的，治国理念是讲信义，重刑法，重盟约，这样久而久之，诸侯就会信任，大臣们就会守法，使得国家统治武器的军队力量强固，从而成就霸主的事业，春秋五霸就是靠这一点而获得成功的。但是，荀子认为，这仍然没有达到统治术的最高境界，最根本的一点就是不能使全体人民对你心悦诚服，不能造成万众一心的态势，臣子和百姓是畏法而不敢动，诸侯之间也慑于强威而不敢行，像这样，也不是长久统治之术，一旦这种霸势离去，国家就会分崩离析。

而奉行王道治国的君主，是以礼制统治国家，领导全国人民奉行礼义，对待诸侯也讲求礼义。这样，臣子对君主不仅是服从，而是从内心敬仰，诸侯不是慑于威势，而是心悦诚服，从而在国内形成万众一心的态势，在国外形成众星捧月的格局，这就是长治久安之策。

荀子提出的以礼义治国并非只是固守一些抽象的道德观念，而是要把礼义的原则和国家的现实情况结合起来，从而制定行政的原则。他提出若干个治国的方法也有其理论的独特性。这些方法主要有：

一、择贤相

会统治国家的国君，不是完全靠自己去做，这样就是自己累死了，也治理不好国家。国家的兴衰、国君事业的荣辱都系于选择一个良相这一点上。有能力的国君要发现有能力的宰相，然后把具体的事务交给宰相去做，自己反而有时间去享受安乐，同时在大的方面控制着国家的进程。

二、用能人

春秋战国之时，一个国家能否自立于乱世，就在于这个国家是否有很好的人才，所以任用贤才被当时统治阶层的人普遍重视。荀子也很注意这一点。他说："主者，以官人为能者也。"君主不仅自己有能力，还要在用人这一点上显示自己的真正才干。

三、重礼法

荀子提倡礼义治国，决不停留于一般的道德教化，而国家的法令制度是万万不可少的。

在这一点上，荀子的治国之术是有其独特性的，荀子不同于孟子，他是主张性恶

青少年必知的智谋经典

论的，所以他在具体的治国主张上也和孔子、孟子有一定的差异，他提倡礼义治国，但是又强调法令，要将礼和法二者结合起来，所以荀子的表述是以"礼法"来治国。人人心中都有邪恶的成分，如果不能以法来加以限制，那么国家将无法治理，所以，荀子在儒家以"礼"治国之外又加上"法"。

四、抓根本

国家的事情千头万绪，君主必须抓大事，就像今人所说的"抓大放小"，君主如果把带有根本性的事情做好，那么其他一些小事就会迎刃而解。在大事上，荀子认为，要选择一个宰相，公布一套切实可行的制度，阐明一套宗旨，用这样的方法全面统治一个国家，从而来坐视自己的成功。

五、得民心

君主治理国家的重要基础就是民心，民心不可违，如果是违背了民心，国家的衰败就是必然的。君主遵守礼义的原则，他的臣子将这种原则贯彻下去，这样就会得民心，得到百姓出力种地国家就会富足，百姓为国家拼死而战，国家就会强大，不会被别人侵略，得到百姓称赞你就会得到荣耀。　（佚　名）

《荀子》的"帝王之术"

荀子一生的重要活动时间大约在公元前298年至前238年之间。此时期，新兴地主阶级力量已经强大起来，尤其是秦国通过商鞅变法后，地主阶级取得了政权，并运用连横政策极力兼并东方六国，秦统一中国的大局已定。荀子站在新兴地主阶级的一边，继承和发展了孔子的礼乐学说，同时又吸收了法家的一些思想观点，主张法后王，重礼义与刑罚，辅佐当今后王统一天下，实行中央集权制度。荀子这一政治思想和主张无疑反映了地主阶级的要求，也符合历史发展的必然趋势。荀子为了实现其政治思想和主张，提出了一系列治国安民的"帝王之术"。

一、国之命在礼

荀子主张以礼治国，认为"国之命在礼"（《荀子·强国》）。他说："人无礼则不生，事无礼则不成，国家无礼则不宁。"（《荀子·修身》）所以，为政者必须"修礼以齐朝，正法以齐官，平政以齐民。"（《荀子·富国》）只有这样，才能上下一心，三军同力，无敌于天下。

二、尚贤使能

荀子特别强调贤人政治，力谏君主要把主要精力用于取人、用人之上。这是因为：（1）治国靠礼法，而礼法靠贤能者执行。他说："有乱君，无乱国；有治人，无治法。""能当一人，天下取；失当一人，而社稷危。"（《荀子·王霸》）足见君主知人、选贤何等重要。（2）君主要有贤良辅佐。治理国家，君主其人固然重要，但无左右良臣辅佐，只是孤家寡人"独自美"，这是不能治理国家的；如若左右近臣缺德少才、不可信，同样也是不能治理好国家的。所以，君主一定要选用贤臣作为自己的耳目。（3）历史的经验教训。荀子认为，古之人凡有大功名者，都是"劳于索人，佚（逸）于使人"。例如，商汤用伊尹，文王用吕尚，武王用召公等。齐桓公九合诸侯，一匡天下，为五伯之长，原因是"知一政于管仲也"。反之，如不亲贤用智，则要丧其国，危其身。"昔虞不用宫子奇而晋并之，莱不用子马而齐并之，纣刳王子比干而武王得之"（《荀子·尧问》）。

三、以政裕民

他主张人主必须爱民、利民，以政裕民、富民。他说：爱民者强，富民者王。人主"欲强固安乐，则莫若反之（求诸）民；欲附下一民，则莫若反之政"（《荀子·君道》），意思是说，君主要想国家强大、巩固和安乐，不如反过来依靠人民；要想使臣子归附、人民团结，不如反过来治理好政事。那么，如何治理好政事呢？荀子认为，除了遵守礼法、尚贤使能外，在经济上要采取一系列富民政策，以调动人民的积极性，发展生产，这样才能国泰民安。

四、修身治国

修身养性是治国之本，这是先秦儒家的一个重要信条。荀子从"人性恶、其善者在伪"的思想出发，进一步发展了其前人治国先修身的思想。当有人问他怎样治国时，他直截了当地回答："闻修身，未尝闻为国也。"（《荀子·君道》）言下之意，只要修养好自己的品德，守仁行义，遵循礼法，国家也就能治理好。（宋绍光）

大师传奇 DASHI CHUANQI

荀子，名况，字卿，汉人避先帝的讳，又称孙卿，战国末赵国（今山西安泽）人。战国末期重要的思想家、教育家。荀子学于齐国的稷下学宫，后来又在这里长期执教，他3次被推举为祭酒（相当于现在的"学术委员会主席"或"校长"），成为思想领袖和学界泰斗。他对各个学派作了全面综合的考察，而成为诸子学说的集大成者。最后隐居楚国兰陵，著书数万言而卒。

荀子生活的时代，是战国的后期。这时的社会，列国诸侯长期割据称雄的局面即将结束，出现了封建大一统的趋势。荀子的言行，反映了这一时代的要求，并从理论上为大一统制造舆论。当时，他所在的赵国是小国，近邻齐国是东方大国，他寄希望于齐国能"调一天下，制秦楚"。以结束战国七雄的割据和征战。后来，齐国政治形势发生了变化"齐人谗荀卿"，他不得不心怀失望之情，离齐去楚，谒见了春申君黄歇，任兰陵（君）令。不久，荀卿又遭楚人谗言，不为重用，被春申君辞退。荀子返赵，曾与赵成王讨论过军事，而"赵以为上卿"，荀子为了实现自己"一天下"的抱负，根据当时列国情况的变化，西方的秦国已一跃而为强国，于是他一反"儒者不入秦"的惯例，访问了秦国，观察了城乡，并亲自晤见了秦昭王和秦国宰相范雎以及自己的老学生李斯，向昭王陈述自己的政见，建议重用儒者实行仁义王道，但因秦只恃武功而轻德教，不愿"节威反文"参合礼法，故终不为秦用。

荀子一生游历各国，15岁时就游学齐国先后到过齐、秦、楚、赵等国。在秦国与秦王讨论学习先王之法，深受秦昭王的称赞；在赵国，他与临武君议兵于赵孝成王前。春申君的门客中有见识的人对春申君说："伊尹离开夏到殷去，殷称王天下而夏朝灭亡；管仲离开鲁国到齐国去，鲁国弱而齐国强大了。所以贤人所在的国度，君主尊贵国家安定。当今荀卿是天下贤人，所到的国度，难道会不安定吗？"春申君派人去请荀子，荀子仅作歌赋给春申君，春申君又再三邀请，荀子才答应，前往楚国继续当他的兰陵令了。

荀子的学生中儒法分流。李斯、韩非都是中国历史上著名的法家，而浮邱伯是传《春秋榖梁传》、《鲁诗》的名儒，毛亨传其《毛诗》，张苍传其《春秋·左传》，均为当世名儒。荀子自称为儒，当时人也称他为儒，荀子这一派儒者与孟轲一派各自以为孔丘的真正传人，但荀子却没有成为孔丘的嫡传，没有孟轲的幸运，他始终没有资格进入孔庙。可是他的王霸统一的政治思想、自汉代以后却始终对中国古代封建社会发生着实际影响。尤其是在儒家经典的传授方面，荀子的作用远超于孟轲。孔子整理的"六艺"后来多经荀子传授。从学术发展史上看，荀子占有极其重要的地位。

荀子的一生，跟孔子、孟子都有些相像。孟子讲王道，以德服人；法家主霸道，以力服人；荀况两者兼而有之，是德与力的结合、王与霸的统一。荀况热心政治，他虽然一直渴望得到君王的赏识，希望自己的主张能被当权者采纳，以施展其才能抱负，但是事与愿违，荀子始终未得到统治者的重视。因生不逢时，荀子"徒与不众"，其著名弟子韩非、李斯也中途与他分道扬镳，成为法家著名的代表人物。荀子对孟子一派的批评也甚为强烈。然而他却没有孟子幸运，自宋代以后，理学家们一个劲儿地抬高孟子而贬低荀子，将他从儒家的"道统"中排除出来，打入冷宫。这不能不说是历史上天大的误解。荀子从事著述，也是在政治主张不得实现的晚年。终成《荀子》一书，全书内容博大精深，涉及政治、经济、军事、学术等多个方面，反映了荀子的思想体系和特点。读荀子人生的聪慧、严谨、勤劳、卓越与博大，会使人生充满信念、着眼未来、努力成功。

延伸阅读 YANSHEN YUEDU

《六韬》包括《文韬》、《武韬》、《龙韬》、《虎韬》、《豹韬》、《犬韬》，是以周文王、武王和姜太公对话的形式写成的一部兵书。对于它的成书年代和作者，历来就存在各种不同的说法。《六韬》是一部很有价值的军事经典著作，在战国和秦汉时即已广泛流传，具有很大的影响。并且为后世的刘备、诸葛亮、孙权等政治家和军事家所重视。北宋元丰年间，《六韬》被定为《武学七经》之首。

※　　※　　※　　※

《牧鉴》是明代杨昱所作的关于为官治民之道的书。顾名思义，牧是指为官者，《牧鉴》也就是当官的人所必读的参考书了。《牧鉴》体例独特，既有书传经典言论，也有古人具体事迹，又有先贤议论、评说，这样就将书面的说教与活生生的事实结合起来，使人既有感性上的满足，又有理性上的收获。《牧鉴》中的许多思想，即使在今天看来，也有很大程度上的借鉴意义，值得人们细心玩味。

★一部以论述统御艺术为核心的巨著

★影响中国历史进程的谋略指南

★一部经典的"帝王之学"

韩非子

韩 非（中国·战国 约公元前280～前233）

> 《韩非子》是先秦诸子百家争鸣中的最后一鸣，也是最有力的一鸣。研究《韩非子》的政治思想，不但有助于我们对中国封建政治的深刻理解，而且其很多闪耀着思想光辉的观点，对我们有着重要的启示意义。
>
> ——当代学者 乌云娜

在中国整个封建君主时代，有两个圣人。一位是孔子，孔子及其儒家思想被历代帝王将相所宗奉，以他的仁礼为德纲，因此他是人们正面所推崇的圣人；而另一位则是韩非，韩非所著的整套《韩非子》治国方略，即法、术、势3条，是历代君王独裁统治的理论基础与实战基础。公元前233年初的一天晚上，秦国国君秦王嬴政在自己的寝宫秉烛夜读，当他翻阅到刚刚送来的两册书《孤愤》、《说难》后，不禁拍案叫绝，说："啊，寡人要是能见到此书的作者，与他畅谈，就是死了也没有什么遗憾了。"第二天，他让人叫来当时任廷尉的李斯，让他看自己刚读过的这两册书，询问是何人所作。当李斯阅后回答此书的作者是自己的同窗韩非时，一心想征服天下的秦王为了得到此人竟然要下令攻打韩国，足见韩非对治国研究的程度之深。

韩非是战国末期的思想家、政治家、法术家，他出身于韩国的贵族世家，从小便立志要成就一番大事业。于是，在弱冠之年他便告别父母，独自一人游历天下，最终投师于当时著名的思想家、政治家、法家荀子，韩非为人正直，又勤学不息，因而荀子感叹，"帝王之术非韩非不能大，法家之思非韩非不能广"。后来秦始皇用韩非的思想统一六国，兼并天下，可以说是荀子这一说法的最好明证。

韩非是我国法家思想的集大成者。他在总结批判前期法家理论的基础上，建立和完善了法家思想体系，成为古代法家学派最具代表性的人物和封建法治理论的奠基人，其治国理论至今有积极意义的部分仍被后人推崇和使用。他所著的《韩非子》作为集先秦法家之大成的巨著，法、术、势并重，其中以"法"治国、弄权之"术"，君王成"势"的理论，为封建制中央集权提供了理论基础，直接影响了中国历史的进程。

旷世杰作 KUANGSHI JIEZUO

《韩非子》是一部以论述统驭艺术为核心的政治学巨著。它集先秦法家思想之大成，并博采众长，用犀利的笔锋阐发了以"法、术、势"为核心的统驭艺术，被历代君王奉为"帝王之学"。由于《韩非子》撕破伪装，将政治统治的本质和盘托出，所以颇受历代正统儒家的指责。历代统治者虽然用之十有八九，但也不做正面宣传，所谓"阳儒而阴法"，足见《韩非子》的顽强生命力。虽然封建时代已经一去不复返了，但《韩非子》所揭示的为官之道的合理内核却仍具有借鉴意义。

在战国末期的乱世中，韩非虽就学于荀子，但他又批判地吸收了老子、墨子等思想家的学说，并综合了商鞅、申不害、慎到等前期法家的思想，最终构建了一套以法治为重心，"法、术、势"3者兼治的君主专制的政治理论体系。

••• 华文精选 •••

千丈之堤，以蝼蚁之穴溃；百尺之室，以突隙之烟焚。

译文：千里大堤，因为有蝼蚁在打洞，可能会因此而塌掉决堤；百尺高楼，可能因为烟囱的缝隙冒出火星引起火灾而焚毁。

法不阿贵，绳不挠曲。法之所加，智者弗能辞，勇者弗敢争。刑过不避大臣，赏善不遗匹夫。

译文：法不偏袒地位高的人，墨绳不迁就弯曲的部分。法令的实施，聪明的人也无法狡辩，再勇猛的人也不敢与之抗争。惩罚罪过，不能因为是大臣而回避，奖赏善良，也不能因为是平民而遗忘。

就此而言，《韩非子》包容了春秋战国时期大量的文化成果，是先秦各种体系、学派思想发展的必然产物，因而他的学说尽管为封建君主量身定做，但也揭示了不少具有普遍意义的社会规律和政治原理。这些规律和原理，时至今日，仍会对各级政治管理和企业管理产生启发和借鉴作用。

韩非继承和总结了战国时期法家的思想和实践，提出了君主专制中央集权的理论。他主张"事在四方，要在中央；圣人执要，四方来效"（《韩非子·物权》），国家的大权，要集中在君主（"圣人"）一人手里，君主必须有权有势，才能治理天下，"万乘之主，千乘之君，所以制天下而征诸侯者，以其威势也"（《韩非子·人主》）。为此，君主应该使用各种手段清除世袭的奴隶主贵族，"散其党"、"夺其辅"（《韩非子·主道》）；同时，选拔一批经过实践锻炼的封建官吏来取代他们，"宰相必起于州部，猛将必发于卒伍"（《韩非子·显学》）。韩非还主张改革和实行法治，要求"废先王之教"（《韩非子·问田》），"以法为教"（《韩非子·五蠹》）。他强调制定了"法"，就要严格执行，任何人也不能例外，做到"法不阿贵"，"刑过不避大臣，赏善不遗匹夫"（《韩非子·有度》）。他还认为只有实行严刑重罚，人民才会顺从，社会才能安定，封建统治才能巩固。

韩非的这些主张，反映了新兴封建地主阶级的利益和要求，为结束诸侯割据，建立统一的中央集权的封建国家，提供了理论依据。秦始皇统一中国后采取的许多政治措施，就是韩非理论的应用和发展。

韩非是法家最后的也是最大的理论家，《韩非子》中提出的"法、术、势"结合的治国方略，一直是封建统治者治国平天下的理论依据。所谓"法"，就是指法律、法令；所谓"术"，指办事、用人的方法和艺术，也就是政治手腕；所谓"势"，就是指权力、势力。这三者是互相依存，缺一不可的，其中"法"是公开的，是约束公众的；"术"是统治者个人掌握的，要深藏不露；"势"是"法"和"术"的基础，是最重要的，只有握有实权，有了巨大的权势，才可以推行法治，使用权术。韩非认为，这三者都是不可缺少的，"不可一无，皆帝王之具也"。《韩非子》的影响是具有世界

···华文精选···

桀为天子，能制天下，非贤也，势重旦；尧为匹夫，不能正三家，非不肖也，位卑也。

译文：就是说君主之所以能够制服臣下，并不是由于君主的品行，才能高于臣下，主要是君主手中掌握着势，因此，权力是决定社会政治地位的根本条件，道德与才能都不起作用。

禹利天下，子产存郑，皆以受谤。夫民智之不足用亦明矣。故举士而求贤智，为政而期适民，皆乱之端，未可与为治也。

译文：大禹为天下谋利，子产使郑国得以存在，却都招来诽谤，这就说明了民众的智谋不值得效法。因此选拔人才却力求智谋聪明，治理政事却希望适应民心，这都是国家混乱的根源，是不可以靠它治国的。

性的。在各国的学者中，人们往往将《韩非子》与另一个号称影响西方历史进程的十大名著之一——马基雅维里的《君主论》相对比。众多的汉学者普遍认为，《君主论》与《韩非子》相比，《君主论》无论是从政治学上，还是从文化意义上都远远比不上《韩非子》。《韩非子》在今天依然具有生命力。毛泽东在读史时经常提到《韩非子》，他的一些重要理论著作中的某些观点亦发端于《韩非子》，譬如著名的《矛盾论》等。

综观诸子百家老子、孔子、孟子、孙子、管子、墨子、荀子等众多的先哲，他们的思想至今还是我们研究学习的对象。然而，在诸子百家中，春秋战国时期最后一个伟大的思想家韩非是集诸子百家智慧之大成者。毫无疑问，他的思想智慧是中国古代文化精华中最重要的部分。韩非的思想是博大精深的，它涉及政法、哲学、社会、财经、军事、教育、文艺等各个领域。但他最重要的思想主要体现在治国的深邃论辩中，含有丰富的治国谋略思想的《韩非子》是历代达官贵人、公子王孙、王储君主秘藏的必读之书。《韩非子》号称"帝王之学"，是统御之术、领导之术的最佳指南，翻开当今的领导思想和领导权术方面的论著，很少有超出《韩非子》所述的深度与广度的。韩非思想的智慧之光所闪烁出的谋略点滴更值得我们去学习探索。

经典导读
JINGDIAN DAODU

探寻《韩非子》的谋略思想

《韩非子》一书，作为先秦法家思想的集大成之作，主要论述的是国家和社会的组织管理的理论。基于对人性"恶"的认识，针对当时的权贵，《韩非子》谓之"当涂之人"，为一己之私，打着孔、墨的旗帜，以虚仁假义的游辞浮说，愚弄人民，蒙蔽国君，结党营私，盗窃国柄，危害国家，使国家处于岌岌可危之中而提出的治国原则。

《韩非子》主要是对前人在国家和社会的组织管理方面的理论和实践的总结和发展，他提出了在国家和社会的组织管理上，必须以"法"为依据。君主对群臣的统御，必须"尽之以法，质之以备"；官吏对百姓的管理，"法"为"臣之所师"。并提出了后世总结为"术、势"的组织管理方法，从而形成了以"法、术、势"理论为核心的一套完整的管理谋略理论。可以说，《韩非子》首开中国甚至可能是世界管理科学理论之先河！其首次对国家和社会组织管理中的政治、社会问题提出了具有可操作性和检验标准的客观性的技术解决方法。其于《显学》篇中提出的"夫圣人之治国，不恃人之为吾善，而用其不得为非。恃人之为吾善，境内不什数；用人不得为非，一国可使齐"的管理谋略，不正是人类国家、社会组织管理历史和现实的准确而精辟的描述和预见吗？

《韩非子》中的管理思想以及其对管理技术问题高度重视的理念，在韩非身后的漫长的人类历史进程中，众多的相关理论均难望其项背。2000多年后的美国建国才出现了与韩非的管理思想和理念相吻合的立国原则。而在我国，由于在韩非子身后所出现的文化历史背景原因，《韩非子》只能是图书博物馆里被束之高阁的灰尘满布的藏书，充其量也只有其文学、历史价值为部分学者所重视，因此，根本谈不上其管理谋略的实践和发展了。这与当代所面对的各种问题和困难不无关系！

《韩非子》的思想理论是基于对人性"恶"的认识而成立。这是与中国历史文化对人性"善"的主流认识背道而驰的，作为中国历史甚至可能是世界历史上的国家和社会组织管理理论开创者的韩非，对于国家、社会的组织管理理论的政治主张和提倡的手段是直接公开和毫不隐讳，甚至可以称得上是刻毒的，从而缺少了儒、墨家思想理论的脉脉温情的外表。韩非之于中国历史的专制制度，不过是安徒生笔下的那个小孩，道破了套在专制统治者身上伪善的新衣而已。《韩非子》所论述的是如何达到国治民安、国强民富的治国谋略。

> 《韩非子》是一部颇为智慧的书，它的治世之谈极具操作性，很合中国的"国情"。中国封建统治的专权、铁腕政治、法治精神、等级观念，实在是很得益于法家，尽管儒家的理论家们一直不太愿意正视。
> ——当代学者 冯平

> 韩非，作为上升时期地主阶级的代表，他的法治思想和他建立中央集权政治的主张，符合当时社会发展的趋势，确实起了进步作用。
> ——著名哲学家 任继愈

韩非一生追求的政治抱负是为统治者创建一套完善而行之有效的"王者之道"，这就是其以"法、势、术"为核心的法律理论。韩非的法律思想体系实际上是"以君为主，法术势相辅成"。因此，在韩非的著作中大多是带有浓厚实用主义、功利色彩的权术阐释，对后世产生了重要的影响。（徐伟明）

韩非的帝王"术"

韩非认为，应该察奸止奸，以术驭臣。"术"，是韩非思想的重要内容。《难三》篇云："术者，藏之于胸中，以偶众端，而潜御群臣者也。""术"，是为君主所独持，用以暗中操纵驾驭臣下的工具，以虚静隐秘为其基本特点。在专制帝王时代，这一特别的"察奸"手段有着独到的作用，它是一种政治谋略，更是一种权谋诈伪。以术察奸、以术止奸是韩非子为权力制约设计的重要手段。

韩非之"术"，作用有二：一、控制臣下；二、防止为臣下所控。其具体内容有以下几个方面。

一、君主防奸术

君主当"掩其情"，"匿其端"。为人君者需深藏不露，不能让臣下了然自己的心思，如此，则臣下无法迎合君主之好恶，君主避免了被蒙蔽的危险。"君见恶，则群臣匿端；君见好，则群臣诬能"（《二柄》）。他甚至建议君主听臣下之言时，要装成醉酒一般，昏昏然，不让臣下摸准自己的心思。

"众端参观"。广泛听取并参验比较众人的意见，以了解事情的真相，避免被一人所言蒙蔽，也避免众人被权臣控制而不言其实。韩非以卫灵公时侏儒"梦灶"之说提醒君主，要兼听兼信，防止奸臣专权。他还以鲁国叔孙听信宠臣竖牛之言招致杀子灭身之祸告诉君主，勿听信一人之言，否则将遭人暗算（《内储说上》）。一人之言要谨慎对待，众口一词是否便可信之无疑？韩非提醒君主，众口一词之时，也要"众端参观"，以提防大臣

••• 华文精选 •••

势者，君之马也，无术以御之，身虽劳犹不免乱，有术以御之，身处侠乐之地，又致帝王之功也。

译文：地位和权势有如国君的车马，是君主治国理民的方便条件，但怎样能运用好这个条件？必须靠术，驾驭有术，则事半功倍，身逸业就；无术驾驭，则可能崎岖遇险，国乱身危。所以，三者是一个有机的整体，君主必须处势抱法行术，才能君尊国治，进而称霸天下，统一天下。

弄权制下，使群臣不敢言其实，掩盖真相。"三人成虎"之说是韩非支持这一论证的又一史例。

"一听责下"。对臣下须听其言，观其行，循其名，责其实，以保证其在位尽职，防止伪诈蒙上，尸位素餐。凡"功不当其事，事不当其言，则罚"（《二柄》）。齐宣王使人吹竽，必300人。无吹竽之技的南郭先生也混入300人的队伍中，在宣王的身边骗吃骗喝。后宣王死，湣王立。新君"好一一听之"，于是，南郭先生只好逃走。（《内储说上》）"疑诏诡使"。韩非同样以例证来说明这一权术。庞敬为县令时，派市场管理人员到市场巡视。众人出行后，庞敬单独召回其官长公大夫。公大夫在县令处站了一会儿，县令无所言而令其返回市场。其他巡视人员皆以为公大夫领受了县令的特别使命对他们加以监督，因而个个小心行事，不敢为奸。（《内储说上》）

韩非的防奸之术还有很多。如对那些职位高、功劳大的官吏，要以"三节持之"："一曰质，以其妻子儿女为人质；二曰镇，以高官厚禄暂安其心；三曰固，使臣下相互牵制（《八经》）。"再如，不许臣子效忠于贵族豪门，不许臣下私相来往，不许官员兼职以免越权，防止臣子利用外部势力要挟国内，不断调换各级官吏以防结成势力，等等。韩非为君主设计的防奸之术可谓穷其智慧，面面俱到。

二、君主察奸术

"挟知而问"。明知故问，明明知道却佯装不知而故意向臣下发问，借此以考察臣下的忠诚与否，显示君主的圣明。西门豹为邺县县令，假装丢失了"车辖"，即穿在车轴上的小棍，令吏大肆找寻而无结果，西门豹从家人屋间"寻"得。（《内储说上》）

"倒言反事"。正话反说，正事反做，以知奸察奸。子之为燕国宰相，一日坐在那里假装说：门外一匹白马跑过。左右都表示没有看见，唯有一人跑出去，回来报告说：确有白马一匹跑过。子之用这种办法知道了谁是不诚信的臣下。（《内储说上》）

"广设耳目"。明主之国，应以天下之耳为耳，以天下之目为目。要使天下之人尽为己视，尽为己听，如此，君主虽"身在深宫之中，而明照四海之内"（《奸劫弑臣》）。法家的代表人物之一商鞅在秦国主持变法时，即实行严格的告奸制度："告奸者与斩敌首同赏，不告奸者连坐。"在他的统治下，整个秦国变成了一张大网，人们互相监视，奸人无处藏身。韩非认为这种办法甚是高妙，他说：对于君主来说，以一己之身去发现臣下的奸邪活动，即"以一得十"，为"下道"；用许多人去发现一个人的奸邪，即"以十得一"，为"上道"。英明的君主当"兼行上下"之道，这样才能使奸邪无有漏网（《八经》），而在二者之中，他更重视"以十得一"之道，因为它能提高效率，保证监督的效果。为此，韩非设计了暗中派人监视、约定下属告发上级、连坐告奸等一系列方法手段。

三、君主制奸术

在运用刑罚的手段打击官吏为恶之外，韩非还为君主设计了以权术制奸的方案。

打击当道重臣和朋党势力。韩非将"重臣"、"朋党"列入打击重点，一旦重臣、朋党势力形成或正在阴谋之中，便要想方设法加以摧毁。"观听之势其征在比周而赏异也，诛毋谒而罪同"（《八经》）。如果发现臣下有朋党勾结的迹象，君主就要赏赐那些与他们不同路的人，处罚不告奸者，惩罚他们的同党。"作斗以散朋党，深一以警众心，泄异以易其虑"（《八经》）。要挑动坏人内讧以瓦解他们。要深入地追究一件事情以警戒众人，故意泄露出不同意见以改变奸臣的图谋。要"渐更以离通比"，逐步更换官吏以便离散官吏中的小团体。不让太子羽翼早丰，要想办法削弱太子及其党羽的力量。

暗杀。如果"阳谋"不能奏效，或者说，有些时候使用"明"的手段会使君主背上骂名，那么，便可以采取"除阴奸"的方法——暗杀解决问题。韩非说："生害事，死伤名，则行饮食，不然，而与其仇。此谓除阴奸也"（《八经》）。如果一个臣下活着要妨碍君主的大事，除掉他又会伤害到君主的名声，那么，就使用在饮食中下毒的办法毒死他，或者把他交给他的仇人，借刀杀人。

作为那个时代的理论，韩非的主张无疑有它极为成功的地方。韩非就权力谋略问题所作的种种理论设计，为后来的封建帝王所实践。也许是政治需要的不谋而合，也许是认真研究了韩非所言，秦以后的帝制中国，历代帝王的权力谋略手段与韩非之计如出一辙，中国古代权力机制基本上是因循着韩非所指引的道路逐渐形成发展的。秦时建立并延绵两千年的御史制度，为古代中国吏治的整饬发挥了极大的作用，它的最初理论正是来源于韩非。至于历代封建帝王巧用心术，周旋于君权与相权之争、皇室内部之争，赵匡胤的杯酒释兵权、朱元璋时期诛杀功臣、实行特务统治等，无不验证了韩非所言的灵效。 （孙季萍）

韩非的用人谋略

韩非认为官吏对国家来说非常重要，如果执法者坚强，国家就强盛，执法者软弱，国家就衰弱。"奉法者强，则国强，奉法者弱，则国弱。"依法择人，关系到人民的根本利益和安定，关系到国家的前途和命运，关系到社会的发展和进步，韩非说：“故当今之时，能去私曲就公法者，民安而国治。”依法择人，德才兼备的人得到了重用，是一个国家、一个民族走向文明、走向繁荣昌盛的重要标志，反之，就走向了反面。

韩非认为，法度不能只用于一时一地、某个环节，而应该贯穿于时时处处，用人行政的全过程之中。为此，他提出了一系列的以法择人的主张，摘要如下：

政在用贤。任人唯贤与任人唯亲，是历代用人路线的焦点所在，任人唯贤，成为历代进步思想家的用人信条。何者为贤，何者为不贤，则需要确定一个正确的标准，分清贤与不贤的界限。韩非认为，任贤主要看其思想品德和实际能力。他认为思想品德，主要看一个官吏执法如何，而选贤的主要标准，在于其实际才能。他认为，拨开马口，看看牙齿，再看看马的外形，伯乐也不能断定马的优劣。如果让马套上车拉着奔跑，一直看到它跑到终点，那么一般人也就不会怀疑这马的优劣了。韩非说：“因任而授官，循名责实。”即根据官吏的职务，看一个人是否胜任，名实相符的人才授予官职，主要还是看其实际能力。

察能授官。韩非主张察能授官，使能力与职务相当。他认为一般的业务才能和管理才能是两种性质不同的才能，所以他主张“宰相必起于州部，猛将必发于卒伍”，宰相等政治官员应从基层的政治官吏中逐级选拔，猛将可以从斩首敌人多的战士中选拔。韩非认为，察能授官的另一要义是任人所长，避人所短，他反对弃人之长，用人所短，就像让鸡司夜，让狸扑鼠一样，任务完成得很好，上边就可以无为而治。上边卖弄口才和智慧，下边就会乘机讨好，上下都把事情看得轻而易举，偏偏去做自己无法做到的事，国家就治理不好了。

广开贤路。韩非主张用人者要拓宽视野，不仅要重用显现的人才，也要挖掘潜在的人才。他曾指出古代许多有作为的政治家都是从下层选拔出来的，这就叫做识英雄于草莽。他强调要大量任用一般人才，他说：“夫必恃自直之箭，自圆之木，百世无有一，然而也皆乘车射禽者何也？隐栝之道用也。”自直之箭，自圆之木，百世无有一，生来就十全十美的人很难找到，但社会上却需要成千上万的人才，这就需要发挥那些一般人才的作用，用“隐栝之道”即用教育改造的方法提高他们。又说，世上千里马极少，而一般的好马却很多，我们不必等待古代的千里马，而应让现在的好马发挥作用。他还说：“无使近世慕贤于古，无思越人以救中国溺者。”现在的社会不能等待古代的圣贤尧舜等人来治理，中原的落水不能等待千里之外的越人来拯救。

士不兼官。韩非主张一人一职，认为这样做能发挥并发展一个人的才能，反对一人数职，认为那样做会影响工作。他说："明君使事不相干，故莫讼；使士不兼官，故技长；使人不同功，故莫争。"英明的君主使各种事情不互相牵涉就不会发生争吵；使官吏不兼任其他职务，就能进一步发展自己的才能；使人们不在同一事情上用力，因此就不用争功。所以他反对官吏兼职，特别反对能力相当的官吏做同一件工作。认为那样做不但不能提高工作效率，反而会产生矛盾，延误工作。他打比方说："令王良、造父共车，人操一鞭辔而入门间，驾必败而道不至也。令田连、成窍共琴，人抚一弦而挥，则音必败曲不遂也。"为了充分发挥每个人的特长，应使他们不兼做几种工作，而使他们的工作专门化，只由他一人承担，这样就会使他们成为某个方面的专家，还可以减少许多内部摩擦，国家就不会混乱，而治理得非常理想。 （贺中华）

大师传奇
DASHI CHUANQI

韩非，战国末期著名的哲学家，法家思想集大成者。出身韩国贵族，与李斯同从学于荀卿，专习帝王之术，成为我国法家代表人物。春秋战国时代是一个充满血污、杀戮、混乱和动荡的时代，然而正是这样一个时代，其思想文化却迸射出丝路花雨般的光华，出现了百家争鸣、文化空前繁荣的局面。韩非就是此时出现的一位对后世影响深远的著名思想家。

韩非所处的年代，正是战国末期社会发生剧烈变化的年代。当时韩国很弱，常受邻国的欺凌，韩非眼见韩国政治腐败，改革不力，在强秦进攻面前一再割地受辱，他几次驱车新郑，劝谏韩王，提出修明法度等富国强兵的建议，但始终不为韩王所采纳，便深居韩堂府室，著书立说，写成《孤愤》、《五蠹》、《内外储》、《说林》、《说难》等著作55篇十余万言，后来，这些作品集为《韩非子》一书，成传世巨著，为帝王治政蓝本。韩非的著作传到秦国，秦王嬴政（后来的秦始皇）看到《孤愤》、《五蠹》等著作，其深邃的思想，不禁使他拍案叫绝。秦王为了急于得到韩非，发兵攻韩，韩王没有办法，只好把韩非送到秦国。韩非到了秦国，不到一年，还没有来得及被重用，李斯怕韩非得势夺取他的地位，于是和姚贾利用韩非曾建议秦王存韩以为藩臣，在秦王面前说韩非的坏话，秦王听了李斯的话，将韩非下狱治罪。韩非要求面见秦王，没有得到允许，李斯使人送毒药给韩非，迫使他自杀。不久，秦王又后悔，使人赦免他的罪过时，他已经死了。

韩非在七雄争霸中成长，在冶铁铸剑的烈焰边生活，他所居住的棠溪河畔当时有冶炉城、棠溪城、合伯城等，都是冶铁铸剑城池。韩非的主张是"无害人之心，则必无人害；无人害，则不备人。故曰：'陆行不迂兕虎。''入军不备甲兵'……不设备而必无害，天地之道理也。"常言说有备无患，他却"不备人"，这也难怪，之后他死于同窗好友李斯之手。

韩非著说之余，常到距府宅不远的孤愤台游玩散步。孤愤台东西紧接剑城，来往兵卒剑匠络绎不绝，韩非常与之攀谈，说打仗，说铸剑。有位夷叔匠师和他交游甚密，说是铸一把棠溪剑送他，会看守门户，防生人入宅。韩非说："无害人之心，人不害人，不要不要。"后来夷叔去韩府坐，见韩非书房竹简堆垒，席地接案，夷叔匠师就想到了给韩非铸一把压简之剑，助他书文。夷叔匠师很致神，选五山上金，淬龙泉春水，巳时开炉，子时休火，还以鹤液龟血浸润，九九八十一天而成。这压简剑剑圆鞘方，剑为铁，鞘为铜，剑入鞘内呈长方尺样。夷叔匠师敬送给韩非，韩非连连称赞，说："铸兵之匠何知著文之心，道谢，道谢！"韩非以剑压简，奋笔疾书，往往写完一根竹简，那简册便慢慢卷翕，且伴之于嘤嘤鹤鸣，开阔辽远，心境也特别舒爽清亮。韩非听到过不少宝剑的神异之理，今天是真正体察。他知道，这鹤鸣来自压简剑浸透的鹤液，竹简卷翕又是寿龟所至。他想，剑也，不只为武，尚可为文。自此，对压简之剑倍加珍视。

有一天韩非正在写《说难》，写着写着，抑制不住激昂之情，琅琅叫读起来。他发现，口齿清晰，喉韵清亮，而每读一字，压简宝剑便叮叮作声，锃锃闪亮。韩非子原本天生口吃，不尚言辞，也正是基于此，他不能外出游说，宣扬主张，只能以笔为喉，表白内心。因为这柄压简剑，他再读起诗文，或者同反对他变革主张的棠溪公争辩事理，再也不结巴口吃。他备了裘衣重金去感谢夷叔匠师，人已不在世上，夷叔的徒弟告诉他，师傅已经过世。徒弟拿起一把长剑，上镂"韩子佩剑"4字，徒弟说："师傅铸完这把剑，便去了，师傅让我把佩剑交付给您，还说，'防人之心不可无'，一定要记下！"韩非泪流满面，深深感激夷叔师傅。韩非一直珍爱夷叔匠师为他铸造的两把宝剑，然而，公元前234年，韩非受召使秦的时候，他并没有记下夷叔师傅"防人之心不可无"的训教，没有佩带宝剑。

韩非死后，后人修筑了韩家祠堂，将韩非简书及二剑珍藏祠堂。据说，李斯想得到这两把剑，先后使人盗走3

韩　非（约公元前280～前233）

次，两把剑不知何时又回到韩家祠堂，他知道，不为我物，不得我取。这有智之器，一定会为其主人报仇。为补其过，他以丞相的身份为韩非修了墓地，即在今棠溪之阴，九女山西麓。两把韩非剑也陪藏墓中，世人屡盗，终不可得。

韩非尽管死于非命，但《韩非子》并未因人亡而遭唾弃。相反，更受世人重视。李斯称它为"圣人之论"，将之作为治秦的国策；而秦朝主管图书档案的御史则将它们编成《韩子》一书以存世。韩非排斥仁爱，反对复古，主张君主掌握大权，修明法制，以术御臣，厚赏重罚，奖励耕战，富国强兵。他的学说是统治者控驭臣民的政治谋略，即所谓帝王之学，因而备受历代统治者的青睐。虽然秦以后的各个王朝表面上或推崇黄老之术，无为而治，或尊奉儒家学说，以孝治天下，但内里则无不以韩非的术治理论为圭臬。毛泽东就曾一针见血地指出，"其教孔、孟者，其法亦必申、韩"。

《韩非子》一书蕴涵的思想无疑是博大而又深邃的。韩非的思想，在中国的思想史上具有重要的价值和地位，它对中国的历史产生了深远的影响。他的法治理论，集前期法家"法"（商鞅）、"术"（申不害）、"势"（慎到）三派之长，强调国君必须行法、执术、恃势，以法为本，使"法、术、势"三者密切结合，提出"抱法处势则治"的思想，为当时封建统治阶级建立自己的政治统治提供了有力的思想武器。正因为韩非的学说直接促进了在中国延续达2000多年之久的君主专制制度的建立，并成为支撑整个中华帝国大厦的理论基石，所以综观中国古代，包括儒家在内的诸子百家中，还没有哪一家的实际政治效应和政治影响能超过韩非的，这就难怪蒲阪圆在《增读韩非子题辞》中，慨叹"诸子中，惟韩非书最切世用"。

延伸阅读 YANSHEN YUEDU

《商君书》也称《商子》，现存24篇，战国时商鞅及其后学的著作汇编，是法家学派的代表作之一。全书主要论述商鞅一派法家人物的变法思想，内容主要集中论述了商鞅一派的变法理论和具体措施，侧重记载了法家革新变法、重农重战、重刑少赏、排斥儒术等言论，主要反映的是法家的政治思想。同时，也记载了秦国一些政治与军事制度等。商鞅是战国中期秦国著名的政治家，曾辅佐秦孝公进行了历史上著名的一次变法改革，史称"商鞅变法"。

※　　※　　※　　※

北宋许洞撰写的《虎钤经》，全书20卷，共210篇，是宋代开国后出现的第一部对后世有影响的兵书。"虎"取其威武勇猛之意，"钤"有钤谋、韬略意。书中指出

"上言人谋，中言地利，下言天时"，强调人是战争中的首要因素。作者主张用兵之要，先谋为本，"欲谋胜敌，先谋人和"。《虎钤经》的作者许洞并无实战经验，而其兵书却传世至今，真可为之奇。

※　※　※　※

诸葛亮是三国时期著名的政治家、军事家和外交家，字孔明，人称"卧龙"。他的《将苑》博采《孙子兵法》、《吴子》、《司马法》、《六韬》等军事名著，以50个问题，从各方面论述了为将之道。全书共50篇，约5000字。《将苑》是我国古代军事史上第一部专论为将之道的书，是一本古代的将才学。它一事一议，论证全面、具体、言简意赅，比较全面系统地阐述了将领所应具备的各种品质、修养、能力和素质，以及应该防止的弊端和应该杜绝的恶习，堪称古代为将之道的集大成，其中凝结了诸葛亮的领导艺术和识别、选拔、任用将领的奥秘，该书受到了历代军事家的重视和推崇，被认为是统军带兵的必读之书。

★集政治谋略、军事谋略、外交谋略于一体的谋略大典

★辑录战国时期谋臣策士谋议的经典著作

★一座关于谋略智慧的案例宝库

战国策

刘 向 （中国·西汉 约公元前77~前6）

《战国策》无疑是一部古今适用的国际政治、国际关系学名著。其中众多的处理国际斗争和关系的战略和策略完全可以运用在当下风起云涌、斗争异常激烈残酷的国际环境中。而且由于国家、团体、个人就利益主体而言具有的可比性，所以《战国策》中的竞争智慧对当代人开拓进取的各项活动都大有裨益。这部旨在借古鉴今、提高国人素质、推动国家的强盛和进步的著作一定会得到国人的肯定和赞誉。

——国际问题观察家　张剑荆

刘向是西汉时期著名的经学家和大文学家。他根据战国时期纵横家的著作编辑而成的一部独特的国别史著作——《战国策》，记载了战国时期纵横家的智言睿语，旁征博引、机锋敏锐，是一部集政治谋略、军事谋略、外交谋略于一体的谋略大典。这部谋略大典在某种程度上影响了一个时代诸侯国的盛衰和历史的走向，充分展现了古代先贤在语言和谋略方面达到的高深境界，洋溢着令今人叹为观止的人生智慧，具有独特的艺术魅力。

作为一部影响深远的集谋略、论辩于一体的巨著，《战国策》成功地再现了波澜壮阔、风起云涌的战国时代，谋臣策士们运筹帷幄、纵横捭阖的谋略权术和词锋凌厉、汪洋恣肆的雄辩口才，是对当时的英雄才俊们制定各项国家战略策略以言辞游说政要、辩驳对手的真实记录和生动写照。其中众多的游说词、论辩词在文采与义理上都堪称绝唱，已成为千古传诵的名篇。千百年来，《战国策》被广泛运用在政治、经济、军事、外交、公关等领域，并极富成效，极享盛誉。

《战国策》中包含了丰富的、可供我们学习和借鉴的智谋，它的许许多多转败为胜、安邦救国的奇谋异计已为后人所继承和运用，这些谋略的运用都可以给人以启迪，教人以智慧。《战国策》是由鲜明的人物和生动的事件组成的无数案例，是一座关于谋略的案例宝库。西方的MBA等案例教学法近年来才流行，实际上我国古人早就为我们提升谋略和口才准备了如此壮观实用的案例库。中国几千年的历史上，政治家考察世情变化，参考《战国策》因时事而权变；谋略家制定计谋策略，借鉴《战国策》因时事而变通，这些恐怕是不胜枚举的。因此，说它是一部实践性极强的谋略大全，是恰如其分的，它对于启迪后人的智慧也起到了积极的作用。

旷世杰作
KUANGSHI JIEZUO

《战国策》是辑录战国时期谋臣策士谋议或辞说的著作，其中所包含的资料，主要出于战国时代，包括策士的著作和史臣的记载。汇集成书，是在秦统一以后，原来的书名不确定。西汉末年，刘向在校录群书时，将《国策》、《国事》、《短长》、《事语》、《长书》及《修书》等6种书籍以国别为基础，删繁就简，按东周、西周、秦、齐、楚、赵、魏、韩、燕、宋、卫、中山12国编排，上继春秋，下迄秦并六国，共240多年，计33篇，定名为《战国策》。各国的政治、军事、外交情况都在书中得以反映，是研究战国历史的重要资料。

《战国策》保存了不少纵横家的著作和言论。春秋以来，长期分裂战乱，人民无不渴望解甲息兵，恢复和平统一生活。诸侯中的强大者，都想"并天下，凌万乘"。所以战国末年，秦、齐二国皆各自称帝。由于社会变革的影响，"地势形便"的秦国后起变法以至富强，打破六国均势局面。从此以后，秦以新兴力量向外扩张，企图蚕食诸侯，统一海内，引起各国间的复杂矛盾和斗争。在这种情况下，诸侯间的胜负虽然在很大程度上决定于武力，但谋臣策士的胜算和纵横势力的消长也在很大程度上影响了局势的变化。所谓"横成则秦帝，纵成则楚王"，那就是说，胜负的最后关键并不完全决定于军事，而更重要的是决定于政治谋略的巧妙运用。这时候，春秋时代所讲的礼法信义，不得不变为权谋谲诈；从容辞令的行人，不得不变为巨谈雄辩的说士。所以《战国策》中所载的一切攻守和战之计，钩心斗角之事，正是这一时代政治斗争的反映。而其时许多谋臣策士的游说和议论，也是春秋时代行人辞令的进一步发展。

《战国策》一书，总共482章，章章有高谋妙算，篇篇有文韬武略。《战国策》

青少年 必知的智谋经典

中所描述的每一篇政治活动、外交辞令、军事行动以及平常的生活言行都是谋略的博弈与较量，谁的谋略高明，谁就能取得主动权。书中涉及的谋略主要包括在政治、军事、外交等几个方面。我们知道，要想治理国家和社会，就必须有治理国家和社会的学问，这门学问便是政治谋略，在战国时代，统治者往往非常注意掌握治理国家的方法、治理百姓的本领，不仅要使国家富强，而且要使远方来朝，不仅要求得国泰民安，而且还要消除百姓的反抗。从各种大的国家政策到很小的政治事件，都需要运用计谋来运作。见诸于《战国策》一书中的许多政治谋略，洋洋洒洒于各篇章之中，为当时的权谋之士所熟悉。例如，治国有本、德当其位、功当其禄、荐贤使能、见贤不让、轻徭薄赋、休兵养民、以德为本等。这些政治谋略，已成为治国御民的至理名言。

•••华文精选•••

虎求百兽而食之。得狐。狐曰：子无敢食我也！天帝使我长百兽。今子食我，是逆天帝之命也！子以我为不信，吾为子先行，子随我后，观百兽之见我而敢不走乎！虎以为然，故遂以之行。兽见之皆走。虎不知兽畏己而走也，以为畏狐也。

译文：老虎以百兽为食，有一次逮住了一只狐狸，狐狸赶紧对老虎说："你不能吃我，天帝以我为百兽之王。如果你吃掉我，就是违抗天帝的命令！假如你认为我言语虚妄，不妨我前你后，看看百兽之中有没有看到我敢不逃走的？"老虎想想也是，就和它一起走，野兽看见它们，果然避之惟恐不及。老虎不知道野兽是因为畏惧自己才逃走的，却以为真是害怕狐狸。

在军事谋略的战略战术选择上。战国时代的战争，以冷兵器为主，战争不仅是军力的拼搏，更重要的是智谋的角逐。在《战国策》中，长平之战、马陵、杜陵之战都是以军事奇谋取胜敌方的典型战例。如果说，《孙子兵法》、《吴子》等兵书是军事理论的结晶，那么《战国策》便是军事谋略实践的真实记载。在《战国策》中，军事谋略无不在大小战争中体现得淋漓尽致，在策士们的口中被描述得神乎其神。从战争的预谋、密谋、群谋、深谋到谋时、谋地、谋变、奇谋都可以发现这些精彩的事例。

外交谋略上，早在春秋时，以政治、军事为目的的外交会盟活动便相当频繁，至战国时，周室衰微，群雄并峙，倾轧兼并。当时一国的胜负兴亡，并不全靠武力和战争，用谋略制服敌国，是战国时期各国君主最为推崇的上上之策，至于攻城野战，则是下等之谋略。所以，当时以合纵连横为主体的战国外交活动风起云涌，各类智谋之士云集各国君主的朝廷，汇集于执政者之门庭，纷纷为其所效劳的国家或君主出谋划策。在《战国策》中，这类擅长外交辞令、外交谋略的智能之士是很多的，他们的外交活动也屡屡起到了使战争平息、使国家转危为安的作用。

《战国策》展示了战国时代的历史特点，是研究战国历史的重要典籍。书中所收录的游说之士的纵横之论，反映了战国时的社会风貌和各国政治、经济、军事、外交的重大活动，生动记载了纵横家们的察人论政、机智善辩，使人如临其境，如闻其声。纵横家们在当时的社会大舞台演出了一幕幕生动感人，有声有色的画面，《战国策》为后人留下了那段历史的宝贵材料。受战国纵横家们的智慧、谋略的影响，至西汉时还涌现了陆贾、边通、主父偃、徐乐、邹阳、严助、庄安等一批纵横家。《战国策》的思想内容比较复杂，总体上体现了纵横家的思想倾向，同时也反映出了战国时期思想活跃，文化多元化的历史特点。

经典导读
JINGDIAN DAODU

《战国策》的启示

提起《战国策》，人们首先想到的大约都是让孩子从小便熟悉的《触龙说赵太后》，由"吾与徐公孰美"引发统治者应广纳众言、多听批评的"邹忌修八尺有余"，从"出无车，食无鱼"之叹说明要尊重人才的"齐人有冯谖"，"荆宣王问群臣"中使人回味无穷的"狐假虎威"的故事……

这些确是值得千古传颂的名篇。因此，从中学课本到各种"文选"选登的往往都是这些篇章，现在多数人对《战国策》的了解似也仅限于此。结果是，《战国策》中其他更加丰富多彩的智慧和文化历史的内容却大都被忽略。这也难怪，现代社会的工作压力越来越大、生活节奏越来越快，非专业工作者的确没有时间和耐心通读几千年前那佶屈聱牙的文字。

••• 华文精选 •••

国亡者，非无贤人，不能用也。

译文：亡国的人，并不是没有可用之人，而是有人不用啊！

夫制国有常，而利民为本，从政有经，而令行为上。

译文：管理国家自有其规律，那就是以有利于人民为根本；从政也有其规律，那就是以执行法令为最高原则。

青少年必知的智谋经典

《战国策》共有33篇，记事年代大致上接春秋，下到秦统一，作者不明，原无确定书名，由西汉刘向考订整理后定名为《战国策》。春秋战国正是周室衰微、群雄并起的年代，数百年间兵革不息，各路雄杰逐鹿中原，无数生灵涂炭。不过有道是"乱世出英雄"，这个纷争不息的年代，也为一些聪明诡异之人提供了一展身手的大舞台。由于当时封建专制制度尚未最后确立，因此平民出身的策士、说客可以以自由的身份直达国君，以自己的治国之策打动君王，谋取自己的名利地位，正所谓"学得文武艺，货与帝王家"。一旦得宠，便一步登天；如不被用，则转身投靠其他赏识自己的君主。一方面，策士们这种"来去自由"的独立

性为后世所无，保持了一定的尊严；但另一方面，策士为了自己的功名利禄而朝秦暮楚，只有利害，没有是非，毫无原则可言。如苏秦始以连横之策劝说秦惠王并吞天下，连上十多次奏章不被采用，于是转身来到赵国，又以合纵之说劝赵王联合六国抗秦。对策士来说，为了达到目的，可以不择手段。对此，西汉刘向的分说颇为深刻。他认为周文王、武王时天下太平，"崇道德，隆礼仪"，纲纪严明，"故仁义之道满乎天下"，因此可以德治天下。但战国是大兼并的时代，礼崩乐坏，仁义道德已荡然无存，此时"非威不立，非势不行"，讲究的是"势"与"术"。因此"捐礼让而贵战争，弃仁义而用诈谲"，"篡盗之人，列为侯王，诈谲之国，兴立为强。是以转相仿

82

效，后生师之，遂相吞灭，并大兼小，暴师经岁，流血满野，父子不相亲，兄弟不相安，夫妇离散，莫保其命，泯然道德绝矣，晚世益甚"。

此种情景，策士自然也难讲"道德"。对此，刘向颇为理解："战国之时，君德浅薄，为之谋策者，不得不因势而为资，据时而为画。故其谋扶急持倾，为一切之权，虽不可以临国教化，兵革救急之势也。皆高才秀士，度时君之所能行，出奇策异智，转危为安，运亡为存，亦可喜，皆可观。"的确，《战国策》充满了策士们在一发千钧之际挽狂澜于即倒的奇谋险计，每每令人拍案叫绝。

这些策士谋臣的计谋之所以能够成功，很大程度在于他们对"人性"有相当深刻的洞察，对人性的种种弱点、缺欠，人性中的"恶"等幽暗面认识尤深。事实上，《战国策》将政治与道德分离，通过一则则惊险故事，告诉人们政治是不道德或曰政治是非道德的。仅就此点而言，《战国策》又与将近2000年后西方马基雅维里的《君主论》有相通之处。有人称《君主论》是西方的"政治心理学"著作，同样，《战国策》也可说是中国的"政治心理学"著作。当然，《战国策》不像《君主论》那样有系统的理论，不过，却更加形象生动地揭示了"君主"们复杂扭曲的内心世界。在《战国策》中，统治者的心理、品质、行为与凡人一样，甚至更加阴暗，全然没有后世儒家为统治者披上的"天子"这个道德象征的光环。

由于儒学认为人性本善，因此重视道德教化，所以中国政治传统缺乏对权力的制度性制约。然而，《战国策》揭露了中国传统政治更加真实、残酷的一面，表明在实际运作中政治是非道德的，权力是可怕的。惟其如此，政治必须在一定的"框架"内运作，权力必须为一定的"制度"所制约。这可说是《战国策》在今天给人们最重要的启示。（徐昌才）

发现《战国策》

由于各诸侯国之间的全方位竞争，由于中央集权制度尚未建立，由于儒、法家思想还没有成为国家意识形态，加上其他各种原因所造成的相对松散、活跃、自由、开放的社会政治环境，使战国时代成为我国历史上绝无仅有的璀璨瑰丽的文明黄金时期。

主宰我国民族精神文化的儒家、法家、道家、纵横家等传统思想也是在这个时期形成的，而其中以鬼谷子、苏秦、张仪等人为代表的纵横家，由于其在社会政治上的真知灼见和在谋事上的谋略权术、雄辩才智，使其具有影响千秋万代、指导中国人为人处世、从政经商的深远意义。世有非常之人必有非常之功。历朝历代的志士枭雄们，大多以纵横家为楷模，演练揣摩、谋划游说，施澄清天下之抱负，图封侯拜相之功业。

不重清名而重功利的作风正是战国时代及《战国策》的优点所在。大雄辩家苏秦在那时就提出了政治权谋与日常道德仁义断然无涉的思想，这与西方政治科学开山祖师马基雅维里的见解不谋而合。由于《战国策》在相当程度上背离了中国古代的正统思想，常常受到历朝历代卫道士们严厉的攻讦和批评。然而就是这些人，口诵仁义道德，手却持权术诡计，阳儒阴法，私下对《战国策》推崇备至、时而习之，乐此不疲。

《策》有四尚，尚一足传，传斯逃矣，况四者乎？四者何也？录往者遂其事，考世者证其变，攻文者模其辞，好谋者袭其智。
——明代学者 李梦阳

《战国策》中反映的那种赤裸裸，代表的是更大的真实，它使战国策士的音容心态，在两千多年后的今天，依然清晰可辨。因此这正是《战国策》的难能可贵之处，是它的思想价值之所在，也是它的艺术魅力之所在。
——当代学者 王佩娟

谋略是团队指挥人员克敌制胜的基本素质。山本五十六偷袭珍珠港，离不开谋略；麦克阿瑟仁川登陆，同样离不开谋略。无论是战略上的主动，还是战术上的成功，谋略如果缺席，都会变得不可想象。在我国历史上，"战国"是一个谋略资源淋漓发挥的时代；在我国典籍中，《战国策》是一本谋略艺术集中呈现的著作。
——当代学者 苏飞新

在人心不古、竞争激烈、人人推崇成功学的今天，口才与谋略是每一个成功人士不可或缺的必备素质。拥有了雄辩和口才，才能说服他人、推销自己、征服人心，从而达成所谓"得人心者得天下"。而拥有了谋划方略，才会懂得做事的方式方法，深谋远虑、运筹规划、纵横捭阖，从而叱咤风云、扭转乾坤、经天纬地。当今天下，国际形势风云变幻、社会政治领域变革图新、经济领域竞争激烈和残酷、每个现代人生存发展的压力非常巨大，一切正如一幅崭新的战国画面。我们只有奋发图强、苦心磨炼，拥有智慧和才能，才能经营人生和事业，建立不凡之功业，实现胸中的抱负和壮志。

意大利历史学家克罗齐说："一切历史都是当代史"，以战国时代为背景的《战国策》对急需成功的当代人具有极大的启发意义。《战国策》主要记载了战国时代的谋臣、策士们游说各国君主或互相辩论时所提出的政治主张、斗争策略和处世方略，是当时的英雄才俊们谋划各项事业战略策略、用言辞游说政要辩驳对手的真实记录和生动写照。其中众多游说词、演说词，文采与义理都堪称绝唱，已成为千古传诵的

名篇。透过文字，现代人能体会到策士们的思维、心理活动，感受到他们令人难以企及的满腹经纶、雄才大略和卓越辩才。谋算策划、舌战论辩，实质上是另一个刀光剑影的战场，一切兵戈其实早已在头脑中、论辩中决出了胜负。人类历史不能重演，但是人类活动是何等的相似。只要有人、有人类社会，无时无刻就会充斥着谋略和论辩活动，数千年前的风云人物们提炼的技能和思考的结晶依然是那么的鲜活如新，那么的急需运用。古人的滔滔雄辩，精妙谋划，使我们望尘莫及、自叹不如。"天行健，君子当自强不息"，我们只有谦恭苦读、汲取养料、勤奋演练，才能不愧对那些作为我们共同祖先的古代英雄豪杰们。　（佚　名）

读《战国策》的十大观点

一、没有事实本身，只存在它的传播方式。人们只生活在语言传播的世界中，传播决定了事实真相。语言作为一种传播方式，对事实真相会起到支配、改变甚至颠覆的作用，人的语言最具有魔力最具有危险性。由于语言对事实的支配性，所以权谋家们看重语言对实现图谋、达成事功的功能。

二、谋略本身无所谓善恶，是使用谋略的动机和目的显示出谋略在道义上的卑贱崇高来。阴谋诡计应用在日常生活，那是卑鄙小人的伎俩，而如果用在国家大事上，那是枭雄谋士的雄才大略。苏秦与意大利政治学家马基雅维里一样，认为谋略权术是政治科学，与日常道德断然无涉。谋略并非教人奸诈和邪恶，相反，它正是为了战胜邪恶和侵害、为了保证道义的实现而必须运用的智慧和手段。它可使人避免愚蠢和短视，踏上科学、高效率的正道。

三、荆轲刺秦王是政治上的败笔。荆轲成就了自己的英雄主义形象，但却加速了燕国的灭亡，与最初的战略目的背道而驰。肯定荆轲抗暴的勇气和牺牲精神是一回事，检讨燕太子丹的决策失误是另一回事。至刚易折，政治中的退让、等待、忍耐比勇猛的义无反顾有用的多。政治就是一门把握可能性的艺术，周易中讲"尺蠖之屈，以求信（伸）也"，韬光养晦、以退为进、坚忍的耐力方可成事。凭着血气之勇的刺秦，固然可以赢得千古英名和美学价值，但却既给行动者本人造成劫难，又对事业进程毫无补益。

四、谋略与口才相辅相成、互相促成。谋略是因，口才是果。谋略用来策划、找出解决问题的方法，而口才用来实现策划、通过说服人直接解决问题。没有谋略的口才会变成信口乱说，没有雄辩的谋略也会被束之高阁、因得不到实践而成为水中之月。战国策士们的伟大之处在于他们既是谋划高手，又是用雄辩实现自己谋划的行动者。

五、运用谋略与口才的根本在于对人性的把握上。对每个人人性中的善与恶、贪欲和良知要有清晰的衡量和娴熟的引导，说服对方，必须要有一个将自己置换成对方的过程。掌控对方的状况和需求，才能对症下药、以为我用。对待人性，如果积极成分多，就用褒扬的、激励的方式以利益和荣誉使其就范，若人性中否定成分多，就要靠威胁的、惩罚的方式以恐惧和灾难使其就范。

六、为达目的不应该不择手段。首先，手段取决于目的，这个目的一定是有利于自己或社会的；其次，如果手段本身的使用违背了目的，使用手段造成的负效应大于目的应产生的效益，那么这个手段是不应该采取的。为那些能带来正当效应的有益目的去不择手段，而且此手段不会凌驾在目的之上，是完全应该的。

七、知识分子当不了政治家，因为知识分子心有不忍、注重清名而不能务实、只会论道而不会做事。真正老练的是务实型的政治家，他权衡得失、隐忍果决，他注重实力和谋划，是那种把目的真正实现看得高于一切的政治家。他不看重道德上的清名、一时的成功和暂时的退却；他看重的是实力、效用和最终的胜利。

八、谋略带来和平也带来正义和民主。上天赐予我们大脑和嘴巴，不用动手动脚、动刀动枪，头脑和言语足以解决所有问题、化解各种危机，不战而胜是谋略的发端和宗旨。《战国策》中也充斥了众多朴素的社会政治真理，当时的民主政治达到了前世绝无、后世少见的高度。政治游戏规则古今同理，很简单也很朴素，遵循它就会长治久安，违背它，就会倒退紊乱。

九、善变敢说、运筹谋划不是在扭曲人性，而是在充分张扬人的智力、个性和气度，显露出人之为人的生命的力量和存在的价值。以词锋相争，以智谋相夺，"人生世上，势位富贵，盖可忽乎哉"。没有遮蔽道德虚饰的战国策士们的这种进取有为的功利主义人生观，在任何社会，都有一定的积极意义。

十、合纵连横、分化敌方、争取同盟的关键手段在于威逼和利诱。利与害是一个问题的两面。利有久暂之分，害有远近之别。诱之以利，使之惑近利、忘远害而为我所驱；胁之以害，使之避危亡之近祸而就我掌控。"福兮祸所伏"，以利诱之，实质上是以利害之。在合纵连横反复无常的变化中，败者多败于不能明察事机、丧失同盟而自陷于孤弱；胜者多胜于善于结盟联合、充分利用趋利避害的人性本质而益强。

（佚 名）

大师传奇
DASHI CHUANQI

刘向，本名更生，字子政，沛（今江苏沛县）人。刘向是楚元王刘交的后代，经历了宣帝、元帝、成帝三朝，是西汉著名的经学家、目录学家、文学家。刘向一生著述颇多，代表作有《五经通义》、《新序》、《说苑》、《列女传》、《洪范五行传》等。

青少年必知的智谋经典

刘向年仅12岁时便任专为皇帝引御车的辇郎，20岁时官任谏议大夫。为人聪明好学，精通儒家和道家方术之学，又写得一手好文章，常被汉宣帝重用。后因所献炼金术不灵验，被宣判死罪。不久被赦免复出，任郎中，给事黄门，升散骑、谏大夫、给事中。汉元帝时又被提升为散骑、宗正、给事中，成为当时辅政4位大臣之一。曾用阴阳灾异推论时政得失，并弹劾外戚，抨击宦官专权误国。前后两次入狱，免官数年。汉成帝即位，他更名刘向，复出任中郎，使领护三辅都水，升光禄大夫，官至中垒校尉。

刘向很小便开始涉足官场，一生疾恶如仇，刚正不阿。因敢于同弄权的外戚宦官相抗争，而被当权者视为眼中钉。虽然刘向屡遭挫折，仍不屈不挠，揭露朝廷"白黑不分，邪不杂糅，忠谗并进"的腐败现象，批评外戚专权，力图匡救时弊。无奈忠言逆耳，刘向先后3次受害入狱，最终被废为庶民，在穷困潦倒中度过了十余个春秋。具有讽刺意味的是，在他死后13年，果如刘向所言，王莽篡汉的外戚之祸终于发生了。

跻身政坛左右掣肘，刘向无法施展自己的抱负，最终在文坛上却留下了闪光的名字。刘向为人随和，不争世俗，专心研思儒家经术，昼诵书传，夜观星宿，终于成为一代宗师。他编著的《新序》、《说苑》中，许多意味深长的寓言故事，如"叶公好龙"等至今妇孺皆知。《列女传》与后世纯粹宣扬女子遵守封建道德贞节有天壤之别，史料价值深远。刘向还是西汉末期的代表作家之一，他的散文用意深切，辞浅理畅，平易近人，在舒缓的叙述中流露了他匡救时弊的热情，奏疏《谏营昌陵疏》，引历史故事对汉成帝大规模营建昌陵加以劝谕，诚挚恳切；所作《〈战国策〉书录》，分析六国倾覆和秦亡原因，虽无贾谊《过秦论》气势之盛，但娓娓动人，别是一种风格，对后世古文学家影响颇深。

汉成帝时，光禄大夫刘向受诏校阅整理皇家堆积如山的先秦古籍。在校阅群书时，他编定次第，著录书名篇目，评论史实是非，剖析学术源流以及确定书的价值等。最后，刘向又将校书时所撰叙录全文汇编成《别录》20卷。这是世界上第一部书目解题式图书总目，也是中国古代目录学的奠基之作。刘向也因此被公认为中国目录学之祖。此后，其子刘歆根据他所创的七分法，在《别录》基础上撰成《七略》，是中国第一部综合性的图书分类目录。刘向作为文献学的宗师，是两汉文化史上唯一能与司马迁学术地位比肩的大学者，因

刘 向 （约公元前77～前6）

而赢得后世的敬仰。刘向父子首创的图书分类体系，比德国吉士纳的《万象图书分类法》（1514，欧洲首创）要早1500余年，在世界上处于领先地位。《别录》和《七略》奠定了我国封建时代图书分类的基础，产生了深远的影响。作为我国历史上第一位文献学家，刘向20年的辛勤耕耘，开创并奠定了我国的目录学和校雠学。

史载刘向在汉成帝时受命在皇家图书馆天禄阁校刊《五经》和各种秘籍。传说某日刘向夜暗独坐，忽有一个黄衣老人，手持青藜手仗，叩门进来，吹燃藜杖，以藜光照明，传授刘向《五行洪范》之文。刘向问老人姓名，老人说："吾乃太乙之精，天帝悯卯金之子，特派我来传道给你。"并把怀中竹牒和典天文地图之书赠给了刘向。相传正是因为有此神授，刘向才能成为一代经学大师。这固然是一个神话故事，但表达了民间中对刘向这位一代宗师的推崇。刘向的子孙后裔，便以"天禄"、"藜照"、"藜阁"等为堂号，自称藜阁刘氏，以纪念刘向这位杰出的显祖。刘向生了3位优秀的公子：长子刘伋，《易》学教授，官至郡太守；中子刘赐，官任九卿丞，早逝；少子刘歆，便是西汉末年著名的大学者和政治家。

延伸阅读
YANSHEN YUEDU

《东周列国志》一书叙写了春秋战国时代500多年间的历史，全书108回，刊印于明末，是当时出现的一系列历史演义小说中流传较广、影响较大的一部，深受人们的喜爱。书中成功地描写了春秋五霸、战国七雄的兴亡盛衰，形象而生动地再现了这一段纷乱的历史。

※　※　※　※

《太白阴经》是唐代李筌花费十年心血撰成的兵书，全书搜罗广泛，内容丰富。《太白阴经》本来是一部"记行师用兵之事"的兵书，但因李筌以阴阳数术之说，以"太白主兵，为大将军；阴主杀伐"，故取名为《太白阴经》，这就给这部兵书蒙上了一层神秘的色彩。书的后半部分辑录了大量医卜星相、奇门遁甲之类的内容，使这部兵书进一步神秘化。然而，揭去它身上的神秘面纱，就会发现它是一部较为全面地反映唐以前军事知识的综合性兵书。

★中国历史上第一部人才学专著

★中国人才学的宝鉴

★古代第一部相人、识人、用人秘籍

★世界上第一部系统的人力资源专著

人物志

刘 劭（中国·三国魏 约168~240）

《人物志》王者得之，为知人之龟鉴；士君子得之，为治性修身之檠栝，其效不为小矣。

——宋代学者 阮 逸

用人、择人、治人之道是历史上颇受帝王将相们重视的一门政治谋略，而以谋略识人也原本就是一种智慧。历史上的"策略"一词最早见于《人物志》。《人物志》是三国时期著名的学者、文学家刘劭的一部旷世之作，它兼有儒、道、名、法、阴阳诸家思想，是一部系统品鉴人物才性的纵横家著作，也是一部研究魏晋学术思想、心理学、人才学的重要参考书。全书的内容涵盖了鉴别人才的基本原则、识鉴方法、人才类型的分类、不同类型人才利弊特点及适宜胜任的职业、8种偏才待人接物之得失、剖析争胜与谦让等众多思想。

中国历史上总结得失成败的书籍可谓汗牛充栋，但专门论述识人、用人的经典却是凤毛麟角，《人物志》就是这样一部极为难得的宝典。《人物志·接识》中说："术谋之人，以思谟为度，故能成策略之奇。"意思是说，专事方法谋略的人，把思考、探究计策方法谋略作为准绳，因此才能达成高明绝妙的策略。《人物志》以古为鉴，纵论得失成败，专讲识人之术，是历代成功者的枕边秘籍，素有"识人宝鉴"之雅誉。书中讲述的识鉴人才之术、量能用人之方及对人性的剖析，对于今天工作于各行各业的人们，都具有重要的借鉴价值。其言辞之精美，思想之缜密，独领风骚。

《人物志》也是中国最早提出"人才质量"问题的专著。它不但涉及了"人才质量"问题，而且对人才评鉴详加论述，被称为推崇人才之道，辨析人才之论，荐拔人才之识，知人任官之本。清代中兴名臣曾国藩获此书如获至宝，置于案头，朝夕研磨，参校时事，终凭其独特的识人慧眼和卓越的用人手段成就不世之功业。美国著名心理学家施赖奥克早在1937年就将《人物志》译成英文，取名《人类能力的研究》，在西方受到极大的青睐。《人物志》为读者直接点明了辨识人才的方法和原则，简明实用，只要细心揣摩，深入体会，注重实践，就会受益无穷。世人曾赞曰：帝王以《人物志》得天下，将相以《人物志》得长久，商贾以《人物志》得富贵，常人以《人物志》得朋友。《人物志》之为用，可谓大矣！

旷世杰作 KUANGSHI JIEZUO

《人物志》的产生有其深厚的历史文化基础。汉朝末年，由于社会的混乱和道德的解体，人心向世俗的泥潭滑落。正所谓"治世用其德，乱世用其才"，西汉以来，以道德取人的选才标准越来越不能适应现实的需要，而人的才情却受到了前所未有的推崇，因此，在这种情况下，为了适应"九品中正制"选官制度的需要和品评人物风气，《人物志》就应运而生了。

该书将人分成许多品类，即称为"人物"。全书共3卷12篇。卷上有《九征》、《体别》、《流业》、《材理》4篇；卷中有《材能》、《利害》、《接识》、《英雄》、《八观》5篇；卷下有《七缪》、《效难》、《释争》3篇。这部著作不仅包含了刘劭的政治思想和哲学思想，反映了汉魏之际的学述思想内容及其变迁，而且是中国现存的第一部专门论述通过考察才性以选拔人才的理论著作。

···华文精选···

天功既成，则并受名誉。是以，尧以克明俊德为称，舜以登庸二八为功，汤以拔有莘之贤为名，文王以举渭滨之叟为贵。由此论之，圣人兴德，就不劳聪明於求人，获安逸於任使者哉！

译文：上天之功止完成之后，便能同受应得之名与恰当之荣誉。因此，帝尧先借能够晓俊杰之德而著称，帝舜先借升用十六贤才而建功，商汤先借选拔有莘氏之贤人伊尹而闻名，周文王先借任用垂钓渭水之叟尚受到人们尊重。由此论之，圣人振兴道德，谁不是在寻求贤人方面用头脑心思，谁不是从任用贤人获得安宁闲逸！

人才的鉴识是人才培养和任用的基础。刘劭在《人物志》序言中写道："夫圣贤之所美，莫美乎聪明；聪明之所贵，莫贵乎知人。知人诚智，则众材得其序，而庶绩之业兴矣。"可见，只有"知人"，才能"善任"而至"兴业"。《人物志》融合了儒、道、法、名、阴阳诸家的思想，将传统的识人之术加以客观分析，进行系统梳理和总结。书中从多方面论述了识人选才的重要问题。首先，从人的体貌、禀赋、道德、职业等方面将人才分为兼德、兼才、偏才3类，并详细分析了各类人才的特点和在不同情况下的具体表现；其次，从观察选拔人才的角度出发考察了观察选拔人才的过程、困难和各种方法的得失；再次，《人物志》还建立了自己的论人标准，认为人物品评当以"中庸"为上，"兼德而至，谓之中庸"，充分体现了中国传统的人格理想。可以说，《人物志》不仅是中国传统人才学的专门著作，而且在传统人才学著作中享有至尊的地位。同时，它还充分体现了中国传统的管理学思想，并且与现代管理学的许多观念有着深度的契合。

刘劭认为衡量、评价人物才能的高低，不光要考虑他对人们所作贡献的一面，更要顾及社会群体利益。要观其本质和发展方向就须讲才智，若无才智，就谈不上为国家建立功业，所以，他的《人物志》极重个人才智，同时也并未放弃个人品德考察和分析，这无疑是他识人的一大特

··· 华文精选 ···

凡人之质量，中和最贵矣。中和之质，必平淡无味，故能调成五材，变化应节。是故，观人察质，必先察其平淡，而后求其聪明。

译文：

大凡人之资质量度，以中和为最可贵。具有中和之资质者，定然平和、淡泊而无偏颇之味，因此能够调和而成就五种人才，变通转化而符合节律。因此，观察人之资质，定要先察明其是否平和淡泊，然后探讨其是否耳聪目明。

点。除此之外，刘劭识人的另一个突破性见解是他并不看重那些旧存的人才标准，而是提出了许多新的用人、识人观点。刘劭在《人物志》中系统的人才识别、分类观点是从汉代征辟制度的弊端中总结而来，其中他第一次针对"知人任官"提出的一套完整理论，是极富中国传统文化韵味的独特见解。

中国传统政治的核心是"人治"，中国传统文化的根本是"治人"。总之，以人为本的的确确曾是一种理念。流氓无赖何以得天下？得人才者得天下！英雄豪杰何以失天下？失人才者失天下！经世之本，识人为先；经世之本，用人为先，可以说是从古至今成功者的秘诀。

用人是成功的关键，识人是用人的基础，没有识人的本领，只能所用非人，所用非人的结果，只能是身败名裂。识人重要，世人皆有共识，但如何识人，世人却见仁

见智，莫衷一是。这其中的种种区别，主要源于识人者的天生资质和学识修养。真正善于辨识人才的人，需要有宏大的志向，广博的学识，敏锐的感觉和深邃的目光，还需要有丰富曲折的社会阅历，所谓"阅人多矣"，正是这种阅历的概括表现。当然，仅仅具备了上述的素质还不能成为一个真正的伯乐，要想慧眼识英才，还必须具有辨识人才的专门知识，甚至需要接受这方面的专门训练，因此，历代的成功者都十分重视《人物志》一书。《人物志》也被奉为"识人宝典"。

研习其中有关识人本质、鉴别优劣、量能用才等精湛的论述，成就帝王之业。千年前的《人物志》却隐含着现代科学的精神，也给予了后世子孙不少参考与解答，进一步研究即可善加活用。

经典导读
JINGDIAN DAODU

中国识人宝鉴

1937年，美国心理学家季·凯·斯莱奥克曾把我国古代的一本专著编译出版，译名为《人类能力的研究》，引起出版界及政界的广泛关注。这本专著就是我国三国时期魏国哲学家、思想家刘劭的《人物志》。它是我国历史上第一部系统的人才心理学专著。在这部著作中，刘劭详细分析了才能与性格的关系、人才成长的内外因素及个性对成才的重要意义，并从心理学的角度探讨了人才的发现、鉴别、培养、选拔和使用，在我国人才学与心理学史上独树一帜。三国时期的王三省赞誉这本书"修己者得之以自观，用人者持之以照物。"宋代阮逸也赞曰"王者得之，为知人之龟鉴；士君子得之，为治性修身之檠栝，其效不为小矣。"今人亦公认刘劭"集当世识鉴之术"，《人物志》为"识人之书"，是"古代人才心理学的拓荒篇"。国学大师汤用彤称该书为"知人任官之本"。

•••华文精选•••

善蹑失者，指其所跌；不善蹑失者，因屈而抵其性。因屈而抵其性，则怨构矣。

译文：善于矫正他人之失误者，只指出其所失误之出；不善于矫正他人之失误者，趁机使对方屈服而挫败对方之性情。趁机使对方屈服而挫败对方之性情，则构成怨言丛生。

青少年必知的智谋经典

刘劭才性分析理论在我国古代人才心理学史上占有重要位置，其对后世的影响也相当深远。刘劭生活的三国魏晋时期，中原逐鹿，群雄争霸，魏、蜀、吴三国形成鼎足之势。为实现各自的政治目标，"三国之主各能用人"，以至各种人才现象、人才理论纷繁复杂。争夺人才，寻求识才用人的有效方法和途径成为现实斗争的需要。为了适应这种形势，刘劭不仅采取了以儒合道、以道合儒的方法，广泛吸收阴阳、释、墨等各家人才理论的长处，而且将人才学与心理学有机地融合，提出了一系列别具特色的才性分析理论。

所谓才性，即人的能力和性格。刘劭认为，一个人的能力与性格之间有着密切的关系。他说："盖人物之本，出乎情性"（《九征》），意即性格是个性的核心，是个性差异的主要标志，在很大程度上决定或制约着人的能力。他又说："能出于才，才不同量"（《才能》），说的是能力出于个性，个性不同，能力大小也就不一样。

三代而下，善评人品者，莫或逾之矣。——明代学者 郑旻

《人物志》为封建国家机器描绘了一幅蓝图，这幅蓝图的基本构思就是明君贤臣，君臣协作，各司其职，由此治理出一个太平盛世。——当代学者 吴家驹

修己者得之以自观，用人者持之以照物。——三国时期 王三省

《人物志》是曹魏时刘劭所著的一部人伦鉴赏的专著。该书主辨人才，以外见之符，验内藏之器，分别流品，研幽摘微，并推演出专门的方法，遂成一学。——当代学者 刘廷忠

因此，刘劭主张要知人，首先要从人的性格、能力入手，即进入人的个性心理领域。而才性分析犹如一把打开人的整体素质奥秘的钥匙，有了它，才能掌握识人的真谛，正确地选拔、使用人才方会成为可能。为此，刘劭对人的性格、能力进行了细致深入的考察和研究。

在才性鉴定方面，刘劭最大的贡献是提出了"八观"、"五视"等一整套鉴定方法。这套方法与现代心理学的"观察法"有异曲同工之妙。所谓"八观"，即：一曰观其夺救，以明间杂；二曰观其感变，以审常度；三曰观志质，以知其名；四曰观其所由，以辨依似；五曰观其爱敬，以知通塞；六曰观其情机，以辨如惑；七曰观其所短，以知所长；八曰观其聪明，以知其达（《八观》）。"五视"是对"八观"法的一

个补充、提高。如果说观是观大略，远距离观察，那么，"视"则是具体地、详细地观察，即"居，视其所安；达，视其所举；富，视其所与；穷，视其所为；贫，视其所取"（《效难》）。（侯琦）

《人物志》与成功企业家领导素质的一项修炼

《人物志》又名《辨经》，是中国古代第一部系统地论述如何鉴别人才的著作，也是世界上第一部系统的人力资源专著。书中不乏有关领导者素质的论述，在此，就英雄观（英才与雄才）谈谈企业家的领导素质。

"聪明秀出谓之英，胆力过人谓之雄。""夫聪明者英之分也，不得雄之胆，则说不行。胆力者雄之分也，不得英之智，则事不立。是故英以其聪谋始，以其明见机，待雄之胆行之。雄以其力服众，以其勇排难，待英之智成之。然而乃能各济其所长也。""必聪能谋始，明能见机，胆能决之，然后可以为英，张良是也。气力过人，勇能行之，智足断事，乃可以为雄，韩信是也。故英可以为相，雄可以为将。若一人身兼有英雄，则能长世，高祖是也。""英分少，则智者去之。""徒英而不雄，则雄才不服也。"

从上面的论述中可以看出，刘劭将人才分为英才、雄才和英雄。富有

> **·· 华文精选 ···**
>
> 三度不同，其德异称。故偏至之材，以材自名；兼材之人，以德为目；兼德之人，更为美号。是故：兼德而至，谓之中庸；中庸也者，圣人之目也。
>
> 译文：气度之不同可分为三种，其品德亦有不同名称。因此，偏精独诣之人才，以其所偏精独诣之才而自称；兼其多方才质之人，以品德为重；兼其各种品德之人，更有完美之名。因此，兼其各种品德而至于最高者，可谓之中庸，中庸是圣人之所重。

智谋计虑的称为"英才"，富有勇气胆力的称为"雄才"，成就任何一项大业都必须要有英才与雄才的合作。光有英才的谋划而没有雄才的胆略，则只能是纸上谈兵，成就不了任何事情；光有雄才的胆略而没有英才的智谋指导方向，则事情也成功不了。所以只有英才深谋远虑，把握时机，靠雄才的勇气和胆量去实行。总之"英才"与"雄才"缺一不可。从哲学的角度看，英才的智谋属于"识"的范畴，雄才的勇气胆略属

青少年 必知的智谋经典

"行"的范畴，两者即认识与实践的关系。认识为实践指明方向，实践即身体力行去实现认识。

当然，英才并不是绝对没有胆略，雄才也不是绝对没有智谋。英才的代表张良文弱似妇女，但仍有胆量去谋刺秦始皇，不谓无胆；雄才韩信，带领雄兵百万，南征北战，定下十面埋伏之计，终于逼迫项羽乌江自刎，所以韩信也不可谓不智。英才与雄才的划分只是一个相对的概念，英才是一个人智谋相对于胆略而言高出一大截；而雄才是勇气胆略较之智谋而占绝对主导地位，所以英才也有胆，雄才也有智，只是二者不对称。

英才与雄才都是偏才，不是全才，是"人臣之任"，只能做人臣，不能做"人君"。若一人身兼英才与雄才，即智谋与胆略都超出常人，并且发展均衡，则可以称作"英雄"。"英雄"可以做"人君"，汉高祖刘邦就是一个"英雄"。"人君"为什么既是英才又须是雄才呢？那是因为人君欲成就霸业，必须得到英才与雄才的辅佐。如果"人君"缺少"英"的成分，那么"英才"就会离开他。

现代企业家也可类比为人君，也必须具备"英"和"雄"的成分，必须是个"英雄"。只是"英"的成分不仅指谋略，还包括专业知识。企业家必须懂谋略，懂得商战规律，而且还必须懂专业知识，行业规律，才能避免瞎指挥。"雄"的成分还是指胆略，冒险精神，不敢冒险的企业家不是真正的企业家。比尔·盖茨就是一个"英雄"，其"英"体现在他本人就是一个计算机专家，首先开发出DOS系统和Windows系统；其"雄"的成分体现在他一旦认准商机，就毅然从哈佛辍学创业。正因为他既是英才又是雄才，所以吸引了大批世界一流的计算机专家和优秀的职业经理人为他效命。这就是"英雄"对"英才"与"雄才"的吸引力，所以一个成功的企业家必须是"英雄"。（戴淑芬）

大师传奇
DASHI CHUANQI

刘劭，字孔才，东汉末年邯郸人，是三国时期的政治家、著名文学家、思想家，且有卓越的军事谋略才能。刘劭约生于汉灵帝建宁年间，卒于魏正始年间。刘劭在魏文帝时期曾任尚书郎，散骑常侍，陈留太守等官职。后来执经讲学，赐封关内侯，卒后追赠光禄大夫。

刘劭为人博学多才，思虑玄远，特别善于品评鉴别人物，深为同代人推许和赞扬，同朝的散骑侍郎夏侯惠就称赞说："（刘劭）深忠笃思，体周于数，凡所错踪，源流弘远，是以群才大小，咸取所同而斟酌焉。"陈寿在《三国志》中评价刘劭"谋览学籍，文质周洽"。刘劭博学善识，著作很多，曾作《皇览》、《新律》18篇，《说略》、《律略论》14篇等，共计百余篇，但其中绝大部分已散失。现仅有《人物志》一书及一些残文。《人物志》是刘劭的代表作，主要是探讨人物的，是我国古代为数不多的人才学专著，该书为当时政治上量才授官建立了客观标准，对识人之学进行了系统化和理论化的研究。此书"修王者得之以自观，用人者持之以照物"，"王者得之，为知人之龟鉴；士君子得之，为治性修身之檠栝"。如果说《论语》为处世之书，《孙子》为战伐之书，那么《人物志》就是当之无愧的识人之书。刘劭在《人物志》中系统的人才识别、分类观点是从汉代征辟制度的弊端中总结而来，符合辩证唯物史观，他第一次针对"知人任官"提出了一套完整而又极富有中国传统文化的独特见解。在历史的巨轮进入21世纪的今天，刘劭的《人物志》对我国的干部人事制度的改革，考察和选拔各级、各类跨世纪优秀人才仍有积极的借鉴作用。

刘劭 （约公元168～240）

刘劭的政治生涯始于东汉末年的建安时期。由于此时曹氏家族已掌握朝中实权，因此，刘劭的一生和曹魏政权结下了不解之缘。从政之初，刘劭即显示出非凡的见解和才干。建安中期，刘劭任广平计吏（即府属官，八九品之类），年终到京都许昌述职，适逢太史向尚书令荀彧报告："正旦当月食"。正月初一发生日食，是大不吉利之事。有人主张："废朝"（不开朝会），有人主张："却会"（推迟朝会）。众说纷纭，莫衷一是，刘劭不以为然，虽然位卑，却敢于引用春秋时著名史官梓慎、禆灶"占水火，错实天时"的史实，提出"圣人垂制，不为变豫废朝礼者"的见解，举座震惊，得到了荀彧的赞赏。朝会照常举行，日食亦未发生，刘劭由此著名，开始飞黄腾达，入朝为官。

曾国藩作为晚清中兴名臣，之所以能以待籍侍郎一匹夫举兵湘，镇压勃然兴起的太平军，挽狂澜于既倒，成大清之柱石，多得益于其观人之术，鉴人之略。曾国藩总结出来并屡试不爽的官场"识人术"。使他在很短的时间，就在门下罗致了一大批人才，如李鸿章、李瀚章、左宗棠、郭嵩焘、彭玉麟、沈葆桢、江忠源等等。他们不仅帮助曾国藩成就一代伟业，而且各有建树，名垂史册。《**冰鉴**》即其鉴人专著，取以冰为镜，能察秋毫之义。曾国藩摒弃传统相术之习俗，重神兼之以形，重常而辨之以奇，重理而导之以术，从整体出发，就相论人，就神取人，从静态中把握人的本质，从动态中观察人的归宿。曾国藩的相人术和识人思想与传统的中国相术有着本质的不同。他强调观察透视人的言行、表情和态度中所流露出的稳定的心理过程和心理特征，再通过对世事人生的体验，总结归纳这个人的前途和命运。

※　　※　　※　　※

由唐代长孙无忌等奉皇帝之命编撰的《**唐律疏议**》，计30卷。它是我国现存最早最完整的一部法典。《唐律疏议》实际上由两部分组成，即唐律的律文部分及长孙无忌等人对律文的疏释部分。因为文中疏释部分以"议曰"二字开头，所以被人们称为《唐律疏议》，或者《唐律疏义》。《唐律疏议》不仅完整地保存了唐律，还保存了大量唐代的令、格、式的内容。同时记载了大量有关唐代政治、社会经济的资料，是研究唐代阶级关系、等级关系以及官制、兵制、田制、赋役制的重要依据。所以，清代学者王鸣盛称《唐律疏议》为"稀世之宝"。

★一部极富哲理的东方领导艺术教科书

★古代帝王统治术之专著，后世治国者之圭臬

★一部包含丰富的政治谋略和用人谋略的宝典

贞观政要

吴 兢（中国·唐朝 670～749）

> 《贞观政要》每一篇都凝聚着历史经验，每一卷都蕴含着历史智慧。这就是为什么"贞观之治"之所以令人景仰，《贞观政要》之所以具有魅力的主要原因。
>
> ——知名学者 瞿林东

吴兢是唐代著名的史学家，他以刚正执史而闻名于世，被誉为"今董狐"。他编撰的《贞观政要》，既是一部史学著作，也是一部包含了丰富的治国思想的谋略著作，分类辑录了当时君臣的对话、臣子的争议和谏疏及一些政治问题，对唐初立国方针、君道政体、历史借鉴、刑罚贡赋、官员选任、君臣作风、君民关系、道德规范、学校文化、征伐安边等多有详述，反映了贞观期间唐朝最高层对治国方案的思考，也揭示了"贞观之治"的形成过程。

《贞观政要》属于政论性专史，是一部对"贞观之治"的历史经验进行系统总结和全面介绍的著名史书。全书所包含的丰富的政治谋略和用人谋略受到历代有作为的帝王的重视。《贞观政要》是对唐太宗统治时期的可靠记录，迄今仍然是常为人们所引用的代表卓越领导艺术的文献。

《贞观政要》不仅是一部闻名中外的治国谋略经典，也是一部极富哲理的东方领导艺术教科书。《贞观政要》编成之后，唐朝历代统治者均非常重视这部史书。文宗李昂天性恭俭敦雅，尝读此书，不禁而发感慨之声、抒羡慕之情，所以在他执政期间能做到"政事修饬，号为清明"。宣宗李忱对《贞观政要》更是格外重视，把它抄在屏风上，表情严肃，拱手读之，所以治国能够"精于听断，而以察为明"。可见他们

青少年必知的智谋经典

对《贞观政要》的重视到了奉为经典的地步。

《贞观政要》一书在国外，特别是在日本也有一定的影响。大约9世纪前后，这部书传到了日本，平安朝以来历代天皇都爱读，辅佐的大臣也都努力讲解，他们模仿中国，也把《贞观政要》定为皇家幕府的政治教材；镰仓时代，幕府也深深信奉之，为幕府讲解《贞观政要》，对当时政局影响甚大；江户时代，德川幕府在1615年颁布《禁中并公家法度》，第一条就把《贞观政要》定为天子的必读书；明治天皇把《贞观政要》视为座右铭；曾做过大正天皇侍讲的三岛中州则经常给天皇讲解此书。此后，《贞观政要》在日本得到了广泛流传。

旷世杰作 KUANGSHI JIEZUO

唐玄宗时期的史学家吴兢所撰写的历史名著《贞观政要》，全面记述了唐太宗时期君臣之间的论政，对于唐太宗及其决策核心的大臣们如何重视历史经验并竭力从中吸取借鉴也有详细的论说。全书共10卷，分设君道、政体、任贤、纳谏等40篇，可以说篇篇都离不开讨论历史经验及其与现实的关系。

...华文精选...

用得正人，为善者皆功；误用恶人，不善者竟进。赏当其劳，无功者自退；罚当其罪，为恶者戒惧。

译文：求得正人君子而用之，则心正行善的好人都会互相勉励继续行善；一旦误用心邪行恶的坏人，那么坏人们就会争先恐后地钻进朝堂或地方官府。奖赏那些该奖赏的人并且所奖所赏与其功劳大小相称，那么没有功劳的人自然就会主动退后；惩罚那些该惩罚的人并且所惩所罚与其罪过轻重相当，那么做坏事的人就会引以为戒，感到畏惧。

《贞观政要》是一部被我国史家所称誉的"贞观之治"的历史经验进行系统总结和全面介绍的著名史书。"贞观"是唐太宗李世民（598~649）的年号，相当于公元627~649年，历时23年。这个年号在中国非常有名，因为它是与"贞观之治"联系在一起的。在2000多年的中国封建史上曾经先后出现过几个深为后世称道的清明时代，如"文景之治"、"贞观之治"、"开元之治"等，它们都对中国社会的进步发展，以及周、汉、唐这些强盛王朝的长治久安、繁荣昌盛作出了巨大贡献。而其中影响最大的，应当首推唐太宗李世民开创的"贞观之治"。

《贞观政要》系"随事载录"而成，以君道、政体、任贤、纳谏、君臣鉴戒等为篇目，分别辑录了唐朝贞观年间太宗李世民同大臣魏征、王珪、房玄龄、杜如晦等45人的政论、奏疏以及重大政治措施内容，赞颂唐太宗的德政与治术，告诫李唐后继之人"克遵前轨，择善而从"，以永保唐朝基业。主要内容包括治国方针、选贤任能、精简机构、申明法制、崇尚儒术、评论历史得失等方面，同时强调统治者的自身修养，如敬贤纳谏、谦逊谨慎、防止奢惰等。全书简明扼要，具有独创性。因其编辑是"随事载录，用备劝诫"，所以每篇都是围绕一个中心问题展开的，每卷大体上也有一个中心。书中包括的内容十分广泛，涉及的问题也非常深刻，诚如吴兢自己在《贞观政要》序中所说："人伦之纪备矣，军国之政存焉。"

《贞观政要》中所辑录的唐太宗及大臣们的政论或奏疏，因为这些人同处于隋末唐初社会矛盾斗争的尖锐时期，多是封建地主阶级政治家，通晓儒家经典，深谙儒家治国安邦之术。同时又熟悉历史，知道暴秦是怎样败亡的，两汉是如何衰落的，了解南北朝时期黑暗混乱的社会状况，更亲身参加了推翻隋朝的斗争，因而头脑比较清醒，能够总结经验，接受历史教训，认真对待社会现实，分析和处理问题的方法

••• 华文精选 •••

为政之要，惟在得人，用非其才，必难致治。今所任用，必须以德行学识为本。

译文：治理国家最重要的事情，惟独在于得到人才。用人不当，必定难以到治理，现在任用人，必须以道德品行，学问见识为根本。

夫君能尽礼，臣得竭忠，必在于内外无私，上下相信。上不信，则无以使下，下不信，则无以事上。信之为道大矣。故自天佑之，吉无不利。

译文：国君能够尽到礼义，臣下能够竭尽忠诚，必须决定对外，对内都没有私心，上下互相信任。国君不信任臣下，就无法任用臣下；臣下不信任国君，就不能服侍国君。信任作为原则重要了，所以以上天保佑它，吉祥没有不利。

也比较高明，其政论自然具有很高的参考价值。因而《贞观政要》颇受唐朝统治者重视，被"书之屏帷，铭之几案"，列为皇家子孙的必读教本。唐朝以后，历史上的各朝封建统治者仍很推崇《贞观政要》这部政论性史著。宋仁宗赵祯也非常欣赏唐太宗用人以"德行学业为本"。元朝皇帝曾多次提到《贞观政要》一书，并请当代儒臣讲解书中内容。《贞观政要》的第一部整理本正是元朝儒臣戈直根据各种古本，加以校勘、注释和按语，搜集唐宋名家儒臣柳芳、欧阳修、司马光等22人的论断，附于章末，刊于元朝至顺四年（1333），"戈本"成为国内外流行最广的本子。充分体现了

元朝少数民族统治者对这部书的重视。明朝穆宗时，把阅读《贞观政要》作为皇帝的午间学习内容，只是在三、六、九视朝日暂免讲读；明宪宗对《贞观政要》的刊行工作比较重视，并亲自为全书作序，使得成化年间刊刻的戈直集解本一直流传到今天。清朝康熙、乾隆皇帝也很熟悉《贞观政要》的内容，并且十分仰慕"贞观之治"。由此可见，《贞观政要》一书对唐及以后历代的封建统治者，不论是汉族的还是少数民族的都有很大的影响。

总的来说，《贞观政要》一书条理清晰、叙事简明、议论深刻、风格独特、体式新颖、语言平易，是一本难得的好书。它不仅为人们保留了丰富的历史知识和文案掌故，更为后世提供了十分宝贵的历史经验和有益的启示。《贞观政要》自问世以后一直很受重视，刊行十分广泛。《贞观政要》约在9世纪传入朝鲜、日本等国，受到重视，也被列为皇家、幕府的政治教本。存留至今的各种版本很多，在中国、日本和韩国等地都有传本。

经典导读
JINGDIAN DAODU

《贞观政要》的择人观

当前，我国企业界都在竞相学习欧美、日本企业界先进的管理理论与方法时，却数典忘祖，忘了自己最需要学习研究的一本"领导学"——《贞观政要》。《贞观政要》这部治国宝典为唐朝史官吴兢编著，它记叙了唐太宗与朝廷大臣之间关于治理国家的对话。篇篇都能作为现代企业经营管理的指南，也可作为企业管理者研读管理理论、检讨经营成败的经典著作。

《贞观政要》一书早在公元800年左右就传入日本，历代日本天皇穷研该书真谛，在各代掌握国家大权的将军中，以北条政子和德川家康两位更为重视。日本从一条天皇执政以来，各代天皇都把《贞观政要》作为治国宝典。北条政子对《贞观政要》的治国哲理尤其崇拜，由于自己汉语基础较差，他便叫当时的汉学家管原翻译此书，供其研读。德川家康在平定日本群雄纷乱之后，聘请汉学大师讲解《贞观政要》的哲理，作为他治国的理念。

《贞观政要》第七篇《论择官》记载了这样一段对话：贞观二年，唐太宗问右仆射封德彝："政治之本，惟在得到人才。近来朕命卿举拔贤才，却不见有所推荐。天下事重，卿宜分朕忧劳。卿既不言，朕将寄望于谁？"封德彝答道："臣愚昧，岂敢不尽情尽力。只是至今未见有奇才异能。"唐太宗批评道："前代明哲君王用人各取所长，而且都在当时求取，不是借用不同时代的人才，哪里能等到梦见傅说，吕尚，然后才来治理政事呢？而且哪个朝代没有贤能？只怕被遗漏而不知罢了！"几句话说得封德彝十分惭愧。

《贞观政要》者，唐太宗文皇帝之嘉言善行、良法美政，而史臣吴兢编类之书也。
——元代学者 戈直

其论治乱兴亡，利害得失，明白切要，可为鉴戒。
——明宪宗 朱见深

余尝读其书，想其书，未尝不三复而叹曰：贞观之治盛矣。
——清高宗 乾隆

《贞观政要》是一部极富哲理的领导科学著作。现在知道这一治国宝典的人并不多，但却长期风靡日本，我们更应珍惜它，研究它，从中吸取有益的精华，以领悟其中的真谛。
——当代学者 耿余耀

《论择官》中还记载了这样一段话：贞观元年，唐太宗对房玄龄等人说："政治之本惟在于审，审量人才而授以官职，官员务必精简。《书经》说：'任官惟贤才。'又说：'官不必备，惟其人。'如果用对了人，人力虽少也足够了；如果不得其人，虽然人多又有何用？古人也把官不得其才，比喻为画地为饼，不中用。《诗经》上说：'谋夫孔多，是用不就。'孔子也说：'官事不摄，焉得俭。'且'千羊之皮，不如一狐之腋。'经典上提到这一类的道理很多，无法一一举证。如今应当并省官员，使得各当所任，则可以无为而治了。卿等当详思此理，量定百官职位的员额。"唐太宗的话讲得非常深刻，运用到现代企业的管理上，仍然是非常适用的。企业任用干部，必须以用对人为要，对于有贤能的人，可以让他身兼几职。企业如果没有合适的人选，应该使其他员工积极努力，调整自己的行动，发挥内在潜力，使之接近或达到这一职位的要求。（祝清凯）

《贞观政要》的启示

我国古代典籍浩如烟海，博大精深，既饱含了华夏先贤的无穷智慧，又记载了炎黄子孙的光辉业绩。其中，尤不乏治国安邦、处理政事的真知灼见和深刻论述，比如，《资治通鉴》、《二十四史》等。唐代史官吴兢编撰的政论性专史《贞观政要》，即是一部对我国史家所称誉的"贞观之治"的历史经验进行系统总结和全面介绍的著名史书。作者的目的，是为了"撮其指要，举其宏纲，词兼质文，义在惩劝"。

"人伦之纪备矣，军国之政存焉"的《贞观政要》，虽是一部集封建统治者"治国安邦"方略之大成的典籍，但其中所反映出来的希望国家稳定发展、长治久安及民族繁荣强盛的理想，即使在今天看来，也具有进步性和现实意义。

古为今用，鉴古知来，读史可以知兴替。读《贞观政要》一书，抚今追昔，深长思之，其引喻之精辟，议论之锋锐，语意之剀切，尤令人颇多感慨。我想，对于今天的各级领导者来说，若能养成勤于读书、善于思考的良好习惯，如能读《贞观政要》一书，从中也会获得扬弃旧义，探求新知，进而提高个人素质，提高领导水平的诸多裨益。

为政之要几许，为官之道何也？读《贞观政要》一书，以笔者之见，首要者当属为政惟在亲民，为政唯在得人。

先说为政唯在亲民。我

> **···华文精选···**
>
> 夫以铜为镜，可以正衣冠；以古为镜，可以知兴替；以人为镜，可以明得失。朕常保此三镜，以防己过。
>
> 译文：用铜作镜子，可以端正衣冠；用古代作镜子，可以知天下兴亡和朝代更替的原因；用人来作镜子，可以明白自己的得失。我经常保有这三面镜子，用来防止自己的过失。
>
> 太宗曰："国家大事，惟赏与罚。赏当其劳，无功者自退；罚当其罪，为恶者咸惧。则知赏罚不可轻行也。"
>
> 译文：太宗说："国家的大事，只在于赏赐和惩罚。赏赐和功劳大小相当，无功的人就会自觉退下；惩罚与罪恶相符，干坏事的都会畏惧。那就知道赏赐与惩罚不可轻易就行了。"

青少年必知的经典系列

国流传的古训是："民，水也。水能载舟，亦能覆舟。"贞观之初，唐太宗就明确提出："为君之道，必须先存百姓，若损百姓以奉自身，犹割股以啖腹，腹饱而身毙。若安天下，必须先正其身，未有身正而影曲，上治而下乱者。朕每思伤其身者不在外物，皆由嗜欲以成其祸。若耽嗜滋味，玩悦声色，所欲既多，所损也大，既妨政事，又扰生民。"魏征在向唐太宗的上疏中也有类似的话："居安思危，戒奢以俭"，"怨不在大，可畏惟人；载舟覆舟，所宜深慎。"

再说为政惟在得人。倘使一个社会"黄钟毁弃，瓦釜雷鸣；谗人高张，贤士无名"（《楚辞·卜居》），那么，即是这个社会的悲哀。《贞观政要》记载，唐太宗一再强调："为政之要，惟在得人，""致安之本，惟在得人。"所谓"贞观之治"，从某种意义上说，就是推行"任贤政治"的结果。比如，唐太宗极为信任的房玄龄、杜如晦、魏征等八位贤臣，他们文武兼备，忠良可鉴，出将入相，殚精竭虑，勤政奉职，尽心尽力，无不竭诚社稷之计，为当时创造一代盛世，都作出了重要贡献。

其中，虽然有的曾是秦王府中的旧人，有的是来自敌对营垒的谋臣，有的出身低微。但唐太宗不计前嫌，不分贵贱，慧眼独具，选贤任能，信赖有加，以成帝业，足见其胸襟和器量。再比如，一身正气、刚直不阿的魏征，为使唐太宗深谋远虑，治国安邦，不做错事，常常是不徇私情，直言不讳，慷慨陈词，犯颜直谏，但仍深得唐太宗信任和重用。魏征死后，太宗亲自到其灵柩前痛哭，为之撰写碑文。

后来，还常对身边的大臣说："贞观以前，从我平定天下，周旋艰险，玄龄之功无所与让。贞观之后，尽心于我，献纳忠谠，安国利人，成我今日功业，为天下所称者，惟魏征而已。""夫以铜为镜，可以正衣冠；以古为镜，可以知兴替；以人为镜，可以明得失。朕常保此三镜，以防己过。今魏征殂逝，遂亡一镜矣！"所以可以看出，为政唯在得人，选准人才，用好人事，唯德才兼备的忠良之士是举，力戒任人唯亲、唯"关系"是举的弊端才是关键。（戴显仁）

大师传奇 DASHI CHUANQI

吴兢，唐汴州浚仪（今河南开封）人，出生于唐高宗总章三年（670），病逝于唐玄宗天宝八年（749）。

吴兢少而好学，博通经史，为人正直，不好交际。在年轻时他就立志从事史学事业，武则天时，经友人推荐，武则天证圣元年（695）进入史馆，与当时著名史学家刘知几、徐坚等人一同撰修史书，从此开始了治史生涯。中宗神龙年间，升迁右补阙，进入谏官之列，在皇室诸王争权夺利的过程中，曾上疏皇帝，制止诸王骨肉相残，维护封建纲常伦理道德，在当时很有影响。又与韦承庆、崔融、刘知几撰《则天实录》，不久升任起居郎、水部郎中。中宗景龙年间，武三思等监修国史，多有曲笔之处，吴兢不愿同流合污，开始私撰《唐史》和《唐春秋》。玄宗即位之初，锐意改革，他大胆地向玄宗进谏，劝其继承太宗英业，诚心纳谏。开元三年（715）吴兢官拜谏议大夫。次年与刘知几撰《睿宗实录》20卷、《则天实录》30卷、《中宗实录》20卷，受到了玄宗的赏赐。开元五年（717）在马怀素的主持下以卫尉少卿之职与违述等26人，同于秘阁详录4部书，参加了大规模的整理文化典籍工作。不久吴兢父亲去世，他解职居丧，丧终做太子左庶子，未能重任史职，此时他的心情非常忧虑，于开元十四年（726）上书玄宗，叙述自己的心志，希望完成历经20余年的《唐书》和《唐春秋》的写作，玄宗敕令他就集贤院修成其书。不久又转至史馆继续修史。当时虽值开元盛世，但已出现了某些危机端倪。吴兢针对这种情况，向玄宗提出八点建议，体现了一个史官忧国忧民的心情。开元十七年（729），由于书事失当，吴兢遭贬荆州司马，虽然允许他以史草自随，但中书令萧嵩监修国史，奏取吴兢所撰的65卷国史，从此他不得不忍痛告别研究了30年的唐史。不久又累迁台、洪、饶、蕲四州刺史，加银青光禄大夫。迁相州长史，封襄垣县子。天宝初改任邺郡太守，入为恒王傅。这时吴兢虽已年逾古稀，仍一心想重任史官，当时李林甫为相，嫌其年高体衰，不再使用。70岁以后，他有感于南北朝史实繁杂，撰写梁、齐、周史各10卷，陈史5卷，隋史20卷。天宝八年（749），80岁高龄的吴兢满怀惆怅地离开了人世。他的一生是为史学事业勤奋劳作的一生，他的高尚风范成为后世史家学习的榜样。

吴兢一生著述很多，他任史职30余年，编纂唐国史65卷。此外，还有目录学著作《吴氏西斋书目》和《兵家正史》9卷，医书《五藏论应象》1卷。其中《贞观政要》属于他的晚年之作，也是他唯一流传至今的一部史书。

吴兢的刚正执史亦被后世传为佳话。武后长安至中宗景龙年间，正值佞臣武三思、张昌宗、张易之弄权之时，有些史官惧怕权势，曲笔掩饰，吴兢对此非常鄙视，于是在公事之暇，私撰《唐书》、《唐春秋》。特别是《贞观政要》一书，分类记载了唐太宗同大臣魏征、房玄龄、杜如晦等人的问答、大臣的争议和劝谏的奏疏以及政治上的措施，其中10卷40篇出自吴兢之手。吴兢治学严谨，敢于秉笔直书。他与刘知几一起撰写的《武后实录》中，记载了佞臣张昌宗、张易之兄弟诱使张说诬证魏元忠之事，张说后来当了宰相，对此深为介意，明知吴兢所为，却故意推到已故的刘知几身上，而吴兢却说："是兢书之，非刘公所述，草本犹在。其人已亡，不可诬柩于幽魂。"同僚皆惊愕失色。后来张说几次请求删改，他都断然拒绝，凛然回答："若取人情，何名为直笔。"吴兢的高风亮节，得到时人赞叹，人们称赞他是当世董狐。

延伸阅读 YANSHEN YUEDU

《申鉴》纵论治国、牧民方略，是日本天皇终日不离案头之秘典。由荀悦所著，荀悦是东汉末年颍川名士，自小学综儒史，才华出众。长成后，因宦官用权，托病隐居，得以体察民生疾苦，并对政治进行了详尽的考察。曾任秘书监侍中，"侍讲禁中，旦夕谈论"，对汉献帝产生很大影响。为匡救时弊和给献帝以政策指导，他作《申鉴》5篇和《汉纪》30篇，系统地阐述了他的政治思想。其政治思想以儒家为主，许多概念和观点都沿袭了儒学，但受两汉思潮流变的影响，对其又有所改造，从而呈现出独特性。

※　※　※　※

《康熙政要》是清朝史官章梫的一部作品。章梫年少时便好读儒家书籍，对帝王统治之道尤感兴趣，他在"观历代兴衰之故"，"考列朝因革之原"的基础上，认为康熙之治冠于"百王之治"，于是萌生仿效唐朝吴兢的《贞观政要》而作《康熙政要》的念头。经过一番苦心的写作，终于写成《康熙政要》一书，计24卷42篇。值得一提的是，此书并非《贞观政要》的翻版，而是做了大量的创新，这些创新不但体现了作者能用发展的眼光去审视历史，而且也为后人了解历史提供了最珍贵的历史材料。

青少年必知的智谋经典

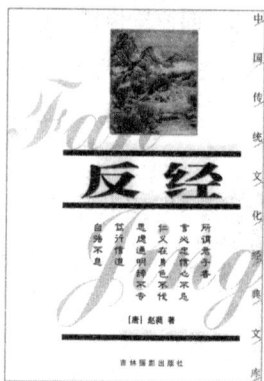

反经

赵 蕤（中国·唐朝 生卒年不详）

> 现在，我们正处在世纪之交的历史关头，许多推进历史的战略性决策将出自我们之手。在这样一个历史大变革的时代，反观《反经》振聋发聩的高论和令人警惕的教训，对决心振兴中华民族的志士仁人——无论是政治家、思想家、军事家还是实业家来说，都是必修的一课。
>
> ——著名学者 刘则鸣

自唐宋以来，有两本书历来作为领导者政治教育必修的参考书，一本是被历代君臣所推崇的从正面讲谋略的《资治通鉴》，另一本即是唐人赵蕤所著的《反经》。

赵蕤一生喜隐居山林，在朝野的名气很大，唐玄宗时益州长史苏颋奏荐西蜀人才，他与李白被视为蜀中双璧，时有"赵蕤术数，李白文章"之说。因此，朝廷屡次征召他为官，唐玄宗便三次征召他，他都不受，乐意过"抚琴弄鹤，漱石枕流"的隐居生活，是故又名"征君"。赵蕤是典型的隐士，虽有渊博的学问而不愿为官，当代学者张岱年教授曾称赞他是中国古代杰出的隐士思想家。

《反经》又名《长短经》，此书集政治学、谋略学、人本学、社会学为一体，以真实的历史事件加以纵横捭阖的评论，为历史上的思想家、政治家、军事家提供了卓有成效的谋略武器，书中充满了富于洞察力且实用的建议，深入浅出、言简意赅、发人深省，字里行间透露出作者的睿智。《反经》这本书也同时兼具了史学、文学、政治学等多重价值，其实用价值在社会关系紊乱，人际关系复杂的今天，自然是不言而喻的。《反经》亦是中国历史上重要的军事著作之一，包含了丰富的军事思想，另外它还保留了许多已佚兵书的文字及许多尚存兵书的文字，这在军事史上有着难以估

青少年必知的经典系列

量的价值。

《反经》是曾为清雍正皇帝所藏的谋略宝典。时下兴起的"反经热"更是把《反经》奉为一部谋略大典。它是一座思想宝库，在谋略策略、知人善任、待人处事、整治时弊等诸多方面，都为领导者们提供了金光闪亮的无数珍宝。

《反经》又名《长短经》，所谓"长短"，泛指"是非、得失、长短、优劣"，纪晓岚在《〈四库全书·反经〉提要》中说"此书辨析事势，其言盖出于纵横家，故以《长短》为名"。

《反经》的整体框架以谋略为经，历史为纬交错纵横，蔚然成章。作者打破时空界限，从宏观上鸟瞰了上至尧舜，下至隋唐的历史全貌，围绕权谋政变和知人善任这两个重心，时而引经据典，雄辩滔滔；时而运筹帷幄，驰骋沙场；时而审时度势，策划于密室；时而纵横捭阖，游说于诸侯。既有五侯争霸的刀光剑影，百子争锋，又有三国割据的金戈铁马，斗智斗勇。奇谋迭出，电击雷鸣。铺叙历史，或则白描淡线，或则浓墨重彩。有理论上的探讨，有策略上的权衡，有人物的品评，有得失的反思。因此可以说，《反经》既是对唐以前历史的多角度、全方位的审视，也是历代政治创意与谋略之集大成。全书集诸子百家之说，叙述更迭史实，核心是"论王霸机权，正变长短之术"，作者糅合儒、道、兵、法等诸家思想，汇集王霸谋略，著

●●●华文精选●●●

古人有言曰："得鸟者，罗之一目。然张一目之罗，终不能得鸟矣。鸟之所以能远飞者，六翮之力也，然无众毛之功，则飞不能远矣。"以是推之，无用之为用也大矣。

译文：古人这样说过："捕获鸟的，只是罗网上的一个网眼，然而只张一个眼的网，是永远捕不到鸟的。鸟所以飞得远，是靠健羽，然而如果只有健羽而无其他的乱毛，是飞不远的。"以此推论，看似无用的东西，却是有很大作用的。

成了一部文韬武略的谋略全书，原文涉及德行、人术、时势、权霸等内容，夹叙夹议，史论结合。对现代人尤其是志存高远，追求卓越的现代人，无论奉上御下，公关游说还是为人处世，都具有极强的借鉴意义。

《反经》一书的写作思维完全采取一种逆向型思维，它扬弃了常识性的以成败论英雄的思维方式，摆脱了以忠奸评定历史人物的思维定式，以一种独特的视角对唐

代之前历代智谋权术之争做了一次全面的总结与评介，除了生动地再现历史事件之外，在更深层次上提醒人们对于人与事要"既知其一，又知其二"，不能"只知其正，不知其反"，也印证了老子"反者道之用"的哲理，这才是《反经》成书的立论所在，也只有这样才能做到真正地"识人量才，知人善任"。

《反经》之"反"可以说是全书精髓之所在。《道德经》云："反者道之动，弱者道之用。"在肯定对立的张力是事物发展的动力的同时，尤其强调柔弱对事物发展的作用，在对立双方互相转化的规律中，在万物正反相对的哲学原则下，《反经》正是从"反"这一角度考究历史上的人物与事件。圣君贤臣的丰功伟略总是为史家称道，但有兴必有衰，更重要的是由衰而总结的治国安邦的良策。无论多么完善，严密的法规难免有副作用，《反经》以其独特的反论，加以丰富深刻的历史事例警醒着历代的当政者，在治大略时，一定不要忘记历史的教训。全书在对待历史的态度上虽予以肯定，但着眼之处却在于吸取教训，这样就放大了舛误，针砭见血，对帝王将相的评论更是采取了刺其痛纠其过的态度。这样，就深深地刺痛了统治者的强力意志。

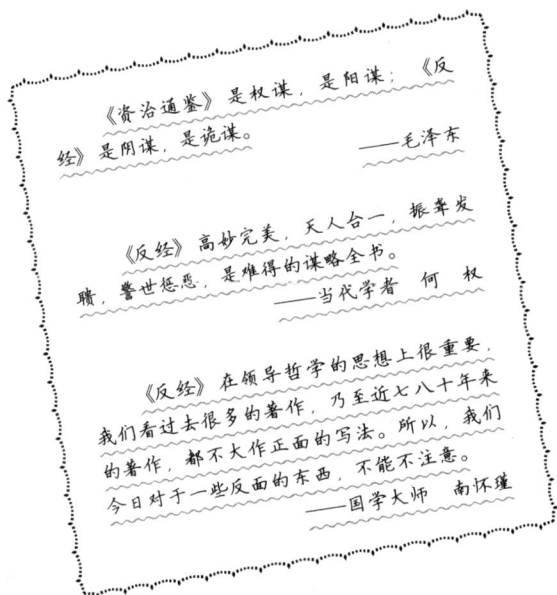

> 《资治通鉴》是权谋，是阳谋；《反经》是阴谋，是诡谋。
> ——毛泽东

> 《反经》高妙完美，天人合一，振聋发聩，警世惩恶，是难得的谋略全书。
> ——当代学者 何权

> 《反经》在领导哲学的思想上很重要，我们看过去很多的著作，乃至近七八十年来的著作，都不大作正面的写法。所以，我们今日对于一些反面的东西，不能不注意。
> ——国学大师 南怀瑾

反观世人皆知的《资治通鉴》，赞历代帝王圣贤，颂天下英雄侠客的主线，对他们失误疏漏之处的评介却是远远不足的。这样，我们就大可悟到历代统治者为何对《资治通鉴》不断研习运用且加以大力宣扬，而对于《反经》则用而不谈，避而不宣的缘故了。所以，从这个意义上讲，《反经》更似一部"反面教材"，以"教训"示人，在历史的长河中，在统治者的眼中它成不了显流，但毫无疑问的却是，就文本的实用性而言，《反经》的实用价值要胜于《资治通鉴》，统治者宣传的是《资治通鉴》，用的却都是《反经》。

官场上的如意金箍棒

在浩渺的东海里，有一块神铁，据说是大禹治水时，用来定江海深浅的一个定子。它有一个好听的名字叫做"天河定底神珍铁"。这神铁在海里沉睡了几千年，突然有一天，放出光来，因为猴王孙悟空来了，要找一件降魔伏妖的好兵器。那神铁重13500斤，两丈多长，到了猴王手里，轻重合适，要大能大，要小能小；要长能长，要短能短。要长大，能"上抵三十三天，下至十八层地狱"；要短小，即刻变成绣花针，可以塞进猴耳里。这就是中国人都知道的"如意金箍棒"。

在茫茫书海里，也有一块"神铁"，是唐代赵蕤锻造的，可以用来定浮生苦海的深浅，它的名字叫《反经》。如果它在你到来时突然"霞光艳艳，瑞气腾腾"，那它就是你正在寻找的"兵器"。这兵器也是要长能长，要短能短。要长，它能经天纬地，让在位的君王成就尧舜之治；要短，它能绕指穿针，在惨淡的人生布片上绣出美景。

《反经》，绝非长舌妇的飞短流长，而是帝王军师的穷通知变。宇宙万物，本无所谓长短，因人的见解不同，目的不同而有长短。长者能看见寸有所长，短者反觉得尺有所短。如果修佛炼道，参空悟无，则天下无长无短，万物同体；如果建功立业，求名猎利，一定要看到所有的东西都参差不齐，利害互见。想成就伟

●●●华文精选●●●

夫刚略之人，不能理微，故论其大体则弘略而高远，历纤理微则宕往据而疏越；其论法直则括据而公正，元历之人，不能回挠；宽恕之人，不能速捷，论仁义则弘详而长雅，趋时务则迟缓而不及；好奇之人，横逸而求异，造权谲则倜傥而瑰壮，案清道则诡常而恢迂。

译文：性格刚正、志向高远的人，不善于做细致琐碎的事情。所以应当用全面的观点看待这种人，既要看到他志趣恢弘远大的一面，也要看到他处理琐碎小事的粗鲁和大意。严厉完备的人，不会灵活处事，这种人在法理方面可以做到有理有据正直公平，说到变通可能就会变得暴躁而不通情理；宽容迟缓的人，往往不讲办事效率，至于说到仁义，其为人则弘大周全而宽厚文雅，但对时势则不能迅速准确地把握；好奇求异的人，放纵不羁追求新奇，运用权谋、诡计则卓异出众，以清静元为之道来考究，这种人往往违背常规而不近人情。

业的人，不知物之长短，则不能驭物；不知人之长短，则不能用人；不知法之长短，则不能得法；不知事之长短，则不能成事。

事物有长短，当然要扬长避短。在赵蕤看来，扬长避短之法莫大于加法。道德是加法，刑罚是减法。赵蕤说："故任德多用刑少者，五帝也；刑德相伴者，三王也；仗刑多任德少者，五霸也；纯用刑强而亡者，秦也。"这话是对的。事物总是越加越长，越减越短的。秦王朝只会用减法，最后把自己减成了兔子尾巴。讲长短，最难讲的是分寸。东西并不是越长越好。裹脚布长了，味道就不佳。再好的东西也不能太长。仁好，太长了生私；义好，太长了生伪；礼好，太长了生情；乐好，太长了生淫；名好，太长了生篡；法好，太长了生乖；刑好，太长了生暴；赏好，太长了生争。这些圣人治世之术尚且如此，更何况茫茫众生的那些雕虫小技？物极则反，过长则短，这个道理谁懂得多，

谁就败得少。

要知物之长短，还要会测量。你只有一根尺子恐怕不行，一根尺子量出来的长短是固定不变的。其实，世界上的东西，你用这根尺子量量，它是短的，换根尺子量它就长了。用大臣的尺子量太监的裆下之物，它是短的；如果用皇上的尺子去量，它有很大的长处。这就是所谓的"尺有所短，寸有所长"。你用治世的尺子来量，诚信是长处；用乱世的尺子来量，诚信就是短处。晋惠帝有个儿子，很讲究信义，但他生错了时代。他那个时代，一切都是假的，只有假的是真的。他上台后，想以诚信治国，一败涂地。

我们生活的这个时代，竞争十分激烈，人生变成了广阔的丛林战场，没有武器不行。如果你幸运地在波涛汹涌的书海里找到了这本书，这根定底神铁，也请你把它变小了，放在公文包里，但最好放在心里。则你能神通百变，能长能短，能大能小，能屈能伸。这本事用以治国，国泰；用以持家，家安；用以修身，身正；用以养心，心平。

这就是《反经》，护道之神物，降魔之利器。（吴稼祥）

谋略荟萃

赵蕤在《反经·序》中宣称：他做此书是因为"恐儒者溺所闻，不知是王霸书略，故叙以长短术，以经纶通变者"，所以是书以"论王霸机权，正变长短之术"为中心意旨，全面系统地总结了纵横家的谋略论，并广采百家之说，博引经传史实，集纵横家学说之大成。

全书共分9卷64篇，9卷包括7个方面的内容：大政、德行、权变、霸纪、权议、杂说、兵权，总计万言。十万言的权谋论，呈现为多层次、多样式，其中有关于处理全局性问题的谋略，也有关于处理局部性问题的谋略，如《大体》篇，论述的是一国之君经纶天下的根本大法，作为一个善于理国的君王，其根本大计在于总揽大局和善于用人，汉高祖刘邦的成功，就在于他掌握了总揽全局的统驭之术，又如《政体》篇和《权变》篇中的部分篇章，则是论述如何处理局部性问题的谋略；"情异"、"势异"、"形异"，则必须根据不同的情况变换策略，善于"权衡利弊"、"变通法则"、是谋略家活的灵魂，也有关于进攻性谋略和防御性谋略，如《钓情》篇的"以物钓之"、"以言钓之"、"以志钓之"、"以视钓之"、"以贤钓之"、"以色钓之"的七钓之术，论述的就是在辩说之中如何主动进攻的策略，而《理乱》篇则是议论如何防患未然的一种防御性谋略，另外，还有关于政治治国的策略和军事用兵的韬略。如《霸纪》分上、中、下3篇，回顾了从春秋战国到隋唐之际王朝兴废的历史，总结了政治治国的许多经验。第九卷专论"兵权"，共计24篇，论兵内容之完整几乎可以独立成为一部兵书。关于知人任事的领袖才智和立身处事的为人之道，论述尤为详备，诚可谓是对中国古代谋略思想和方法的大总结。

《反经》的内容十分丰富，它完全称得上是我国古代谋略学的一部大类典。初读是书，不免有"博杂"之感，但深入研读，觉得是书体大精深，广采百家学说，夹叙夹议，史论结合。（佚　名）

《反经》中的军事谋略思想

赵蕤的《反经》中包含了丰富的军事谋略思想：

一、兵为凶器，举义兵者胜

作为纵横家，赵蕤认为兵为大事，不可不察，反对偃武修文，强调战备的地位和作用。他从老子"兵者，不祥之器"的思想观点出发，反对无谓用兵，认为只有到了万不得已的情况下，为平乱诛暴才能举义用兵，也只有以义用兵方可取得胜利。

二、探知敌情，先知后战者胜

赵蕤阐释和具体发挥了孙子的"知战"的思想。赵蕤在这里特别强调，"兵者，诡道也"，所以探知敌情时，要谨慎观察，明察秋毫，善于透过现象把握对方的真实态势，万不可被对方的假象所迷惑。不仅如此，相反，优秀的军事人员应当善于制造假象来引诱、迷惑对方，诱敌产生错觉，作出错误判断，进而乘隙一击取胜。

三、兵法变通，不执一者胜

赵蕤在《反经》中还以事物发展变化的观点较为详尽地分析了"事同而形异"、"事同而势异"、"事同而情异"和"事同而情、势皆异"等多种情况之后，提出了"适变"的方法论原则。具体来说，一方面，对待古代兵书战策中记载的战略战术原则，不可机械死守，而要因时因地因势灵活运用。另一方面赵蕤认为，"兵法变通，不可执一"，还要运用奇正变化之术，做到奇正相生，以奇取胜。

四、杂于利害，因势利导者胜

利害，是战争的核心问题。赵蕤认为趋利避害首先要杂于利害，"杂于利而务可伸，杂于害而患可解"（《利害》）。在不利情况下要同时看到有利的条件，这样才能完成自己的任务；在顺利的情况下要同时看到危害的可能，这样才能解除可能发生的祸患。只有通晓利害之变，方能趋利避害、为利去害。在实战中要做到利去害。

五、攻心为上，涣散敌斗志者胜

赵蕤在阐发孙子"攻心为上，攻城为下"的思想时指出，"战国时有说齐曰：'凡伐国之道，攻心为上，攻城为下；心胜为上，兵胜为下。是故圣人之伐国攻敌也，务在先服其心。何谓攻其心？绝其所恃，是谓攻心也。'（《攻心》）"赵蕤的"攻心"之策具体发挥了孙子的思想，道出了中国兵家谋略智慧的耀眼光点。

六、择将使贤，知人善任者胜

赵蕤博考《六经》诸家异同，十分重视将帅的作用。他说："夫将者，国之辅也，人之司命也"（《出兵》）。由于将帅是"国之辅弼，人之司命"，所以将才必须是勇敢、智慧、仁慈、诚信、忠实五才兼备。

七、练士教卒，士卒强者胜

"士"作为中国古代社会的特殊阶层，是智慧、谋略的代名词，其所具有的独特作用是不容低估的，赵蕤重视将帅、士的作用，并不意味着对"卒"作用的忽视，相反他还特别强调教民而战对战争胜利的意义，赵蕤最后得出结论说："兵众孰强，士卒孰练，知之者胜，不知者不胜，不可忽也"（《练士》）。这一思想是精彩的。（丁文宏）

大师传奇
DASHI CHUANQI

赵蕤，唐代人，字大宾，又字云卿，梓州盐亭（今四川盐亭县）人，生卒年不详，从他写作《反经》和为《关朗易传》作注来看，应当生于武则天执政时期，去世于安史之乱平定后，年龄应在80岁左右。

赵蕤是一个"高卧长平"，视富贵如浮云的隐士，但并非脱离现实，漠视民间疾苦的世外超人，而是一个关心国家命运，关注现实社会的进步思想家，从《反经》就可以看出他忧国忧民的一片赤诚之心。赵蕤在《反经》中对先秦诸子：儒、道、法、墨、兵、农、名、杂、阴阳、纵横等家的学说，汉晋以来，司马迁、班固、荀悦、范晔等史学家的观点，都在引用，并以"一必有二"的观点加以评论。可以说是兼容并包，他并不偏爱某一家，而是超脱于各家之上，取其所长，避其所短，反对拘泥于一家，否定另一家。赵蕤认为各家学说都有长处和短处，不能一概肯定或否定，应当全面研究各派学说，根据现实情况变通取舍。

赵 蕤（生卒年不详）

我国古人都很重视智慧谋略，虽然各家学说都有自己的主旨，以至形成不同的学派，但是儒、墨、法、道等等，没有不论智慧谋略的。鬼谷子创立"权谋学"，标志着纵横家从此以一个独立的学派活跃在政治和学术的舞台上，但这并不意味鬼谷子之前的政治生活中没有"权谋术"。同样，秦始皇建立统一的中央集权王朝，纵横家失去了活动的市场，随着汉王朝中央集权制的稳定，纵横家学派绝迹，但"权谋术"依然存在于政治交往和日常生活之中，汉武帝"罢黜百家，独尊儒术"后"权谋术"亦如是观。赵蕤正是在这种优厚的条件下继鬼谷子之后撰著《反经》的。他充分发挥了自己博学多才的特长，广征史实、遍采百家建立起自己的学说。

赵蕤博采众家之长，他高尚的品行与兼容并包的学术思想对李白的影响是极其深刻的。青年李白便十分敬佩、钦慕赵蕤，所以前来拜师从学。相传李白与赵蕤一见如故，亲密无间，两人朝夕相处，弹琴于飞龙泉侧，舞剑于昙云庵后山仰天窝。至今有水潭名濯笔溪，为李白从赵蕤习书洗笔砚处。李白随赵蕤学习年余，深受影响。后来李白出蜀居淮南曾有《淮南卧病蜀怀寄蜀中赵征君蕤》一诗，中有"朝忆相如台，夜梦子云宅。旅情初结缉，秋气方寂历。风入松下清，露出草间白。故人不可见，幽梦谁与适？寄书西飞鸿，赠尔慰离析"，充分表达了对老师赵蕤的思念与崇敬之意。

赵蕤善纵横学说，为人"任侠有气"，史载，他"博学韬钤，长于经世，夫妇皆有隐操"。相传赵蕤在隐居地"养奇禽千余"，每当他发出呼叫，这些奇禽便飞来，于主人手掌中啄食，毫无惊骇之状，其生性飘逸潇洒，在纵横家中别具风趣。赵蕤既不像李白纵情诗文酒色，也不像李白刻意于仕途功名，终生隐居山林。

《三略》是秦朝一位颇具传奇色彩的谋略家黄石公的一部经典著作。顾名思义，《三略》是专讲战略的兵书，其上略、中略、下略都是战略的高度论述问题，始终贯穿着战略思想。在西汉以前，这样紧紧围绕战略问题的兵法专著还不曾出现。可以说，《三略》是中国古代的第一部战略专著。《三略》问世以后，广为流传，受到世人的重视。宋元丰年间又被颁定为《武经七书》之一，其后影响更为久远。

※　　※　　※　　※

《司马法》是中国古代著名兵书，《武经七书》之一，旧题司马穰苴撰。生卒年不详。《司马法》又称《司马穰苴兵法》、《军礼司马法》、《古司马兵法》等，书中根据春秋末期和战国初的战争实践经验而提出的进步军事思想，在历史上一直受到人们的重视。唐李靖说："今世所传兵家者流，又分权谋、形势、阴阳、技巧4种，皆出《司马法》也。"(《李卫公问对》卷上) 宋代元丰年间被官定为"武经"，成为培养和选拔军事人才的军事教科书，明清以来出现了众多的注释本。《司马法》不仅具有重要的理论价值，而且具有重要的史料价值，它关于三代的军赋、军法等军制资料被许多史家和兵家所征引，它的许多关于战争的锦言妙语广为传播而成为军事名言。

★中国史学"双璧"之一

★中国古代的政治百科全书

★为官从政者案头必备的教科书

资治通鉴

司马光（中国·北宋 1019~1086）

当我们读罢《资治通鉴》掩卷长思时，可以感到中国历史的悠久既是一种无与伦比的持续力和凝聚力，同时也是需要付出巨大努力才能超越的惯性障碍。现代人从中可以感悟出我们的先民何以能创造出领先世界的古代文化，又为何在迈向近代化的征途中步履蹒跚，并激励自己掌握跨越时空的文明精华，以与时俱进的精神去迎接新世纪的腾飞。

——当代学者 徐岩

司马光是我国历史上最著名的史学家之一。他与司马迁并称为古代史家双绝的"两司马"，他留给后人一部300万字的我国首部编年体通史《资治通鉴》，至今还是全国各大书店的畅销书。

《资治通鉴》是中国1362年（公元前403~959）中文化、政治、经济、人物性格的一部大全的缩影，是一部足以了解中国政治运作、权力游戏的历史巨著，是古代帝王鉴于往事、资于治道的必读之书。历史上诸多的冲突与整合、光荣与腐败、圣洁与阴谋，都在卷中徐徐展开，《资治通鉴》也首创了史书成为政治家必读之书的先例。梁启超曾赞曰："其书结构之宏伟，取材之丰赡，至今未有能逾之者焉。"

《资治通鉴》的编纂绝不仅仅是为了记录1362年之中每年所发生的大大小小的历史事件，而是为了总结这1362年之中政治统治的经验和教训，正所谓"鉴前世之兴衰，考当今之得失"。历史的发展向人们证明，政治统治的存在、巩固和发展，离不开对历史经验教训的总结和吸取，《资治通鉴》以大量的历史事实向人们证明了这一点。《资治通鉴》的创作得到皇帝同意，宋神宗钦定书名，完稿后用8个月观阅一遍，赞其"既广博又得其要领"，还亲自作序。于是此书颁行天下，后来还礼赠朝鲜、越南等国王。《资治通鉴》的编写并颁行为中国传统谋略文化写下了最浓重的一笔。

《资治通鉴》问世以后，不仅成为各朝皇太子的治国教材，同时也成为皇家馈赠邻邦的至尊国礼。历代的帝王将相、各界要人争读不止，历朝的人臣、学士也竞相抄录研习，或独嗜其治乱驭下为君之道，或笃信其事君保身为臣之术。《资治通鉴》成为后世经世致用、以古为鉴的最经典、最权威的读本，为官从政者案头必备的教科书。古往今来，点评批注《资治通鉴》的帝王、贤臣、鸿儒及现代的政治家、思想家、学者不胜枚举、数不胜数。

旷世杰作 KUANGSHI JIEZUO

《资治通鉴》是中国最著名的编年体通史，共294卷，洋洋300余万字，上起周威烈王二十三年，下迄后周显德六年，记载了包括周、秦、汉、魏、晋、宋、齐、梁、陈、隋、唐、后梁、后唐、后晋、后汉、后周在内的16个朝代的1362年历史。《资治通鉴》书名、序文皆为北宋神宗皇帝所赐，取意"鉴于往事，有资于治道"。全书由史学大家司马光主持编撰，历时19年。

《资治通鉴》中虽然主脉是强调帝王沿革而轻视经济，不过宏卷中仍能反映出社会生活的众多方面。从这一如同大琥珀般晶莹透彻的卷册中，可以看到民族发展的血脉，看到历史机缘，了解治内攘外的权术，因此该书问世后一直被推崇为中国史学的巨篇，甚至形成了专门的"通鉴学"。无数文人学子特别是学习历史的人，历代都熟读此书。毛泽东去世后，人们从他故居存书中发现，这位领袖对《资治通鉴》的反复阅读圈点竟达17遍之多。同《二十四史》一样，这部书是毛泽东于新中国成立后最喜欢读的书籍。专制与战争的主旋律，回荡在这部帝王教科书的宏卷中。

《资治通鉴》是写什么的？用司马光自己的话来说，便是"专取关国家盛衰，系生民休戚，善可为法，恶可为鉴者"。司马光称修《资治通鉴》的宗旨是："鉴前世之兴衰，考当今之得失。"因此，他把史学资治、取鉴的功用提到了突出的位置。"嘉善矜恶，取是舍非"也就成了他选材、着笔的标准。所以他对历史上的兴衰、得失、善恶、是非给予了深刻的总结和反思。《资治通鉴》一书的内容，贯穿着司马光的这一思想。因此，《资治通鉴》记述历代大事，既写其盛，又写其衰，其目的是为了使统治者"知自古以来治世甚寡而乱世甚多，得之甚难而失之甚易"。作为一部通鉴古今的帝王学巨著，司马光的主要着眼点始终在"历代君臣事迹"上，所以《资治通鉴》的内容是以帝王们夺取和运用政权为主线，记述了历代帝王的成败得失，这其中蕴涵着中国丰富的政治传统和政治智慧，通过记叙中国上千年治乱兴衰的历史轨迹，勾勒出一幅幅中国古代官场社会矛盾斗争的画面。

习闻明知古代帝王之道，身体力行《通鉴》原则。
——明太祖　朱元璋

网罗宏富，体大精深，为前古所未有。
——《四库全书总目》

我最爱读的书是《资治通鉴》，文笔好，回味无穷，虽然读过好几遍，但现在我想读书时，还是读它。
——金　庸

《资治通鉴》这部书写得好，叙事有法，历代兴衰治乱本末毕具，我们可以批判地读这部书，借此熟悉历史事件，从中吸取经验教训。
——毛泽东

《资治通鉴》是一部中国古代社会的政治史，是一部历代王朝的兴衰史，是一部发人深省的社会史和思想史。人们从中不仅可以学到中国的历史，更可以学到怎样看待中国政治，怎样看待中国社会，怎样看待中国官场和中国人。所以元朝著名的历史学家胡三省在对《资治通鉴》所作注释的序文中说："夫道无不在，散于事为之间，因事之得失成败，可以知道之万世之无弊。""为人君而不知《通鉴》，则欲治而不知政治之道，恶乱而不知防乱之术，为人臣而不知《通鉴》，则上无以事君，下无以治民。为人子而不知《通鉴》，则谋身必至于辱先，做事不足以垂后，乃如用兵行师，创新立制，而不知迹古人之所以得，鉴古人之所以失，则求胜而败，图利而害，此必然者也。"正说出《资治通鉴》一书的巨大历史和社会意义。资汉、资治、资乎治道，关乎民生。不读《资治通鉴》，你就不懂中国政治。如果讨论世界上哪些人的政治智慧最丰富？答案一定是中国人。而当读了《资治通鉴》之后你就可以理解，为什么中国人几乎个个都是谋略家！即使从来没有读过这本书，中国人的行为处世也常常与《资治通鉴》中的故事暗合，因为即使不读书，中国人也知道许多为人处世的道理，但读了《资治通鉴》就会发现书中教人立身处世的故事实在是多得数不胜数，对整个谋略人生则会有一个更深入、更清醒的认识。

《资治通鉴》的用人谋略

能否正确地识察和使用人才显得非常重要。如何处理德才关系，怎样察选和使用人才，司马光的《资治通鉴》为我们提供了很好的借鉴。

一、德才兼备，选择有先后

周威烈王二十三年，赵、韩、魏三个诸侯国在晋阳大败晋国智瑶的军队，并瓜分了智家的领地田土。在谈及智瑶灭亡原因时，司马光评论说，"智瑶的灭亡，在于他多才少德。才与德是不同的两回事，而世俗之人往往分不清，一概而论为贤明，于是就看错了人。所谓才，是指聪颖、明察、坚强、果毅；所谓德，是指正直、公道、平和待人。才是德的辅助资本；德是才的中心统帅"。"德才兼备，称之为圣人；无德无才，称之为愚人；德胜过才，称之为君子；才胜过德，称之为小人。挑选人才的标准，如果得不到圣人、君子而委任，与其得到小人，不如得到愚人。原因何在？因为君子持有德，把它用到善事上；而小人持有才干，就会用来作恶。持有才干做善事，能处处行善；而凭借才干作恶，就无恶不作了。愚人如想作恶，因为智慧不济，气力不胜，还有所限度，好像小狗咬人，人还能制服它。而小人既有足够的阴谋诡计来发挥邪恶，又有勇猛的力量来逞凶施暴，就如虎生翼，为害之大可想而知了！"他说，"有德的人令人尊敬，有才的人使人喜爱；对尊敬的

●●● 华文精选 ●●●

夫信者，人君之大宝也。国保于民，民保于信；非信无以使民，非民无以守国。是故古之王者不欺四海，霸者不欺四邻，善为国者不欺其民，善为家者不欺其亲。不善者反之，欺其邻国，欺其百姓，甚者欺其兄弟，欺其父子。上不信下，下不信上，上下离心，以至于败。所利不能药其所伤，所获不能补其所亡，岂不哀哉！

译文：信誉，是君主至高无上的法宝。国家靠人民来保卫，人民靠信誉来保护；不讲信誉无法使人民服从，没有人民便无法维持国家。所以古代成就王道者不欺骗天下，建立霸业者不欺骗四方邻国，善于治国者不欺骗人民，善于治家者不欺骗亲人。只有蠢人才反其道而行之，欺骗邻国，欺骗百姓，甚至欺骗兄弟、父子。上不信下，下不信上，上下离心，以至于败涂地。靠欺骗所占的一点儿便宜救不了致命之伤，所得到的远远少于失去的，这岂不令人痛心！

人往往敬而远之，对喜爱的人往往宠信专任，所以察选人才者经常被人的才干所蒙蔽而忘记了考察他的品德。"他强调，"自古至今，国家的乱臣奸佞，家族的败家浪子，因为才能有余而品德不足，导致国家覆亡的真是举不胜举，又何止智瑶一个人。所以治国治家者如果能审慎地考察才与德两种不同的标准，知道选择的先后，就不会重蹈前人的覆辙！"他甚至得出了没有圣人、君子可任用，宁可任用愚人也不使用小人的结论，可见他对德的看重。

在改革开放，搞现代化建设的今天，在以经济建设为中心，搞市场经济的条件下，德与才的关系是否还适用，不少人在这个问题上发生了动摇，结果唯看其才，不顾其德的教训到处都有。我们看人时首先应看他的品德而后察其才能，全面考察后再行任用。治国、治家，包括交友都应如此。

二、选才用才，用长不用短

《资治通鉴》中有一段子思荐才的故事。子思向魏国国君卫颊推荐苟变，说他非常英勇善战，卫颊也认为他是个将才，但是，他以前曾做地方官，收税时吃了百姓两个鸡蛋，所以不想用他。子思劝道："圣人选人用官，好比木匠选用木料，取其所长，弃其所短；一根合抱的巨木，只有几尺腐朽之处，高明的工匠是不会抛弃的。现在国君您处在战国纷争之世，正是用人之时，却因两个鸡蛋舍弃一员上将，只会使邻国高兴，实在不应该呀！"卫颊听后再三拜谢，表示接受他的指教。

从人才学的角度看，由于人的经历、学识、性格、行为、能力及兴趣爱好等诸方面均有差异，因而人才就有帅才、将才、相才之分，有所谓通才与专才之别。这就要求用人者要知人善任，量才使用，求贤不求全。人无完人，这是关于人的辩证法。选才要坚持德才兼备，但并不是要求全责备。追求完人在理论上是行而上学的，在实践中是机械教条的，是十分有害的。古人说，水至清则无鱼，人至察则无徒。美国著名管理学家杜拉克在《有效的管理者》一书中说："倘若所有的人没有短处，其结果至多是一个平平凡凡的组织。所谓样样都是，必然一无是处，才能越高的人，其缺点也可能越明显。有高峰必有深谷，谁也不可能是十全十美。"唐朝陆贽对此问题说得好，人之才行，自昔罕全，苟有所长，必有所短。若录长补短，则天下无不用之才，责长舍短，则天下无不弃之士。（牛俊民）

《资治通鉴》的权力观

《资治通鉴》这部皇皇巨著，可以说处处都体现了古代中国人对政治的特殊理解。它自始至终贯穿了这样一个主题：如何夺取权力，如何运用权力。皇帝专权，皇亲国戚争权，宦官趁势夺权，历史上各种复杂的政治关系，都基本上通过权力淋漓尽致地表现出来。在漫长的历史发展过程中，似乎都没有离开过权力斗争。所以，长期以来，在中国人的头脑中，"权力的夺取和运用"，就是政治，这也是中国传统政治特殊的、也是唯一的含义。

《资治通鉴》中说："权者，君之所独制也。""夫爵禄废置，杀生予夺，人君所以驭臣下之大柄也。"君王的权力不可转让，不可分割，这是中国古代封建社会占首位的政治价值观念。在礼、法、令、权等政治诸要素中，"权力"当之无愧地居于首位。慎子曾以一个比喻来形容权力的重要性。他说：权力就像飞龙离开云雾，从天上掉下来与蚯蚓同辈一样，君王一旦失去它，就要与匹夫为伍，甚至连匹夫都不如。所以，历代封建君王最关心的也是：大权不能旁落。绝对不能与臣下"共权"，更不可借人；否则，"大臣操权柄，持国政，未有不为害者也。"即使不能事必躬亲，但也必须设法强化"治权"，分化"事权"。韩非子认为，"圣人执要，四方来效"，是这一君权思想的代表。这样，"惟器与名，不可借人"这一为《资治通鉴》引用十数次之多的话，就成了中国古代封建社会的一句政治格言。

中国古代这种专制政治的一大"特产"，就是培养出了一个具有浓厚功利色彩的

> ···华文精选···
>
> 夫贤者，其德足以敦化正俗，其才足以顿纲振纪，其明足以烛微虑远，其强足以结仁固义；大则利天下，小则利一国。是以君子丰禄以富之，隆爵以尊之；养一人而及万人者，养贤之道也。
>
> 译文：贤德的君子收养贤士，是为了百姓的利益。《易经》说："惟圣人收养贤良人才，恩泽及于天下百姓。"士人中贤良的人，道德操守足以匡正风俗，才干足以整顿纲纪，见识足以高瞻远瞩、洞察一切，毅力足以团结仁人志士；用到大处可以有利于天下，用到小处可以有利于一国。所以贤德的君子用丰厚的俸禄来收养他们，用尊崇的地位来礼待他们。蓄养一个人就能使天下百姓都普被恩泽，这是养贤之道的真谛。

青少年 必知的智谋经典

"官场"社会阶层。在这个阶层中，阿谀奉承，钩心斗角，攻讦中伤，成为一项主要工作，精于此道者定可做得大官。尤其是秦汉以后，鉴于"置诸侯不便"，便创立了各种官制，从下面延揽人才，官僚制代替了贵族制。因而，"官场"逐渐从社会中分离出来，构成了一个相对独立的机构，凌驾于庶民百姓之上。"官场文化"，是具有中国特色的官僚政治的一种文化表现形式，因而，也就成了中国专制主义政治文化的一个重要组成部分。一个人，一旦进入官场，便不能摆脱"官场文化"的陶冶，不得不做违心事、两面人，一切都按官场规则行动，脱轨就将失官，甚至丢命。

在中国古代官场上，还存在着一系列求官的"秘诀"、做官"箴言"和办事"官风"等。宋代以后，各封建王朝还专门编写了一些"官箴"。这类官吏个人的统治术和处世哲学，也都是中国古代官场文化的主要内容。有关这些，我们在《资治通鉴》中，可以一一找到。诸如："勤于奔走权贵之门"；"为政不难，不得罪巨室"；"白璧不可为，容容多后福"；"开陈其端，使人主自责，不肯面折廷争"，等等，不一而足。

这种官场文化，在中国古代造就了大批特殊的官场人格和腐败的官场作风。其中，特殊的官场人格主要有：狡猾阴险，诡秘多端；屈膝谄媚，阿谀奉承；巧言令色，利令智昏；高谈阔论，不务正业；鱼肉百姓，强奸民意；贪财受贿，玩法弄权；唯唯诺诺，言听计从。而腐败的官场作风主要有："清谈风"、"浮夸风"、"裙带风"。《资治通鉴》中便形象地记载了"裙带风"，"全在群下，政出多门，势位之家，更相荐托，有如互市。"官场上的裙带关系，就像市场上做生意一样。有钱有势的家庭，不断相互勾结，狼狈为奸。这种官场文化，常使那些专营之徒，走火入魔，越陷越深，不能自拔。官场的腐化，也常使一些所谓的"忠臣"、"义士"拂袖而去。

《资治通鉴》在历史上产生了巨大的影响，在当今也仍具有实践指导意义。它所记载的重大历史事件和重要历史人物，从独特的角度出发加以剖析，揭示了中华谋略在政治、经济、军事和其他领域中无可替代的地位。你可以从书中强烈地感受到历史上的风云人物在诡诈莫测、扑朔迷离的角逐中表现出来的胆识、力量、德行诸方面的差异与功过。其中谈判专家的雄辩犀利、巨商大贾的深谋远虑、沙场老将的算无遗策以及历代惩治腐败的有效方略，无不以古朴鲜活的面目呈现在你的面前。　（张　谦）

大师传奇 DASHI CHUANQI

司马光，生于北宋真宗天禧三年（1019），卒于哲宗元祐元年（1086），字君实，号迂叟，是北宋陕州夏县涑水乡

（今山西夏县）人，世称涑水先生，进士出身，历任馆阁校勘、同知礼院、天章阁待制兼侍讲、知谏院、御史中丞、翰林院学士兼侍读等职。身后追赠太师，封温国公，谥文正。司马光是北宋时期杰出的史学家、著名的政治家，《资治通鉴》的重要作者和组织编著者。除《资治通鉴》外，他还有《通鉴目录》、《通鉴考异》、《稽古录》、《司马文正公传家集》等30余种著作。

司马光自幼聪慧，五六岁时就会背诵《论语》、《孟子》。他7岁那年听老师讲《左氏春秋》时就特别感兴趣，

司马光（1019～1086）

他不但能把春秋200多年的历史讲得非常清楚，而且还能熟练背诵。《左氏春秋》对童年时代的司马光影响很大。司马光所以能编写出《资治通鉴》这部历史巨著，是和《左氏春秋》这部编年体史书对他的影响分不开的。

司马光本人非常勤奋，最典型的莫过于历史上关于"警枕"的故事。为了写《资治通鉴》，司马光付出了艰辛的努力，初稿就堆了两间屋子。他常担心自己睡觉睡过头而耽误写作，特地做了一个圆木枕头，一翻身枕头就会滑落，自己就能惊醒，如此靠"警枕"分秒必争，经过19年持之以恒的不懈努力，终于完成了巨著——《资治通鉴》。司马光把全部精力放在这部著作上面，每天工作到深夜。到《资治通鉴》完成的时候，他的身体已经十分虚弱，眼睛昏花，牙齿大多脱落了。1086年10月11日，官至宋朝宰相的司马光受中风的多时折磨去世，享年68岁。他留下的巨著《资治通鉴》深深地影响了近千年来的众多帝王和文人学士。司马光在去世前早已预留下丧事不可奢华的遗嘱。他死后殓入早已备好的薄棺，遗体仅盖一旧布被，随葬的只是一篇专门颂扬节俭的文章——《布衾铭》。前来吊唁的太皇太后、皇帝和大臣看到府中萧然，满屋图书，床上铺一领旧竹席，都慨叹不已。朝廷送来2000两丧葬银，其子遵父遗命全部退回。此种情景，在盛行厚葬陋习的封建社会可谓罕见。司马光的高风亮节却因此为后人所代代传颂。

![延伸阅读 YANSHEN YUEDU]

清代著名学者毕沅的《续资治通鉴》上承《资治通鉴》，起自宋太祖建隆元年（960），迄于元顺帝至正二十八年（1368），和《资治通鉴》从时间上前后相接，体例上借鉴《资治通鉴》，故得名，是

青少年必知的智谋经典

研究宋代历史的重要史料。

※　　※　　※　　※

《左传》全称《春秋左氏传》或《春秋左传》，《左传》以《春秋》为纲领，又博采众家，充实进大量古史旧说与各国典籍，综合丰富史料，把《春秋》所列史实完整地再现于世，成为我国古代不可多得的史学名著。《左传》从多侧面反映了中国这段由奴隶制向封建制过渡的重要历史进程，包括各主要国家的盛衰兴亡，生产方式的变革，阶级结构的演化，以及内政、外交、刑罚、赋役、军事等方面的丰富内容。

※　　※　　※　　※

《帝范》是唐太宗李世民所作的训示太子李治的书。顾名思义，是讲皇帝的规范、标准的。在《帝范》中，唐太宗既列举了历史上的事例，又用自己的亲身经历，对皇太子进行教育。通篇充满了太宗忧国忧民、励精图治的豪迈之情和良苦用心。他所强调的求贤、审官、纳谏、去谗、诚盈、崇俭等观点，至今仍不乏其借鉴意义。

★中国古典四大名著之一

★最能代表中华文明的经典著作之一

★一部包含着丰富的智慧和谋略的杰作

★描写战争中权术谋略的不朽巨著

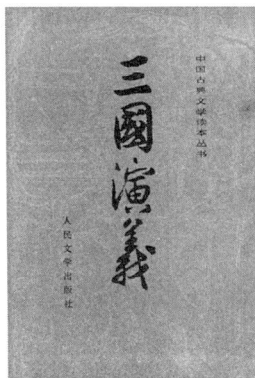

三国演义

罗贯中（中国·元末明初 生卒年不详）

> 由于经济领域里的竞争与军事斗争在某种意义上的共通性，身处现代企业的管理者，特别是企业经营的决策者，完全可以从《三国演义》中汲取智慧的营养，借用谋略的武器，启迪制胜的思路。
>
> ——当代学者 郭济兴

元末明初，我国的小说创作进入了一个新的时期，尤其是章回体小说步入日臻完善的阶段。中国的第一部流传最广、影响最深、成就最高、气魄最大的章回体古典小说《三国演义》，即《三国志通俗演义》，就是通过生活由这一历史时期的杰出小说大家——罗贯中的椽笔诞生并风行于世的。罗贯中在我国的文学发展史上，建立了不可磨灭的伟大功绩，在浩瀚的中国文学宝库中，《三国演义》是一部格外闪耀着光芒的作品。同时，《三国演义》为世界文学的宝库，也增添了灿烂的光彩。

《三国演义》可以治国，可以明世，可以知兵法，可以知仁义，可以经商，可以体道，可以学诗作赋，可以善辩，可以明历史之潮流，一部《三国演义》可谓囊括万千，精义深奥……正因为《三国演义》是这样一部充满了智慧的奇书，我们就可以理解，为什么毛泽东在井冈山最危险、最困难的时刻，仍然用了四昼夜的时间读完《三国演义》。

《三国演义》是一部告诉人们如何变得更聪明的书，教人如何与人打交道，以及如何以最小的代价换取最大的利益。古今中外，商场如战场。"不知有汉，无论魏晋"，这已是不足为训之词。在当今世界风云变幻、竞争激烈的商场上，作为一个经

青少年 必知的智谋经典

营者就必须懂得生意经，知己知彼，具有过人的胆识，才能运筹帷幄，稳操胜券，站在峰巅，指点江山。现代生意人，应站在时代的高峰，我们需要了解世界，亦需要了解过去。汲取《三国演义》中丰富的、科学的谋略思想和管理方法，并引之进入现代经营管理之中已成为时代发展的一个公认的趋势。

在管理学之外人们会发现《三国演义》也是一部"人才演义"，逐鹿长江流域的魏、蜀、吴三家，无不网罗人才，为己所用。三国是人才辈出的时代。刘备帐中的诸葛、关、张、赵，曹操麾下的许褚、徐晃、荀彧，孙权殿前的周瑜、黄盖、鲁肃，或谋臣，或武将，无一不是佼佼人才，盖世英豪。由于三国首领的开明豁达，任人唯贤，人才流动空前绝后，为三国纵横捭阖的政治、军事、外交斗争推波助澜，谱写了气势悲壮的历史篇章。三国时期的人才战略，对现代人启示颇深，随着时代的不断推移，对《三国演义》这一谋略宝库认识的不断加深，三国中的谋略也与我们走得愈来愈近。正如金庸所说："凡是伟大的作品，总带给读者许多的想象，《三国演义》在现代也同样发挥着作用，给予读者们各种各样思索的精神食粮。"

旷世杰作 KUANGSHI JIEZUO

《三国演义》故事起自黄巾起义，终于西晋统一，跨度近100年，以魏、蜀、吴三国的兴亡为线索，描绘了三国时期尖锐复杂的军事斗争，同时也谴责了雄豪混战及暴君的苛政，寄托了人民渴求明君仁政，社会安定的愿望。三国时期有许多生动的故事，民间也流传着不少传说。到了明朝初年，小说家罗贯中根据这一段时期的历史资料和民间话本，写成长篇历史小说《三国演义》。

中国历史上的三国时期，社会动荡、豪杰辈出，战争环境的迫切需求，促使人们关注有关谋略与用人之道的研究，造就了曹操、诸葛亮、周瑜、司马懿这样一大批料事如神、多谋善断的军事谋略大师。他们的谋略智慧世代相传，成为中华文化的瑰宝，至今仍有其积极的借鉴意义。任何谋略实质上都是一种创造性思维，《三国演义》中的谋略大师们随机应变，出奇制胜，巧妙地完成一个个创造性思维，独辟蹊径，于寻常中见新奇，找到制敌的良谋。从而使他或老谋深算，运筹于帷幄之内，决胜于千里之外；或临机应变，以逸待劳，收到事半功倍之效。

中国的谋略文化源远流长，《三国演义》生动形象地展示了复杂深奥的谋略与用人之道。在《三国演义》一书中，封建统治阶级内部的不同集团和派别，为达到一己私利，他们尔虞我诈、钩心斗角，使尽阴谋诡计，广泛地运用谋略权术，进行了激烈复杂的政治、军事斗争，三国中谋略权术的主线贯穿了全书的始终。也正因为本书中充满了谋略权术的运用，因此民间一向有"老不读《三国》"的说法。其意思是老年人阅历丰富，《三国演义》偏又是充满了谋略权术之书，丰富的阅历与谋略相结合，会使老年人茅塞顿开，更难于驾驭。此外，罗贯中将古代的许多军事家、战略家的攻城略地、伏险设防、远交近攻、合纵连横、迂回进退的韬略，融于波澜壮阔的百年历史画卷之中，一部《三国演义》勾起了多少豪情恩怨。古代的谋略多是政治斗争和军事角逐的智慧结晶。而面对处处是暗礁的商海，懂谋略和不懂谋略大不一样。因而在创业准备以及过程中需要有长远的谋划和英明的决策。计划和决策一旦失误，其危害的巨大和深远，都是创业过程中其他失误所无可比拟的。诸葛亮的"三分隆中"决策，是我国最早、最大的成功决策案例之一。

世界名著浩如烟海，喜读之书可上千卷，但对军事文学，我情有独钟。在军事文学中，我首先推崇的是《三国演义》，它具有老少皆宜、雅俗共赏的艺术特色，它给我以历史知识，给我以智慧，给我以众多的鲜明的人物形象……它的丰富的哲理和高超的军事艺术，给后来的政治家和军事家以深刻的启迪！

——著名学者 黎汝清

《三国演义》在描写魏、蜀、吴三国的斗争时，着重描写了三大政治集团在攻守方面的谋略和对策。《三国演义》描写三国之间的战争，不像《封神榜》、《西游记》那样任意借助天神和巫术的作用，而是按照客观事理逻辑进行研究分析，揭示出战争胜败的原因。因此，《三国演义》中许多战略战术的运用，大都是符合军事科学原理的，是符合唯物辩证法的。常言道："商场如战场。"经营管理工商企业，虽然用不着枪炮的武力作战，但在激烈的竞争中如何战胜对手，占领市场的策划、谋略方面是一致的。因此，认真读一读《三国演义》，细细研究、领略诸葛亮等一批军事家的作战谋略，对今天在经济全球化环境下的企业管理者如何分析商情，把握商机，使企业步步为营是大有裨益的。

《三国演义》中的用人谋略艺术

《三国演义》，可谓是用人谋略艺术的宝典。

一、举大事者必以人为本

清代著名史学家赵翼曾经说过："人才莫盛于三国，亦惟三国之主，各能用人，故得众力相扶以成鼎足之势。"这是一个很确当的评论。三国之时，天下大乱，群雄割据，逐鹿天下，各派势力之间，不仅是军事力量的较量，谋略的比试，也是一场人才的大争夺。各派政治领袖都认识到："得人者昌，失人者亡。"

刘备在举业之初对人才不太重视，兵力既小，更缺谋划之人，所倚重者，仅关羽、张飞等人，故屡战屡败。他感叹自己"命运多蹇"，而隐者司马徽则一语道破了他失败的症结："盖因将军左右不得其人耳！"刘备方猛然醒悟，于是三顾茅庐，请出诸葛亮，又四方招贤纳士，广罗人才，一时之间，孔明、庞统、法正，"五虎上将"关、张、赵、马、黄

> ···华文精选···
>
> 操曰："夫英雄者，胸怀大志，腹有良谋，有包藏宇宙之机，吞吐天地之志者也。"玄德曰："谁能当之？"操以手指玄德，后自指，曰："今天下英雄，惟使君与操耳！"玄德闻言，吃了一惊，手中所执匙箸，不觉落于地下。时正值天雨将至，雷声大作。玄德乃从容俯首拾箸曰："一震之威，乃至于此。"操笑曰："丈夫亦畏雷乎？"玄德曰："圣人迅雷风烈必变，安得不畏？"将闻言失箸缘故，轻轻掩饰过了。操遂不疑玄德。

和魏延等，齐集麾下。此后，刘备胜赤壁，得荆州，取西川，建立蜀国，与魏、吴成鼎足之势。

吴国偏居江东，然而孙坚、孙策、孙权二代三主，均礼贤下士，思才若渴。孙策与太史慈对阵，数战皆不能胜，后用计生擒之，孙策亲为解缚，对太史慈说："子义青州名士，但所托非人耳。孤是卿知己，勿忧不如意也。"太史慈于是成了孙吴的大将。在东吴君臣中，举荐贤才成为良好的风气。周瑜向孙策举荐"江东二张"（张昭、张统)，死前向孙权举鲁肃以自代。鲁肃又向孙权举荐诸葛瑾。因此，东吴虽然

因为孙策、周瑜英年早逝而失去栋梁，但并没有出现人才断层；鲁肃、吕蒙、陆逊等武将以及张昭、诸葛瑾等文臣，支撑起了吴国大业，与魏、蜀相抗衡。

相比于刘备和孙权，曹操在人才问题上表现出了更高的水平。他有歼灭群雄、克定天下的大志，也有求才若渴、海纳百川的胸襟。他以"山不厌高，水不厌深"比喻自己的纳才胸怀，并三下"求贤令"。刘备败于吕布后投奔曹操，曹操谋士程昱看到刘备有雄才，曾劝曹操杀掉刘备，曹操回答说："今收揽英雄时，杀一人而失天下之心，不可也。"为了爱才的名声而放弃去除心腹大患的机会，表现了曹操的政治眼光高人一等。《三国演义》中有许多曹操爱才慕才的生动描写，如他见许褚"威风凛凛"而心中暗喜；见徐晃"威风凛凛，暗中称奇"；见贾诩"应对如流，甚爱之"并想方设法争取过来为己所用。故在三国当中，曹操帐下人才最众。

二、不问门第，唯才是举

汉代通行的选官制度是"察举"。察举即是由地方政府按照一定的条件向中央政府举荐官员，其条件包括"德行"、"名节"、"门第"等。这样的举荐办法自然是弊端多多，对于东汉末年图谋大业的各路英雄来说，更不可能再采取这种办法荐选人才。

曹操的用人观，最典型地表现在对关羽的使用上。汜水之战各路诸侯被董卓大将华雄打得大败，关羽要求出战，袁绍、袁术

• • • 华文精选 • • •

统高谈雄辩，应答如流。操采敬服，殷勤相待。统佯醉曰："敢问军中有良医否？"操问何用。统曰："水军多疾，须用良医治之。"时操军因不服水土，俱生呕吐之疾，多有死者。操正虑此事，忽闻统言，如何不问？统曰："丞相教练水军之法甚妙，但可惜不全。"操再三请问。统曰："某有一策，使大小水军，并无疾病，安稳成功。"操大喜，请问妙策。统曰："大江之中，潮生潮落，风浪不息；北兵不惯乘舟，受此颠簸，便生疾病。若以大船小船各皆配搭，或三十为一排，或五十为一排，首尾用铁环连锁，上铺阔板，休言人可渡，马亦可走矣。乘此而行，任他风浪潮水上下，复何惧哉？"曹操下席而谢曰："非先生良谋，安能破东吴耶！"统曰："愚浅之见，丞相自裁之。"操即时传令，唤军中铁匠，连夜打造连环大钉，锁住船只。诸军闻之，俱各喜悦。

等人反对，认为"使一弓手出战，必为华雄所笑"。即使是温酒斩华雄大胜而回后，仍被袁绍怒斥出帐。与袁绍不同的是，曹操力排众议主张关羽出战，并批驳袁绍："得功者赏，何计贵贱乎？"后来关羽兵败投奔曹操，曹操为了留住关羽，不但官封寿亭侯，而且方方面面倍加礼遇，虽然关羽最终仍归刘备，但却提供了一段爱才惜才的

佳话。不但对关羽是这样，他还下令各级官吏，"各举所知，勿有所遗"，广泛吸纳"有治国用兵之术"的人才。故在他的帐下，有隐士，有狂士，有村夫，有商贩，有盗贼，有降将，面貌不一，人才济济。

刘备同样用人不计贵贱。刘备虽是中山靖王刘胜之后，但至其祖辈已经沦落，他自己更是穷得以"贩履织席为生"，他所交结的当然也是穷朋友了。关羽是杀人逃犯，张飞"卖酒屠猪"。军师诸葛亮名为隐士，实为村夫。另一位军师庞统也是一位"白身"。"张松献地图"充分表现了刘备的用人眼光。张松有奇才但"额钁头尖，鼻偃齿露，身短不满五尺"，曹操嫌其"人物猥琐"将其打出国门，而刘备却礼遇之，终于得到了益州。

孙权的用人，更有其卓越之处。孙权吸引人才，在客观条件上处于劣势。刘备以汉皇后裔相标榜，曹操"挟天子以令诸侯"，孙权没有这方面的优势，这反而促使他在招贤上用更大的气力。他所选用的，大多是出身卑微的才俊之士。他"纳鲁肃于凡品"，"拔吕蒙于行阵"。鲁肃投奔孙权时才20来岁，老臣张昭认为其"年少粗疏，未可用"，但孙权不但把他留在身边，且"益贵重之"，并在周瑜死后让其继任都督。吕蒙是行伍出身，但孙权看他作战勇敢，20来岁就封其为中郎将。其他统帅级的人物如陆逊，原来也是无名小辈。正因为有了得力的人才，孙权才可以以一偏之隅成就霸业，无怪乎数百年之后辛弃疾尚赞叹："天下英雄谁敌手？曹、刘。生子当如孙仲谋。"

"唯才是举"作为一个用人口号，或许有其缺陷，但历史地看，它的确是对封建社会门第观念的一大突破，是有其进步意义的。

三、用人之道：情、义、理

用人是一种管理行为，基本的手段是权力，是命令和服从，但又不止于权力的使用。用人的对象是人，而人是有情感、有意志的，用人方法不同，则效果大异。这就

青少年必知的智谋经典

产生了用人的艺术。三国领袖都是运用用人艺术的大家，他们基本的用人艺术可以归纳之曰：情、义、理。

读《三国演义》，你会体味到浓浓的人情味：弟兄情、朋友情、君臣情。刘、关、张的结义之情，刘备三顾茅庐的情真意切，已是传遍天下。与赵云初次见面分手时，刘备"执手垂泪，不忍相离"；徐庶要走，他送了又送，哭了又哭。孙权在合肥迎接鲁肃，"下马立侍之"，鲁肃到后，"请肃上马，并辔而行"，虽为君臣，却有友爱之情。周泰在濡须之战中拼命厮杀，战后宴谢时，孙权亲自把盏，抚着周泰的脊背，泪流满面地表示抚慰和赞扬，感戴之情何深。即使以奸诈著称的曹操，也并非没有人情味。曹操兵败消水，失了典韦，回来厚葬之，并荫封子弟；郭嘉死后，他每每念及之，即痛哭不已。这种痛哭，既是对死者的真诚的怜念，也是对将士的感召。

"义"，古人解为"宜"，指合乎道德规范的行为。封建社会的君臣大义，是讲君惠臣忠，即臣对君要忠，但君对臣也要惠。"惠"，指恩惠，既包括利益上的关怀，也包括信任、宽容等。三国君主对于得力之才，都以厚利待之。曹操得了典韦，就"解身上锦袄，及骏马雕鞍赐之"；赵云立了战功，诸葛亮一次赠给"五十斤金"。但他们在用人上更重视运用道义上的手段。孙策得到周瑜时高兴地说："吾得公瑾，大事谐矣"，并在临死前嘱托孙权："外事不决，可问周瑜。"孙权委周瑜为大都督，总领水陆军马，周瑜则"愿以肝脑涂地，报知己之恩"。刘备托孤，让刘禅"以父事丞相"，诸葛亮则以"鞠躬尽瘁，死而后已"回报蜀刘政权。先有了刘备的"三顾频频天下计"和"托孤既尽殷勤礼"，才有了诸葛亮的"两朝开济老臣心"和"报国还倾忠义心"。由此可见信任的力量。

《三国演义》中不乏宽厚待人的例子。张绣曾数次与曹操大战，曹操长子曹昂、侄子曹安民、爱将典韦，俱死于曹张之战，但张绣降后，曹操不计个人恩怨，封其为扬武将军，后来张绣为曹操立了大功。周瑜初任统帅，程普自恃资深功高，"数凌侮瑜"，然而"瑜折节容下，终不与校"，最后感动了程普。程普敬佩地对别人说："与周公瑾交，若饮醇醪，不觉自醉。"

"理"即理性、理智、智慧。三国君主用人，很重以智用人。但其"智"不仅是用人的谋略，而且包含着理性的精神。三国人物很重"知人"。王平初时只是一偏将，但通过长期观察，诸葛亮发现他"平生谨慎"，故在关键时刻委以重任。荀彧投奔曹操，"操与语大悦，曰：吾子房也"，遂拜为行军司马。诸葛亮见众人议事，"众皆疑惑不定"，只有邓芝"仰天而笑"，通过交谈，发现他是一个外交人才。这些都是

"知人"的典型事例。三国领袖非常重视全面看人，用人所长。张飞粗中有细，诸葛亮既用其猛，也用其细。张昭老于世故，外事柔弱，但孙权用他内事周全之长。三国领袖们还非常重视不同人才的匹配使用。刘备手下的关、张、赵，皆为一流人物，但不成气候。司马徽分析说："关、张、赵云，皆万人敌，惜无善用之人。"来了知人善谋的诸葛亮，刘备集团的力量才提高了一个等量级。张辽、李典、乐进三人不和，但曹操在远征汉中时，却偏偏用三人守合淝，并守卫成功。原因就在于曹操把握住了三人的特点，既巧用三人矛盾，防止一人说了算，又在危急时刻促成团结，表现了曹操因势用人的技巧。

对于如何用人，曹操有一句话："吾任天下之智力，以道御之"，代表了三国领袖的用人思想。曹操所说的"道"的内容，既包括以情感人，以义动人，也包括了用人中的理性和科学精神。三国领袖所理解的"情"、"义"、"理"，当然和我们今天的理念有很大的差别，但他们的用人观念和智慧，他们用人实践中的理性精神，在今天的领导工作中，仍然是值得借鉴的。 （柴淮生）

《三国演义》的军事思想对现代企业战略管理的借鉴作用

三国时期是我国历史上一段极为动乱纷争的年代。当时的东汉政权幕落，农民起义风起，各方势力展开了尖锐复杂的政治较量，进行了此起彼伏的军事斗争。这些政治、军事集团之间，时或朋党勾结，时或相互攻奸；时或兵戎相见，时或杯酒言欢。彼此存在着多方面、错综复杂的关系和矛盾。在惊心动魄的政治风云和你死我活的战争中，任何不求进取、因循守旧、优柔寡断、粗枝大叶、考虑欠周、仓促决断，都会招致惨重损失。可以说举手投足之间，决定荣辱失败，关系着身家性命。因此，重视战略、善于决策，是"三国"人物的共同特点，他们胸怀全局，目光远大，能够从全局上、长远上思考问题，善于处理大的方面的关系，能够在变化中把握局势发展的方向，争取战略上的主动和优势，因而，能由小到大，由弱到强，成就一番轰轰烈烈的事业。这些军事思想与现代企业管理思想，从战略机制制定与实施和战略战术联系在一起，对我们今天企业战略管理和市场竞争具有很好的借鉴作用与现实意义。

对"三国"这一时期历史事件的描写最为成功的当是小说《三国演义》。它是我国最早一部长篇历史小说，与其说是一篇文学作品，倒不如说是一部军事谋略著作，他的思想精华与强烈的社会效果在于他的战争谋略，因为，自《三国演义》问世以来就一直备受人们的广泛关注，尤其是其中的军事思想，更是为许多军事家和企业家所借鉴：农民起义领袖张献忠、李自成和洪秀全都曾把《三国演义》作为兵书阅读，指导他们进行作战，并往往取得胜利，《三国演义》中确实包含了丰富的军事思想，尤其以诸葛亮的军事思想与其用兵韬略最为光耀夺目。

刘备在没有得到诸葛亮之前，落魄不遇，屡遭挫折，不得已投奔荆州的刘表，后经水镜先生司马徽和徐庶的介绍，三顾茅庐邀请诸葛亮出山。诸葛亮在与刘备第一次见面时就精辟地分析了天下局势，指出：曹操已拥有百万之众，挟天子以令诸侯，此诚不可与争锋。孙权据有江东，已历三世，地险而民附，此可用为援而不可图也。接着，简明分析了荆州和益州的重要地位，最后告诉刘备，欲成霸业，应该：北让曹操占天时，南让孙权占地利，将军可占人和，先取荆州为家，后取西川建基业，以成鼎足之势，然后，可图中原。这便是古今称道的隆

> 《三国演义》，政治家读它的权谋，军事家读它的韬略，士农工商被它的传奇故事所吸引，道学家则抓住了它的仁义道德大做文章，底层社会视桃园结义为千古楷模，至今仿效不绝。大人物以史作鉴，俨然把《三国演义》当成一本教科书，老百姓饭后茶余，《三国演义》又是一份消遣的佳品、聊天的谈资。
>
> ——知名学者 李国文

> 《三国演义》是一部绝好的通俗历史，在几千年的通俗教育史上，没有一部书比得上它的魔力。
>
> ——思想家 胡 适

> 在中国的古典小说中，《三国演义》享有崇高之极的地位，没有任何一部小说比得上，近三百年来，向来称之为"第一才子书"或"第一奇书"。
>
> ——当代著名小说家 金 庸

中决策。在这个著名的决策中，既有战略目标，又有战略措施，还有实现战略目标的几个阶段，诸如：火烧新野、舌战群儒、草船借箭、赤壁之战、三气周瑜、巧赚荆州、计取成都、平定汉中，正是正确实施了这一正确决策，刘备集团才得以绝处逢生，立稳了脚跟，日益发展，与先期建立的魏、吴政权鼎立天下，存在和延续了40余年。

《三国演义》的成功事例，有力地揭示了战略对一个政治、军事集团既是必须了

解的问题，又是举足轻重的大事，它可以转危为安、易强易弱，化悲喜，为成功者高唱胜利的凯歌，为失败者奏起呜咽的哀乐，这些犹如晨钟暮鼓，永远值得后人警醒。

战略的重要，同样存在于企业经营活动中，随着我国经济体制改革的不断深入，我国的企业管理已由生产型转变为生产经营型，由执行型转变为决策型，由封闭型转变为开放型，企业必须能动地适应当今这个市场。作为一个企业的领导，必须有自己独到的目光，系统地、发展地、全面地、前瞻地看问题和决策，也就是说，必须解决战略问题。经营战略确定以后，就将规定一个企业经营目标和经营方针，确定一个企业经营范围和规模，选择企业组织结构、管理体制，从而从根本上影响全体职工的积极性，整体上影响企业的工作秩序，长远上影响企业的发展方向和盛衰存亡。可以这样讲，企业经营战略是时代和商品经济发展的必然，是企业自身存在和发展的必要，通观中外，重视战略已经成为当今各国企业发展的趋势。

由于我国企业战略管理发展历史比较短，因而，重视程度不够，有的企业根本就没有战略意识，只是"脚踩西瓜皮——滑到哪里算哪里"；有的虽然有点战略意识，也存在许多问题，主要表现在：一是，有的企业对企业战略管理的作用认识不清，方法运用不当，产生了战略管理近视症，实际上是没有战略意识；二是，有些企业对中长期战略规划、经营方针的制定不够重视或不严肃；三是，有的企业对战略管理不够系统、不科学与全面；四是，有的企业市场意识欠缺，不能从消费者的利益出发去认识市场和企业生产经营；五是，企业战略管理监督的有效性不足，使企业在实施过程中出现了偏差，或因企业信息的及时性和有效性较差，从而导致了对战略评价体系的不全面。

商场如战场，在市场环境越来越复杂，不确定因素越来越多的情况下，企业管理如同军事管理一样，同样需要战略规划。《三国演义》虽然是以军事题材为表现形式且又是古人智慧的结晶，但是，它具有系统的、科学的现代企业战略思想，因而对现代企业更加具有现实的借鉴意义。（谢新华）

大师传奇
DASHI CHUANQI

罗贯中，名本，别号湖海散人，生卒年不详。太原清源（今山西太原市清徐县）人，其祖籍四川成都府，先祖罗仲祥后唐时仕青州（即今清徐），后因原籍水灾且路远途遥，落籍太原清源，迁居城西白马山（今白石沟）寺沟村。其父罗锦生有六子，罗贯中行居第二。

大约是罗氏先祖为仕宦出身的缘故吧，后世罗氏家族很重视对后代进行"水源木本"的家族历史教育，一直保持了"耕读传家，诗礼教子"的家风。在这种家传的影响之下，罗贯中从小喜爱读书，博洽经史，为后来的创作奠定了良好的基础。然而，罗贯中所处的时代是一个民族矛盾和阶级矛盾异常尖锐复杂的时代。元朝蒙古贵族的残酷统治和压榨，激起了全国人民的反抗，推翻元朝统治的斗争如火如荼。各方义军，诸如朱元璋、陈友谅、张士诚，不仅与元军奋战，而且还进行着相互的兼并。据说，步入青年的罗贯中，就在这个历史大动荡的影响下，浪迹江

罗贯中（中国·元末明初 生卒年不详）

湖，参加了张士诚领导的起义军，并入其幕府，充任幕客。而且，王圻的《稗史汇编》就说他"有志图王"，是一个有政治抱负的人。后来朱元璋这样的"真主"一统天下，他的政治抱负落空，而致力于小说创作。这一点从他后来所著的《三国演义》中，可以看出一些端倪。

罗贯中从事小说稗史的创作，似乎应得益于他政治上的失意。正是由于此，他才有时间和有可能致力于文学创作，成为我国文学史上首先用全力从事小说创作的作家。他有许多著作传世，诸如《隋唐志传》、《残唐五代史演义》、《三遂平妖传》、《粉妆楼》和杂剧《宋太祖龙虎风云会》等。相传，他还写过十七史通俗演义，并曾参与了《水浒传》的撰写。尺蠖斋评释的《西晋志传通俗演义》序文就说："罗氏生不逢时，才郁而不得展，始作《水浒传》，以抒其不平之鸣。"罗贯中的创作才能是多方面的，除小说创作外，罗贯中有着多方面的艺术才能，他创作的杂剧有《风云会》、《连环谏》等3种。他写过乐府隐语和戏曲，但以小说成就为主。关于他的小说，《西湖游览志馀》称他"编撰小说数十种"，在众多的作品中，《三国志通俗演义》的成就最高。

作为我国元末明初杰出的小说家，罗贯中把章回体小说这一文学式样推向成熟的阶段。后来的很多学者和作家曾给予他极高的评价，把他同司马迁、关汉卿相提并论。他的伟大的文学创作成就，成为中国文学、世界文学宝库中的珍贵财富。他所创作的《三国志通俗演义》，不仅在国内家喻户晓，而且被翻译成十多个国家的文字，风行全世界，受到世界各国人民的喜爱。在国外，他的《三国演义》被称为"一部真正具有丰富人民性的杰作"，《大英百科全书》也称他为"第一位知名的艺术大师"。

延伸阅读
YANSHEN YUEDU

《水浒传》在我国白话文学的发展史上，具有里程碑的意义，是我国已有数百年历史的白话文进入成熟阶段的标志。有了《水浒传》，我国才有了第一部成功的长篇白话小说。看《水浒传》，我们会感到一种粗犷刚劲的艺术气氛扑面而来，有如深山大泽吹来的一股雄风，使人顿生凛然荡胸之感。它豪情惊世，为世界小说史上罕有的倾向鲜明、规模巨大的描写人民群众的抗暴斗争的长篇小说。

※　※　※　※

墨家学派的宗旨是兼爱非攻，安定民生，发展经济，改革政治，实现大同。事实上，《墨子》一书内容极为广泛，涉及政治、军事、经济、科技、哲学、伦理、逻辑学等各个方面，成为当时与儒家学说分庭抗礼的显学。长期以来，在儒学一统、专制集权及建国后极"左"思潮影响下，墨子的思想一直受到冷遇，这与墨子曾为显学和它的思想的价值是极不相符的。蔡尚思先生甚至认为："墨子在中国思想文化史上的价值超过任何一家一派。"这绝不是夸饰之词。墨子的反宗法血缘、法律面前亲疏平等、强调人力否定天命、强调发展经济节省不必要的浪费、主张身体力行的实践精神以及对科学的贡献等在我们今天尤其亟须得到重新发掘和重视。

★一部囊括了中国几千年谋略智慧的经典

★中国传统谋略文化中的一个重要组成部分

★一部蕴涵着博大精妙的谋略哲学的佳作

菜根谭

洪应明（中国·明朝　生卒年不详）

世界上人是最宝贵的。奇迹要靠人去创造，事业要靠人去完成。一个企业是否兴旺发达，最显著的标志就是它对人才的吸引和凝聚力。探讨《菜根谭》的管理谋略思想，留给我们又一个深刻启示就是"得士者昌，失士者亡"，即企业的人才观。

——当代学者　周建民

在我国浩如烟海的传统文化典籍中，有一本书至今还放射着智慧的光芒，400年来，它被多次翻刻，广泛流传，经久不衰，甚至远播海外。这本书就是明朝万历年间洪应明撰写的《菜根谭》。《菜根谭》既有如《论语》论述修身处世，待人接物的格言，又有似"半部《论语》治天下"的治国用人的谋略。一部《菜根谭》可润物一生，如其他经典著作一样，作为历代仕子文人竞相把玩的一部应世奇书，《菜根谭》散发出的智慧魅力，并没有随着时光的流逝而略为逊色，反而更加耀眼夺目。

《菜根谭》一直被看做是一部为人处世的奇书，其实《菜根谭》不仅包含着这种为人、治人的谋略。它从小处着眼，其意则在宏大、经纬之处。《菜根谭》谈治人，话处世，但它的根本目的则在于致用，读懂用人、择人、容人之谋略才是《菜根谭》精髓之所在。书中所表达的是400多年前的哲人对为人方略、用人原则乃至有关治学家训的认识、体会，并糅合了儒家的中庸、道家的无为、释家的出世和自身的体验，形成了一套独特的"菜根"谋略，成为中国传统谋略文化中的一个重要的组成部分。这也正是《菜根谭》的魅力为何经久不息，并风靡于当今的重要原因。尤其在日本，早在明治维新前后就出现了几种版本，到了20世纪80年代，更成了企业界"人人关心、爱读的书籍"。国内的读者群也出现了竞相争读《菜根谭》的热潮，并且经久不衰。

青少年 必知的智谋经典

《菜根谭》在谈论人世风景，品尝生活百味之中包含了谋划国事经纬的大谋略。它包罗万象，容纳百家；隽言妙语，俯拾皆是；哲思警句，随处可见。融玄微之哲理于淡雅话语，道人情之炎凉于警世箴言。儒、释、道之理，无一不可资借；琴、酒、诗之趣，随处可以拾取。从内容上看，《菜根谭》所涉及的范围极为广泛，可以说它阐述了人生所能遇到的一切重大问题。

《菜根谭》是明朝洪应明所著。《菜根谭》的书名，来自于宋人汪信民的名言。

以作为菜之根基的菜根，喻人生的根本；谭通谈，故《菜根谭》之名意，是人生根本的哲理之谈。所谓"性定菜根香"，万味皆由根处发，厚培其根，其味乃厚，根深才能叶茂。读懂人之根本，才能在世间的纷繁芜杂中立于不败之地。真正习得如何为人的谋略，那么处世谋略也好，为官谋略也好，治国谋略等诸多大谋略也好，都会一一迎刃而解。在"菜根"面前，从根本做起，通解人生百味。

中国人的人生哲学中有一股韧劲，咬得菜根百事可做，任何艰难险阻都能被以柔克刚地化解；中国人人生态度中有一种达观，总是相信人性善的光辉会将自家的劣迹掩埋；中国人的应世妙方中有一种率真，饮食男女，人生欲存，醇酒妇人，浅酌低唱，也不失为人生本来面目。这是一种豁达而有生命力的人生观，更是别具特色的一种人生谋略的显现，怀负如此谋略，怎能不万事皆易呢？《菜根谭》能告诉我们的事情很多很多，在今天，现代化的城市喧嚣已经湮没了古代风情并带给我们与日俱增的焦虑、烦躁、不安乃至一天天的失眠和纵欲时，《菜根谭》如一溪清泉，能涤去我们焦躁的尘灰，化解我们心中的积烦。正所谓"润物细无声"，真正的人生谋略总是潜移默化地改变着我们的人生。

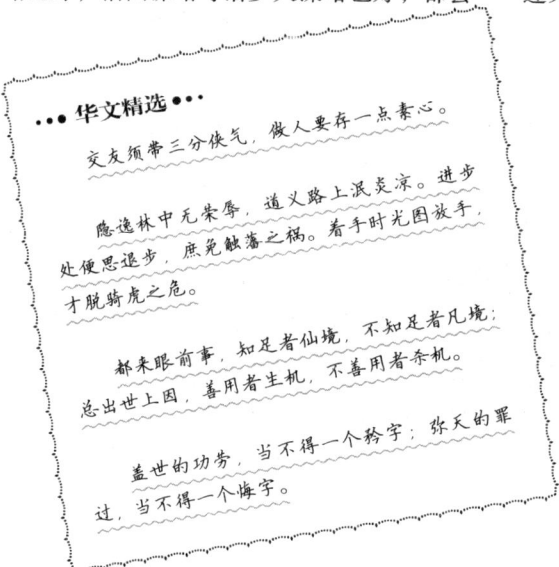

•••华文精选•••

交友须带三分侠气，做人要存一点素心。

隐逸林中无荣辱，道义路上泯炎凉。进步处便思退步，庶免触藩之祸。着手时先图放手，才脱骑虎之危。

都来眼前事，知足者仙境，不知足者凡境；总出世上因，善用者生机，不善用者杀机。

盖世的功劳，当不得一个矜字；弥天的罪过，当不得一个悔字。

《菜根谭》是在中国传统文化土壤里长出的一根"小菜"，它对儒家的"修身齐家、治国平天下"作了最经典的注解、对道家的"清静无为"作了最深入浅出的阐释、对释家的入世出世作了最完美的论证。它平淡、平和、平凡，但又深刻、深沉。它以人们所熟知的菜（叶）根为比喻，将人生所涉及的修身、为官、治家、摄政、学问、御人、处事诸方面融为一体，构建了一套至理至上的中国式的"成功谋略学"，于今天之众生无愧为一剂应世良方。

现代人与400年前的人在观念、方式上当然有许多不同之处，可无论是寻找修身养性的途径、做事待人的准则，或是探求从商经营的谋略、从政识才的判识等等，《菜根谭》都给人以深刻启迪，没有因日月的推移而消磨其睿智的光彩。

《菜根谭》是一部经典文献，囊括了中国几千年人生谋略的精华，这或许就是它能够经久不衰的原因吧。

···华文精选···

一念错，便觉百行皆非，防之当如渡海浮囊，勿容一针之罅漏；万善全，始得一生无愧，修之当如凌云宝树，须假众木以撑持。

心是一颗明珠。以物欲障蔽之，犹明珠而混以泥沙，其洗涤犹易；以情识衬贴之，犹明珠而饰以银黄，其洗涤最难。故学者不患垢病，而患洁病之难治；不畏事障，而畏理障之难除。

《菜根谭》拥有广泛的读者，不管是红尘俗客，还是僧侣道观，都无不悉心研习。在日本，《菜根谭》被称为一部奇书，曾经成为日本企业界继《孙子兵法》、《三国演义》之后的又一畅销书籍。日本企业界在经营管理上把它作为"指南"，在业务推销上把它奉为"参谋"，企业家自己也把它奉作为人、用人、择人的"教材"。《菜根谭》的魅力决不在任何一部名著之下。对于《菜根谭》，要静静的读，细细的品，才会越来越觉得菜根的香，越来越觉得心智的高。

经典导读
JINGDIAN DAODU

《菜根谭》之用人谋略

我国古代管理思想大都散见于一些优秀的古典文籍中，需要我们不断地发掘整理和研究探讨。明朝洪应明撰写的《菜根谭》，虽说是一本论述修身处世、待人接物、

青少年必知的智谋经典

应事的格言集，但仍不乏合理、睿智的管理思想蕴涵其间，吉光片羽，随处可觅。《菜根谭》里的用人思想包括择人、容人、治人等。

一、择人

根据用人需要选择不同层次的合适人才，此乃用人之首。择得人才，才谈得上用好人才。

> 人活世上，《菜根谭》更推崇的，是一种能保持青标傲骨而又有逸态闲情的人生，是一种可以面对自我、不修边幅、素面朝天的生活。
> ——知名学者 黄家章
>
> 《菜根谭》中，凝聚着作者对整个人生社会万种世态的错综复杂的人际关系的分析，饱含着作者企图拯救社会、劝人为善的一片苦心，显示了他对儒、释、道三教思想融会贯通的灵活运用。
> ——当代学者 林家骊
>
> 《菜根谭》的主张是，为了实现目标，必须善于为人自保，其基本谋略是善待名利，以退为先，以退求进。
> ——当代学者 王静

（一）德主才奴

人才应具的素质，就其基本要素而言，可概之为德与才两大方面。洪子在《菜根谭》后集概论里以比喻道出这样一个深刻的择人原则："德者才之主，才者德之奴。有才无德，如家无主而奴用事矣。几何不魑魅魍魉狂？"形象而精辟地阐明了择人所面临的关键性问题。这番卓识基于其对德行的深刻见解："德者事业之基，未有基不固而栋宇坚久者；心者修齐之根，未有根不值而枝叶荣茂者"。惟德行是事业成功的基础，思想乃修身齐家的根本。

（二）择人所长

该如何择人呢？《菜根谭》中强调："用人不宜刻。刻则思效者去"。人无完人，人才并非全才，择人太苛刻，想效力者就会离你而去。要择其高山，不讳深谷。有时，优点突出的人，作为他的一个侧面，缺点往往也明显。欲用人之长，要能容其之短，弃瑕录用。不然，得到的多半会是一些庸才。况且，有些人之"短"并非真短，洪子对此见地精到，举例分析：大聪明的人，小事必朦胧；大憭懂的人，小事必伺察。盖伺察乃憭懂之根，而朦胧正聪明之窟也。人之长短，能如此这般地予以辩证分析，对于人事管理，实在是大有裨益的。人才这个概念，应该理解得宽泛一些，绝非

青少年必知的经典系列

人之精英。一个企业所需要的人才是多层次、多方面的。择人犹如择器而用，贵在择其所长，避其之短，根据人之长处安排合适的工作。

（三）全面衡量

选择人才，洪子提倡宏观着眼，考其主旨，不囿于微功小过，也不以偏概全。他这样举例相喻："铅刀只有一割能，莫认偶尔之效辄寄调鼎之责；干将不便如锥用，勿以暂时之拙全没倚天之才"。"调鼎"是宰相的喻称，"干将"为古剑名。择人时力戒只看到铅刀一般的一割之能，遂委之以重任；仅因为古剑有时不如小锥可灵便使用的暂时笨拙，便全然埋没其大才。

二、容人

雅量容人，大度待人，此乃用人之要。如此，人们才会心悦诚服，尽心尽意地为你效力。

用人者在用人之长的同时，要有容人的气度，这一宽容思想是洪子反复强调的："廉官多无后，以其太清也；痴人每多福，以其近厚也。故君子虽重廉介，不可无含垢纳污之雅量；虽戒痴顽，亦不必有察渊洗垢之精明。"忠告人们勿过于挑剔他人。《后集·概论》颇具哲理借喻相左这一思想："地之秽者多生物；水之清者常无鱼。故君子当存含垢纳污之量，不可持好洁独行之操。"是故，惟"清能有容，仁能善断，明不伤察，直不过矫，是谓蜜饯不甜，海味不咸，才是懿德"，才称得上是明智的用人之道。

•••华文精选•••

一点不忍的念头，是生民生物之根芽；一段不为的气节，是擎天撑地之柱石。故君子于一虫一蚁不忍伤残，一缕一丝勿容贪冒，便可为万物立命、天地立心矣。

以幻迹言，无论功名富贵，即肢体亦属委；以真境言，无论父母兄弟，即万物皆吾一体。人能看得破，认得真，才可以任天下之负担，亦可脱世间之缰锁。

居轩冕之中，不可无山林的气味；处林泉之下，须要怀廊庙的经纶。处世不必邀功，无过便是功；与人不要感德，无怨便是德。

用人者是否具有宽容大度的思想，会直接或间接地影响到其周围人才的兴衰去留。有则会使人才荟萃，欣欣然然；无则会使人才遭抑，晋才楚用。洪子形象地描写道：\（用人者中）念头宽厚的，如春风煦育，万物遭之而生；念头忌克的，如朔雪阴凝，万物遭之而死。"还认为具有这种思想"可以酝酿两间和气"，有助于人们较好地处理管理者与被管理者之间的关系。当然，这一气度来自于用人者深厚的自信和豁达："我果为洪炉大冶，何患顽金钝铁不可陶熔；我果为巨海长江，何患横流污渎不能容纳"？《后集·概论》还从自我的角度辩证地阐述了容人之大益："处世让一步为高，退步即进步的张本；待人宽一分是福，利人实利己的根基。"

容人，既要能"融得性情上偏私"，容得人之个性特点；又要能容人之言，容人之短，容人之过。但是，我们的涵容不敢苟同于洪子的容人观："一切污辱垢秽要茹纳得"；"一切善恶贤愚要包容得"，此论失之偏颇。大度待人，这个"度"要有"质"的限定，并不是毫无原则地包容一切，要宽严得宜，恩威兼施。"质"的内涵则由用人者所处的时代、社会、企业的性质、要求来决定。

三、治人

对下属施以合乎人性和个性的管理，此乃用人之法。管人有方，治人有术，才能更好地用人，用更好的人。

（一）顺应人性

洪子在《前集·修省》中谆谆相告："事之同处即为性，舍情则性不可见；欲之公处即为理，舍欲则理不可明。故君子不能灭情，惟事平情而已；不能绝欲，唯期寡欲而已"，此语虽有不尽妥善之处，然而，这一承认人们感情和欲求存在之正常性的认识极为可贵。人皆有七情六欲，这是人的本性，管理者要注意满足人们感情和欲念的需要。固然，不该纵之、任之，但"人之情欲不可拂，当用顺之之法以调之"，进行正确的引导，渐次纠正人们的冲动之情、非分之想和偏激之为。即通过提高人们的思想觉悟，引导其树立正确的欲求观，使个人的精神、物质欲求与企业目标及现实可能性相协调一致，就容易在自自然然中达到治人之目的。切忌"用逆之之法以制之"，企图以灭情绝欲的方法达到治人之目的，这是违逆人性，行不通的。

（二）因人而治

管理面临的是处于不同层次的不同对象，且每个人都是与众不同的个体，在年龄、个性、品德、知识、涵养、生活经历和家庭社会环境等方面均有差异。据此，洪子竭力主张视具体对象，采取不同的治人之术，方能巧于驾驭。诸多具体情况和治之之道列述为："少年之人，不患其不奋迅，常患以奋迅而成卤莽，故当抑其躁心；老成之人，不患其不持重，常患以持重而成退缩，故当振其惰气"；"才智英敏者，宜以学问摄其躁；气节激昂者，当以德性融其偏"；"节义之人，济以和衷，才不启忿争之路；功名之士，承以谦德，方不开嫉妒之门"；"驭横者先驭其气，气平则外横不侵"；"遇欺诈的人，以诚心感动之；遇暴决之人，以和气熏蒸之；遇倾邪私曲的人，以名义气节激励之。天下无不入我陶熔中矣"；"待小人不难于严，而难于不恶；待君子不难于恭，而难于有礼"；"人有操之不从者，纵之或自化，毋操切以益其顽"；"锄奸杜幸，要放他一条去路。若使之一无所容，便如塞鼠穴者，一切去路都塞尽，则一切好物都咬破矣"。

人事管理在处理此类奸邪、佞幸的人物时，实在可由此受到启示。要知道，对任何一个人的处治，不仅仅只涉及此人此事此处，也将会牵涉到彼人彼事彼处。若把人置于死地，那这些牵涉面有可能成为遭难面。因此，惩处要充分考虑到后果，对个人、对企业，也要对整个社会负责。

上述初步探讨了《菜根谭》的用人思想，虽散见于其前篇后集，显得零碎杂乱，但经归纳整理，我们能见到如上所述的一个大致体系。这一哲学化了的用人思想体系，虽缺乏理论上的完整性，但丰富深刻，包含许多喻世明理，对企业用人治众有重要的借鉴意义。

现代企业以人为中心，人是最重要的资源，是企业的生命。用人问题乃关系企业兴衰成败之关键，得人者昌，失人者衰。市场竞争，归根结底为人才的竞争；企业管理究其核心是对人的管理。人的管理是一门科学，更是一门艺术，一个企业人才的多寡，作用发挥得如何，是群贤毕至，济济一堂；还是鸠集凤池、庸人据位，都与企业领导的用人思想直接相关。

正因为管理具有强烈的民族性和继承性，在学习国外现代管理的同时，毋忘从古人那寻得要言妙道。我国企业界对当代众多国外管理名著已不陌生，但也别忽略这本业已引起国外同行关注，融儒、释、道三教思想于其中的值得珍视的遗产，它凝聚了我们的前人为不断完善自身管理所作的许多思考和探索。若将其间所蕴涵的管理思想之精粹与引进的现代管理理论融会贯通，中西合璧，定能获得卓著成效。

诚然，《菜根谭》同所有优秀古籍一样，有其时代的局限性和封建的糟粕。它渊自三教，既有着传统文化的思想精髓，不乏真知灼见和药石之言，也伴着如出土文物所难免的经年尘垢。但瑕不掩瑜，只要拂去沉积其上的尘土，撇开其具体的阶级内容和特定时代所赋予的内涵，披沙拣金，洪子用人观点中的相当一部分，可取其合理内核并赋之以具时代气息的新解释，这些睿智的思想是可资借鉴、参考和受之启发的，也是能变通运用于现代企业管理的。

以上只对《菜根谭》稍稍浅涉，仅就用人思想作了简略论述，该书还有其他诸多方面的管理思想，可供经营管理深层开发之处甚多，玉韫珠藏，有待发掘。 （杨丹妮）

《菜根谭》是一味良药

古人有言：书犹药也。《菜根谭》是一味良药。

前人对《菜根谭》作良药的功效，有如此的评价："急功近名者服之，可当清凉散；萎靡不振者服之，可当益智膏。"要成功，但却不可急功近名，不可急功近利，否则，以一失足换一时的得，是得更是失。举个例子，近些年的一些吹嘘"快速致富"的所谓"成功学"方面的书文，成为传销者的圣经教条，结果却是走到了成功的反面。要成功，就要有内在的动力与激情，立身要高，有相应的人生设计，有踏实的行动，不能萎靡不振，不能半途而废……在这些方面，《菜根谭》可当成功者的清凉散，可当成功者的益智膏。作为札记警句集子的《菜根谭》，对于工作繁忙、惜时如金，基本无暇捧读大部头著作的现代人而言，就是一部具有很高阅读价值的书。

在《菜根谭》一书问世后，广泛流传于民间并远播海外。在明治维新时期，就已有多种版本的《菜根谭》流传到了日本。时至今天，《菜根谭》与《孙子兵法》、《三国演义》等典籍，依然是不少日本人拜读的热门书，在书肆摊点中一直保持着畅销旺销的势头。人们将《菜根谭》视为人生的哲理书，视为一部有助于个人追求成功、避免失误的语录体经典，从中可以找到不少可以用来指导自己立足社会并处理好各种人际关系的座右铭，从而有助于自己对生活的投入，对人生的体悟。在日益机械化的现代社会中，《菜根谭》成为一处有助于个人修身省性、平衡心态，从而更好地再投入社会的精神绿阴……

企业家们之所以能像重视《孙子兵法》与《三国演义》般地重视《菜根谭》，原因则是在于他们看到了这三本书分别触及了企业管理与发展中两大方面的问题，一是赢得商业竞争的策略与技巧；二是处理好企业内部各种人际关系所必须采取的对策与措施。

《孙子兵法》因更多地触及了竞争的战略问题，《三国演义》则因具有不少富于战术竞争意识的事例，而同被企业家奉为论述竞争（包括商业竞争）的经典。就《菜根谭》言，所触及的则是另一方面，而且是更根本的方面——人的问题，人作为竞争中的主体因素，如何通过加强个人的修养来改善人际关系，使个人在处世方面变得更成熟、更圆通，进而取得更大的成功，这与企业竞争的联系，不可谓不密切，而且在一定的条件下，这方面的因素还会成为决定着企业竞争成败的关键因素。《菜根谭》以其对于人的重视，对于东方社会的人际关系所特有的清醒而又深刻的认识，被视为有助于人们为人处世的经典之作，就是顺理成章的。

可以预见，随着我们对为人处世问题的更加重视，随着现代人管理浪潮的席卷而来，《菜根谭》会以其对中国智慧的精华思想的描述、对中国的人际关系思想的深入阐发、对人性与人心透彻的了解与洞察，逐渐受到越来越多读者的重视，乃至在相关层面上，与《论语》、《老子》、《庄子》、《孙子兵法》等伟大的中国古典文化名著相提并论，今天，这些都已是初见端倪的了。（黄家章）

大师传奇
DASHI CHUANQI

《菜根谭》是明朝万历年间洪应明所著。洪应明字自诚，又号还初道人，大约生活在明朝嘉靖年间，其生平事迹不详。四川新都 (今四川省新都县) 人，后到南京求仕且在南京居住。《四库全书》另收有他的《仙佛奇踪》四卷。从《菜根谭》的内容及洪应明的友人于孔兼等人的记载中，可知洪应明早年热衷仕途，后来仕途不顺，遭受种种磨难曲折，晚年信奉佛道二教，广事交游、出入佛道，故有《仙佛奇踪》与《菜根谭》之作。

洪应明是一个极其平凡的人，写了一部让历史永远不能忘却的奇书。这本《菜根谭》，被后人翻印过无数次，可见喜欢此书的人之多。《菜根谭》中上至治国、平天下，下至修身、治家，人世中的大道无所不包。政治家可以从其中找到经邦治国的谋略，比如"居轩冕之中，不可无山林气味；处林泉之下，须要怀廊庙经纶。""议事者身在事外，宜悉利害之情；任事者自居事中，当忘利害之虑。"

洪应明（生卒年不详）

商人可以找到机智，一种进退的机智，一种以仁取胜的机智；僧侣则会发现博大和宽容。而令更多读者喜欢的则是洪应明在书中所体现出来的思辨和谋略之道。无处不在的博大、淡泊、宽容、善良，无处不有的谋略和智慧，所有这一切，让读者觉得自己岂止是在读书，而是与一位智者交谈，与一位畏友交流，与心中的洪应明在学习。你会发现，心中的疑虑消失了，留下的都是那份沉甸甸的还带着暖意的警策。

清代王永彬所著《围炉夜话》是一本相当深刻的人生教科书。书中林林总总有数百条人生格言警句，虽然都是三言两语，但可谓"立片言而居要"，内容相当深刻。贯穿首尾的思想多为正宗的儒家学说，催人奋进，颇具教育意义。古人云：开卷有益。本书中有关处世之道的格言妙语俯拾即是，读了令人对人生有了更深层的领悟。此书所谈及的人生处世理念影响和造就了很多中国人的处世文化。大智慧者，能引导并成为楷模，能独善其身，正确对待人生，养成坦荡、谦恭的品格，此为一；借鉴人生处世多些对人对事的理解，丰富人生文化内涵，此为二。读此书，即可达此目的。

※ ※ ※ ※

《黄石公素书》又名《素书》，是一部依托黄石公之名的兵书，最早出现于宋代。北宋末年的张商英为之作序并刊行于世，《黄石公素书》是一部类似"语录"体的书，流传甚广，影响很大。大凡一个国家的政治、军事，都是以"人"为主体的活动，都和个人的修养，能否协调好个人与个人、个人与群体之间的关系，有着千丝万缕的联系。在古人看来，修身、齐家、治国、平天下的程序是不可打乱的，因此将"人"的问题放在首位。国人认为，军事是政治的延续，政治是军事的高度集中，是一种高层次的军事。"败莫败于多私"、"阴计外泄者败"、"小功不赏则大功不立，小怨不赦则大怨必生"等，对于指导政治或军事行动，有着同样的意义。《黄石公素书》有很高的学术价值和实用价值。

※ ※ ※ ※

《呻吟语》由明末唯物主义思想家、著名学者吕坤著，是一部语录体的著作。全书共六卷，前三卷为内篇，计有《性命》、《存心》、《伦理》、《修养》等八篇；后三卷为外篇，共有《天地》、《世运》、《圣贤》等九篇。作者以儒家思想为基础，包容吸纳了诸子百家的思想精华，加上他本人多年的宦海沉浮以及他对人世间冷暖沧桑的独特体验，从而在处世原则、兴邦治国等方面有了自己独到的见解和认识，至今仍深受广大读者的喜爱。

★天下智谋全书

★一部点透人生该怎样应对的明理之书

★中国人智慧、谋略实践运用的集成

★一部可读、可藏、可用的智谋锦囊

智囊

冯梦龙（中国·明朝 1574～1646）

读《智囊》，惟恐失一哲人，漏一慧语。

——清代学者 李 渔

冯梦龙是明末文坛泰斗、历史上著名的文学史家。冯梦龙于54岁时集毕生之才学素养，殚精竭虑编辑而成的具有极高的可读性和实用价值的《智囊》，此书是他对于古代人物智谋妙计研究的重要成果。因此，书中所描写的智谋在政治斗争及现实生活中都具有极高的实践意义。

《智囊》是冯梦龙晚年的一部呕心沥血之作，是冯梦龙在中国古代谋略研究方面的一部巨著。冯梦龙以"不惟其人惟其事，不惟其事惟其智"的编纂宗旨，搜集了先秦至明末3000年间的经世百家、稗官野史以及民间传说中以智取胜的事例2000余则，帝王将相、三教九流无所不包。《智囊》一书，其中既有治国安邦的深谋远虑和为政决狱的良策神断，又有整军作战和克敌制胜的奇智大勇，将中华民族在处世哲学中表现出的聪明才智做了小结。这是中华古人呈献给世人的一笔丰厚的文化财富。在社会生活的各个层面，无不存在着矛盾与斗争，竞争的普遍性，也使谋略成为一种普遍的文化现象。冯梦龙编著的《智囊》，堪称集社会生活谋略之大成，以至于有人称它是一部"小资治通鉴"。

几千年的人类历史，无处不闪烁着智慧的光芒。一部人类发展史，也是一部智慧的创造史和实践史。滔滔历史长河，无数匆匆过客，无论是叱咤风云的帝王、将相，还是鲜为人知的平民、百姓，无时无刻不在运用着智慧，运用着谋略。我们中华民族历来是一个长于思辨、善于筹谋的智慧民族。我们的祖先曾以自己的聪明才智创造了光辉灿烂的中国古代文明。明末冯梦龙所著的《智囊》就是一部反映古人巧妙运用聪明才智来排忧解难、克敌制胜的处世奇书，也是中国文化史上一部包罗万象的智谋锦囊。

在这个竞争激烈的时代，人们为了生存与发展，需要变得更聪明一些。在日本等经济强国，前些年即开始掀起中国古典智慧热。作为炎黄子孙，岂能不知中国古典智慧为何物？这本《智囊》正是读者最明智的选择。《智囊》一书也是毛泽东生前最喜欢的书。此外，相传《智囊》还一直是曾国藩枕边案头之书。在今天全球竞相研究中国古代谋略学的热潮中，能够读到融中国古人高超的智谋于一炉的智谋大全——《智囊》，实在是我国政、军、商、文各界书友们的一大幸事。

旷世杰作
KUANGSHI JIEZUO

中国是世界东方智慧的发源地，中华灿烂文化是一座巨大的智慧宝库，5000年文明史曾产生过无数"智囊"、"智海"、"智多星"式的人物。崇尚智慧在中国文化中有着深厚的传统。中国老百姓十分喜爱足智多谋的人物，对姜尚、张良、诸葛亮等智者津津乐道，此类民间传说流传很广。历代卓越的政治家、军事家、外交家、司法家、理财家们，在处理军国大事的实践中，无一不重视运用谋略。《智囊》则是晚明时期出版规模最大，评语最多，思想也最精深的一部谋略典籍，堪称集智书之大成。

《智囊》是曾创作出《醒世恒言》、《警世通言》、《喻世名言》（"三言"）的明末著名通俗文学家冯梦龙编集的一部关于智慧谋略的书。书中收入了古人智术、计谋的故事近2000则，其涵盖范围极为广泛，涉及了明代以往的很多史籍、文集以及稗史、笔记、传说和演义等。从内容类别上看，上自经国大略，下至市井小计，旁及妇幼之智，无不在其囊括之列。其中很多故事不仅妙趣横生，而且寓意深刻。

《智囊》初编成于明天启六年（1625），这年冯梦龙已届天命之年，还正在各地以做馆塾先生过活，兼为书商编书以解无米之炊。此时也是奸党魏忠贤在朝中掌权，提督特务机关东厂大兴冤狱，正红得发紫之际，是中国封建社会最黑暗的时期之一。冯梦龙编纂这部政治色彩极浓，并且许多篇章直斥阉党掌权之弊的类书，不能不令人对冯氏大智大勇的胆识表示敬佩。以后此书又经冯梦龙增补，重刊时改名《智囊补》，其他刊本也称《智囊全集》、《增智囊补》、《增广智囊补》等，内容上均同

《智囊补》。全书共收上起先秦，下迄明代的历代智慧故事1238则，依内容分为10部28卷。《上智》、《明智》、《察智》所收历代政治故事表达了冯氏的政治见解和明察勤政的为官态度；《胆智》、《术智》、《捷智》编选的是各种治理政务手段的故事；《语智》收辩才善言的故事；《兵智》集各种出奇制胜的军事谋略；《闺智》专辑历代女子的智慧故事；《杂智》收各种狡黠小技以至于种种骗术。

《智囊》一书汇集了历史上的许许多多的智谋故事，令毛泽东也爱不释手，圈点批阅。《智囊》在记述孙膑"驷马之法"处有一按语，"唐太宗尝言：'自少经略四方，颇知用兵之要，每观敌阵，则知其强弱，常以吾弱当其强，强当其弱。彼乘吾弱，奔逐不过数百步；吾乘其弱，必出其阵后反而击之，无不溃败。'盖用孙子之术也。"毛泽东读此评点道："所谓以弱当强，就是以少数兵力佯攻敌诸路大军。所谓以强当弱，就是集中绝对优势兵力，以五六倍于敌一路之兵力，四面包围，聚而歼之。自古能军无出李世民之右者，其次则朱元璋耳。"在毛泽东看来，在总体处于弱势情况下，关键在于掌握主动权，制人而不制于人，从而造成相对的强势，以相对的强势敌

…华文精选…

有客至昭烈所，谈论甚惬。诸葛忽入，客遽起如厕。备对亮褥客，亮曰："观色动而神惧，视低而盼数，奸形外漏，邪心内藏，必曹氏刺客也！"急追之，已越墙通矣。

译文：有一位客人来到昭烈帝刘备的住处，主客二人谈论得十分愉快，这时诸葛亮忽然走了进来，那位客人马上起身上厕所。刘备对诸葛亮夸奖客人，诸葛亮却说："我看到客人脸上眉飞色舞，而神情有所畏惧，眼睛看着你处，眼珠子有好几次往四下里乱转，外表露出了奸形，内里包藏着邪心，此人必定是曹操派来的刺客了！"刘备忙派人去追拿，那人已经翻墙逃跑了。

相对的弱势，各个歼灭敌人，最终由弱变强战胜敌人。这是中国兵法的精妙之处，历史上以此战法驰骋天下的最杰出人物就是李世民。

《智囊》28卷中，有总叙、有评述、有按语。由于冯梦龙平易自然的写作风格，书中语言生动幽默、故事曲折有趣，因此具有极强的可读性。书中各部类之前的总叙、分叙，各篇之后的评语，文中的夹批，均由冯梦龙撰写。这些地方是冯氏政治态度、人生见解、爱憎之情的最集中、最直接的表达，嬉笑怒骂皆成文章，也是研究冯氏思想的第一手材料。书中内容丰富多彩、妙趣横生，读之可以启迪思考、发展智力、增强应变能力。书中人物，虽然不乏神奸巨猾的小人，但也有不少德才兼备的贤者，这些人胸怀大志、学贯古今、通达事理，且能出以公心，所以才能扭危局、胜险

青少年必知的智谋经典

恶、处事得体。正所谓大聪明者往往是大老实人，大智来源于大度大勇。《智囊》以其独特的魅力吸引了历史上的众多文人品读回味，从中获得的智慧点滴逐渐汇成谋略之河泽被后世，而《智囊》一书也终成中国谋略史上的一部耀眼之作！

J 经典导读
JINGDIAN DAODU

《智囊》之中现智慧

冯梦龙的《智囊》，首先表现了他对智慧在人类历史上的作用的重视，人是有着高级智慧的生命，而人的智力又是在历史的发展中进步的，以史为鉴，可以知得失，所以历史上的智蠢事迹非常值得借鉴吸取，故而他在《智囊补自叙》中又说："故致用虽贵乎神明，往迹何妨乎多识。"

《智囊》一书辑录了古代人运用智慧来解决困难的许许多多的小故事。这些故事既反映了帝王将相文人名士在政治、军事、外交方面的大谋略，也反映了士卒、妇女、奴仆、僧道、

> 《智囊》是中国人智慧、谋略，实践运用的集成，加以运用会受益终生。
> ——当代学者 刘玉明

> 历史智慧是启迪今人智慧的钥匙，冯梦龙编著的《智囊》一书，可以说是中华民族智慧的结晶。其中展现了古代中国人在安邦定国、率军打仗、外交斗争、平叛治乱、破案侦察以及经商贸易、待人接物诸方面的谋略、智慧、丰富多彩、妙趣横生，令人回味，智窦大开。
> ——当代学者 聂明慧

农夫等下层百姓日常生活中的小奇智。书中的智者故事联想于当今的世事，相信能像航灯一样照亮我们现代人的人生道路。正如冯梦龙在《智囊叙》中说：人有智，犹地有水；地无水为焦土，人无智为行尸。智用于人，犹水行于地，地势坳则水满之，人事坳则智满之。周览古今成败得失之林，蔑不由此。他想由此总结"古今成败得失"的原因，其用意不可谓不深远。

《智囊》一书还寄托了冯梦龙的政治理想，一方面他虽然对明王朝的腐朽现象深感不满，但另一方面他仍然希望出现贤明的君臣，调动社会上的人才智力，挽救明王

152

朝即将覆灭的命运。在《上智》、《明智》、《察智》等的技语和故事内容中，表现出冯梦龙希望执政者要有远见、预见，施行简明而非烦苛的政策，体察民情，治理好动乱的社会，这实际上是向当权者上"治安疏"。

这部书也表现出冯氏对智慧这一学问是非常有研究心得的，对于很多问题，他都能将其上升到哲学的高度加以认识，如在《上智部总叙》中，他认为最高级的智慧是在无思虑状态中呈现出来的，"上智无心而合，非千虑所臻也。"对待很多问题，他都能从辩证的角度加以认识，如关于聪明与愚昧，他在《明智部总叙》中说："自有宇宙以来，只争明暗二字而已。"关于勇敢与智慧的关系，他在《胆智部总叙》中说："凡任天下事，皆胆也；其济，则智也。……智藏于心，心君而胆臣，君令而臣认"，关于术与智的关系，他在《术管部总叙》中说："智者，术所以生也；求者，智所以转也。"

冯梦龙将《杂智》列为本书最末，表现出他的广大胸怀，他认为狡黠小技也可以为正人君子所借鉴吸收，以施之于正大。他在《杂智部总叙》中说："较而归之于正，未始非正；小而充之于大，本始不大。"况且阴谋小技还可作为反面教材，使正人君子识破小人整人的伎俩。（佚　名）

探寻智慧的视野

人要有智慧，犹如土地要有水。土地失去了水，就变成一片焦土，人没有智慧，就变成行尸走肉。智慧运用在生活中，就好比水运行在土地上一般。地势低洼的地方就注满了水，人事"低洼"的逆境就充满了智慧。

遍观古今成败得失的众多事实，没有一件不是如此，何以证明这一点呢？从前处于优势的夏桀和殷纣愚蠢，而处于劣势的商汤和周武王聪明；齐、楚、燕、韩、魏、赵六国合起来力量很大，但却愚蠢，而秦国势单力薄却聪明。楚汉相争时势力强大的楚王项羽愚蠢，而力量薄弱的汉王刘邦却聪明；当政的隋朝皇帝愚蠢，而他的下属唐王却聪明；居统治地位的宋朝愚蠢，而后起的元朝聪明；元代的统治者愚蠢，而率领百姓成大业的本朝圣祖（指明太祖朱元璋）聪明。以上列举的历史上的这些大事件尚且如此，那么小事情也就不言而喻了，这就是《智囊》这本书所要表明的基本思想。

青少年必知的智谋经典

有人反驳我说："从智慧上看，没有谁能超过舜的，但他却被他顽固愚蠢的弟弟象置于困境；也没有谁能超过孔子的，但他却被困厄在陈国和蔡国。西家邻居的儿子，对于儒家的六经都十分熟悉精通，但他却空怀绝世之才而不能为世所用，生活清贫；东边邻居的儿子，一字不识，但他却坐享祖辈遗留的荣华富贵，仆从过百。你所说的愚失而智得又体现在哪里呢？"

我笑着回答说："您难道没有见过那些挖井的人吗？他们在井下打井时，冬天光着上身，夏天却穿着皮袄，靠着绳子缒入井下，坐着土筐升到井上，他们能在平地上找到水源，靠的就是智慧。比如说土已挖到了头，没有见到泉水，反倒露出了石头，情况发生了变化，怎么办？宋代有个叫种世衡的，他在遇到这种情况时，就能粉碎了石层使泉水涌出，从而使千家万户受惠。

因此，同样是挖井见石，愚者看到的只是石头，智者却能透过石层看到水源；事物的变化能使智者暂时处于困境，但智者的智慧又使他能不被变化所困。如果不是具备舜和孔子那样的智慧的话，那么舜就将被他弟弟烧死在谷仓中化成灰，活埋在井里变为泥，孔子将在陈国或蔡国被活捉；怎么能有闲心像舜那样在事后坐在床边弹琴，像孔子那样身处困境之中，却在郊外弦歌不绝呢？您既然还不懂得圣人智慧的妙用，又怎么能来窥视我的《智囊》呢？"有的人又说："舜和孔子的事情，就算是事实吧，然而'智囊'这种称呼，正是造成汉代大夫晁错被杀于集市的根由，您为什么又来宣扬它呢？"我反驳道："不对，不对，晁错不是死在智慧上，而是死在愚蠢上。当他坐而谈论打仗时，皇帝高兴得面露喜色，可是等到吴楚七国谋反的战争打响时，他竟然想让天子亲自带兵出征，他自己却留在京师坐守，他做了这一件不聪明的事，才使谗言四起，从而导致他的被杀。即使如此，晁错虽然在保护自己方面是愚蠢的，但在筹划国家大事上却是聪明的，所以他死了上千年了，人们还为他感到惋惜，把他列入名臣之中。后来的一些见识短浅的小人，在保护自己方面特别聪明，而在筹划国事方面则特别愚蠢。用这种人同晁错那样的人相比较，到底谁美谁丑呢？再说对于《智囊》这个名称，您只知其一，不知其二。在晁错之前，有樗里子被称为智囊；在晁错之后，有鲁匡、支谦、杜预、桓范、王德俭被称为智囊，在本朝，杨文襄公（名一清）也具有这个称号。这几个君子之人，所走的道路虽不一样，但大多完成了自己的事业，建立了突出的功勋，身荣道泰，您撇开了智囊的好处不谈，却专列它的害处，这好比是看到了一个人在乘船渡河时淹死了，就再也不许别人使用船一样，这就太不聪明了。"

又有人说："您写《智囊》，打算让别人学习智慧，但智慧是从人的天性中产生的呢？还是从纸上学来的呢？"我回答说："我前边就说过这一点，智慧犹如水的样子，藏在地中时属于天性，开凿它，让它流露出来，这得靠后天的学习，而开凿出来的井水、洞水，它的用处是与江水、河水一样的。我担心的是人们天性中的智慧像藏在地下的水那样，被禁锢在土石之下，而不能流露出来，于是就用这些写在纸上的话，来当做发掘智慧用的'铁锹'和'土筐'，这样做或许对于适应世用会有一定的作用吧。"又有人说："我听说：取法于上，仅得乎中。您品评的智慧中，有些十分狡诈不法的人，被您列为上等；鸡鸣狗盗之流，您也记录了他们的奇闻。您的《智囊》将变得污秽不堪，还怎么能用来教育世人呢？"我告诉他："我品评的是智，不是品评人，不考虑那人怎样，只考虑那件事怎样；不考虑那件事的价值，只考虑其中所表现出来的智慧。即使是狡诈不法之人或小偷强盗，哪个不是我治世的药箱中的药材？我一旦把它们当做蜘蛛网，它就可以捉虫子；我一旦把它们当做蚕茧，它就可以做蛹的住房。这好比是百川之王黄河，众水同归，难道它还会对水流的大小、清浊作有选择的接受吗？"也许再也没有什么可以被人责难的了，于是我就将这些话写在本书的篇首。（佚　名）

大师传奇 DASHI CHUANQI

冯梦龙，明末大学者、大文学家。字犹龙、子犹、耳犹，别号龙子犹、墨憨斋主人、顾曲散人、词奴、绿天馆主人等，长洲（今苏州）人。生于明万历二年（1574），卒于清顺治三年（1646）。

早年便才华出众，与兄梦桂、弟梦熊被时人称为"吴下三冯"。冯梦龙少年时即

青少年必知的智谋经典

冯梦龙 (中国·明朝 1574~1646)

有才情。博学多识，为同辈所钦服。为人旷达，治学不拘一格，行动也每每不受名教束缚。曾与文震孟、姚希孟、钱谦益等结社作文。在嘉定侯氏西堂读书时，与侯峒曾兄弟及其他名士，卷帙过从，文章往还。熊廷弼督学南京时，曾把冯梦龙视为隽才宿学，予以甄拔。但他自早年进学之后，屡考科举不中，久困诸生间，落魄奔走，曾以坐馆教书为生。万历末，冯梦龙应麻城田姓邀请，去讲授《春秋》。天启元年（1621），冯梦龙宦游在外，次年因言论得罪上司，归居乡里。天启六年，阉党逮捕周顺昌，冯梦龙也在被迫害之列。崇祯三年（1630）取得贡生资格，任丹徒县训导，七年升福建寿宁知县。任职期间，"政简刑清，首尚文学"（康熙《寿宁县志·循吏传》），曾编修《寿宁待志》。十一年秩满离任，归隐乡里。晚年仍孜孜不倦，继续从事小说创作和戏曲整理研究工作。崇祯十七年（1644），李自成领导的农民起义军推翻明王朝，冯梦龙站在封建正统立场悲痛欲绝，他怀着中兴希望编了《甲申纪事》一书。清兵南下，他怀念故国，辗转于浙闽之间，刊行《中兴伟略》诸书，宣传抗清。清顺治三年（1646）春忧愤而死，又有说是被清兵所杀。

《苏州府志·人物志》中称冯梦龙"才情跌宕，诗文丽藻，尤明经学"。冯梦龙才华横溢，著述甚丰。几百年来，冯梦龙的话本小说集《喻世明言》、《警世通言》、《醒世恒言》（后世合称《三言》），备受历代通俗文学家、小说家、学者及广大平民百姓的推崇喜爱。此外冯梦龙还著作了长篇历史演义《新列国志》、《平妖传》、《两汉志传》、《古今列女演义》等，民歌集《挂枝儿》、《山歌》等；笔记小说《智囊》、《古今谈概》、《笑府》、《情史》、《燕居笔记》等；传奇剧本《双雄记》、《万事足》、《精忠旗》、《杀狗记》、《三报恩》等，散曲集《太霞新奏》、《宛转歌》、《七乐斋稿》、《墨憨词谱》等，还有《甲申纪事》、《中兴实录》、《中兴伟略》、《寿宁县志》等等。冯梦龙的著作不仅数量众多，而且范围很广，几乎涉及当时通俗文学的各个方面，所以有人称他是"全能"的通俗文学家。明代文学是以小说、戏曲和民间歌曲的繁荣为特色的。小说、戏曲方面，颇有一些大作家，但在小说、戏曲、民间歌曲三方面都作出了杰出贡献的，在明代惟冯梦龙一人而已。

《经世奇谋》是明代俞琳所著的一部神奇的谋略全书，它集纳了古人处世应变，出奇制胜的睿智奇谋。纵横天下，运筹帷幄，全在目光远大，腹有良谋，此书是经世奇谋之大成。《经世奇谋》讲述的是从先秦至明代治国、齐家、修身、平天下的事例，阐释为人处世的谋略与经验。它收集广泛，巨细非遗，上自先秦下至明代，凡能表现胆识、运用智慧的奇人异事，都誊录整理，细加分类，以最平易的面貌，重新展现古人的胆识与智慧。

※　　※　　※　　※

我国著名谋略学家柴宇球，现任南京陆军指挥学院博士生导师、中国国际战略学会高级研究员，著有《谋略论》、《谋略库》、《谋略家》等著作。其中《谋略库》一书作为一部谋略方法学，从各种具体的谋略方法研究入手，追根寻源，逐个考证谋略方法的起源。书中收集整理了在政治、经济、军事、外交、教育等不同领域的谋略。既有登大雅之堂的治国安邦方略，也有用于市井之间的立身处世经商赚钱的计谋，是把零散于历代典籍之中，广泛流传于民间的奇谋妙计，第一次按不同领域进行分类整理。

★历代推崇的兵家圣典

★中华民族熠熠生辉的不朽瑰宝

★益智之荟萃、谋略之大成

★中国古代智谋令人叫绝的普及本

三十六计

佚 名（中国 生卒年不详）

《三十六计》是中国战略的经典著作，是一部小百科全书，其关于战略的描述要比克劳塞维茨的《战争论》精细得多。它既适用于具体的战术，也适用于重大的政治抉择，各行各业领导人都能从中找到新的秘诀。

——拉姆斯菲尔德

中华民族是一个充满智慧的民族，中华文化处处闪烁着智慧的光芒。华夏几千年的文明史为人类的智慧宝库留下了极其珍贵的财富，传习久远、博大精深而又为今人所熟知的《三十六计》便是这智慧宝库中的瑰奇。

《三十六计》从古至今流传久远，集历代"韬略"、"诡道"之大成，被各代兵家广为援用，素有兵法、谋略奇书之称，是我国文化同时也是世界文化的瑰宝。《三十六计》是在前人的基础上，进一步研究《易经》中的阴阳变化，推演出兵法的刚柔、奇正、彼己、主客、劳逸等对立关系的互相转化，使每一计都体现出极强的辩证哲理，含纳天下万般变异，启迪世人无穷智慧而得以绵延数千年。《三十六计》能含英咀华，将我国古代的军事、谋略思想，提纲挈领概括为三十六计，而且计名多用成语，形象生动，为世人所喜闻乐见。每一计均有明确的目的和实用价值，堪称是中国古代智谋令人叫绝的普及本。

古人将《三十六计》与《孙子兵法》相提并论，认为它们是"兵家合璧"；有人认为它集兵家诡道之大成，是中国古代有"代表性的智慧谋略"；还有人认为，《三十六计》是正义战胜邪恶、真理战胜谬误的法宝。实际上，《三十六计》已远远超出了军事谋略的范畴，被人们广泛用于政治、外交、经济、科技、体育等许多领域，成为人们克敌制胜的重要智慧源泉。

自《孙子兵法》问世以来，兵书丛集，洋洋大观。见于记载的多达三千余种，保存至今的也在千种以上，而《三十六计》则独树一帜，雄踞一流。其用途之广博，即使《孙子兵法》也难以企及，故古书中称："用兵如孙子，策谋《三十六》。"《三十六计》把三十六计分成6套，即胜战计、敌战计、攻战计、混战计、并战计和败战计。前3套是处于优势情况下所用之计，后3套是处于劣势情况下所用之计。其计名有的来自历史典故，如围魏救赵、暗渡陈仓；有的源于古代兵书，如以逸待劳、声东击西；有的借用日常成语，如指桑骂槐、反客为主；有的取自诗人的诗句，如李代桃僵、擒贼擒王。

《三十六计》是中国最具有代表性的谋略全集，是中国人无形的"智慧长城"。今天，三十六计已远远超出军事斗争的范畴，被广泛用于各种领域，成为人们克敌制胜的重要法宝。如果你不懂得三十六计的精妙，任何一计都有可能把你折磨得死去活来。唯有掌握三十六计，运用三十六计，才能让你即使在最艰难的时刻，也能尽显英雄本色。

《三十六计》通过研究中国历史上最古老的奇书——《易

经》，发掘其中的阴阳变化，推演出了兵法谋略的刚柔、奇正、攻防、主客、劳逸等对立关系的互相转化，使"三十六计"中的每一计都体现出极强的辩证哲理。全书36条计，引用《易经》27处，涉及64卦中22个卦。例如第三计"借刀杀人"，原文为"敌已明，友未定。引友杀敌，不自出力，以损推演"，也就是说，"借刀杀人"之计与损卦密切相关。先定计，后推卦，这是三十六计的特色所在。从某种意义上可以说，三十六计的理论基础就是《周易》的阴阳法则。三十六计原文运用阴阳变化之理，论证刚柔、奇正、攻防、虚实、劳逸等相反相成的关系，包含着丰富的辩证法思想。这正是薄薄一本《三十六计》含纳天下万般变异机理、启迪世人无穷兵谋智慧而且绵延久远的原因。

在市场竞争中，要善于打破常规，更要学会反其道而行之，独辟蹊径，出奇制胜。有些时候，为了一个大目标的实现，就需要通过一些非规则、反规则的手段来扫清障碍、加快运作，从而达到最好的办事效果。商场如战场，用兵之法同样适用于商战。被日本企业奉为至宝的《三十六计》所提出的种种克敌制胜的计谋，其核心就是一条：不按常规行事。在对《三十六计》的习读中，你会豁然开朗、柳暗花明，在各式各样的竞争中立于不败之地。

···华文精选···

信而安之，阴以因之；备而后动，勿使有动，勿使有变。刚中柔外也。

译文：要设法在表面上做得使敌人对我方深信不疑，从而使其安下心来，丧失警惕；暗地里我方却另有图谋。要作好充分准备，然后再采取行动，不要引起敌方发生意外的变故。这就是外表柔和，骨子里要十分刚强的策略。

中华民族是智慧的民族。在世界文明史上，中国人的智谋占有辉煌的一页。瑞士汉学家胜雅律曾说："中国人开辟的智谋学，是一个既深邃又广袤的天地。在这个天地里，充满着'知识可乐'，我这个西方人虽然只是品尝了其中的点滴，但深感其味无穷，现在可以说是欲罢不能。"胜雅律先生于20世纪70年代，分别到台北、东京、北京留学，潜心研究中国的智谋学。回国后，他写出一部洋洋数十万字的巨著《智谋——平常和非常时刻的巧计》，专门介绍和评述中国古代有名的《三十六计》。该书的出版在西方舆论界引起极大震动，被誉为"沟通中国和西方在文化、思想、意识上相互理解和交流的桥梁和工具"，是一本引人注目的"奇书"。当时的联邦德国总理科尔拜读了这本书，并写信给胜雅律，称赞胜雅律的书是一本有助于西方人了解古今中国的应时之作，还说《三十六计》对他的政治生涯大有裨益。中国智谋学的博大精深以及外国人对《三十六计》异乎寻常的向往，由此可见一斑。

计谋犹如一把无形的刀，深深隐藏在人的脑子里，要使用时，便会闪亮地露出刀尖。不仅是军人，就是政治家、商人和学者都需要它。善于使用计谋的，使治世变乱，乱世变治，穷变富，贱成贵，颓局可以扭转，晴天能起风雪。人生就是战斗，战斗必有计谋。人人都站在战斗行列，一疏忽便会被人挤倒。肯动脑筋想计的人，会始终站在主动地位，上至朝堂，下至市井，几无处而不适。《三十六计》不但是中国古代军事指挥战略的经典之作，同时也成为现代国人谋事哲学、商战思想的必备之书。从国内各类层出不穷的《三十六计》的版本中，其影响就可见一斑了。由于《三十六计》所拥有的巨大魅力和极高的实用价值，近些年来国内外掀起了《三十六计》的出版和阅读热潮。如今日本商界，华裔富翁和国外商业学校都对它进行过精心的研讨，甚至把它作为课堂的教程。

经典导读
JINGDIAN DAODU

读出《三十六计》的谋略

人生如果得到一部好书，便可以使平淡的生活增添色彩。我便得到了一本军事谋略著作——《三十六计》。如果把其中的一些谋略运用于现代较为安定的现实生活中，也是实用的。《三十六计》集历代兵法、智谋之大成，不局限于军事领域、政治斗争中应对实施，对整个社会生活、经济外交、人际往来都有极强的实用性。它是我国一部著名的军事谋略著作，虽然说它的经典地位不如《孙子兵法》那样高，但其知名度绝不逊色于《孙子兵法》，诸如"暗渡陈仓"、"瞒天过海"、"走为上策"等等，脍炙人口，都是在一定程度上可利用于现代生活的方法和策略。

西方人无论计谋怎样翻新，大抵都跳不出中国人《三十六计》的范围。
——瑞士汉学家 胜雅律

《三十六计》吸纳了不知多少代人的经验教训。与之相比，大多数谋略书籍只包含了一代人多一点儿的感受。该书基于多代人的智慧，概括了中国人传统中形成的多项性格特征，比其他书籍更为完整。
——当代学者 刘思鹏

"三十六计"总的来说，给人一个道理，"数中有术，术中有数。阴阳燮理，机在其中。机不可设，设则不中。"在实际规律中蕴藏着计谋，而计谋的运用也离不开实际的规律。事物的发展，阴阳法则的调理与转化，机谋权变便从中产生。机谋不可

青少年必知的智谋经典

以任意设计，否则就会失败。如果只知为计谋而计谋，却不知计谋离不开实际规律，计谋的运用往往就不应验。而且，诡诈的计谋和手段，本来就在事理之中、人情之中，如果违背这一原则，奇异之处立刻就会显现，引起人的惊异，计谋也就暴露了。

"备周则意怠，常见则不疑。阴在阳之内，不在阳之对。太阳，太阴。"这便是《三十六计》中的一计"瞒天过海"。阴阳是中国传统哲学中构成事物发展变化的基本规律。阴阳是对立统一的。这则计谋告诉人们一个比较常见的道理：自以为防备极其周密，其思想则容易松懈；平时看惯了的现象，就不容易引起怀疑。阴往往深藏在阳之中，依存于阳，并不互相排斥。其中的一个案例想必大家都知道，那就是五张羊皮，赎回贤臣百里奚的故事。

公元前659年，秦穆公得到王位后，从政治经济到文化都进行了整治，使秦国很快成为春秋时期的霸主之一。百里奚原为虞国大夫，虞被晋灭掉后，百里奚被当做了俘虏，但他不愿为奴，在被作为晋献公女儿陪嫁奴仆赶往秦国时逃跑，来到楚国，但被楚国当做奸细抓了起来，放牛、放马。秦穆公知道此事后，知道百里奚是个人才，但用重金去赎，势必会使楚王生疑，便拿了五

•••华文精选•••

备周则意怠，常见则不疑。阴在阳之内，不在阳之对。太阳，太阴。

译文：自认为防备十分周全的，就容易意志松懈、麻痹轻敌；常见的事情看惯了也就不再产生怀疑以致丧失警惕。秘密隐藏在公开的行动中，而不是与公开的行动相对立。非常公开的行动往往蕴藏着非常机密的谋略。

诳也，非诳也，实其所诳也。少阴、太阴、太阳。

译文：用假象迷惑敌人，但又不完全是虚假情况，因为在虚假情况中又有真实的行动。在稍微隐蔽的行动中隐藏着重大的秘密行动，大的秘密行动也许是在非常公开的、大的行动的掩护下进行的。

张羊皮，换回了百里奚，并为他亲自解开绳索，请进宫中，待为贵宾。经秦穆公再三请求，百里奚非常感动，见秦穆公如此看重贤才，又热情地推见了自己的好友蹇叔，一起辅佐秦穆公，提出不少治国兴邦的谋略，为秦国出了不少力，使秦国逐渐强大起来。我非常佩服秦穆公的智慧与谋略，五张羊皮，便能得来一位能够兴国安邦的好助手，实为难得。

《三十六计》是一部计谋全书，其目的便是应用其中的计策，来打败或击垮对

162

方。虽说兵不厌诈，但其中有些计谋，并不是常人认为的好，如果谁用这种手段，在常人的眼中，你很有可能就被看成是一个不光明正大，在黑暗中的小人。比如借刀杀人这一计中，原文所说的是："敌已明，友未定，引友杀敌，不自出力。"说的便是敌人的情况已经明确，友军的情况还不确定。这时，就要诱导友军去消灭敌人，自己避免作战，从而保存实力。就现在看来，这是暗箭伤人，没有多少人能做得出来的。拿自己的朋友做先锋，不管他人生死只为自己活，哪还有什么信任可言呢？但由此生出的按语便有所不同，有多种方式可以解释，可把此计运用于许多方面。"敌人的情况已经显露，而另一股势力也正在扩张，并将有所作为。所以应当借用这股势力去消灭敌人。"古代就有许多使用这种计谋的案例。比如，东吴杀关羽，将首级献于魏国，为此刘备差点派兵攻打东吴。吴、魏两国必定有一国会隔岸观火，然后再攻打这两个兵力已经很弱的国家，却被孔明看得清清楚楚，及时阻止了这场战争；又如，秦桧为了和金国议和，又怕岳飞阻碍，以莫须有的罪名，害死了精忠报国的岳飞，因而留下了千古骂名；还有像趁"火打劫"这样的计谋，"敌之害大，就势取利，刚决柔也。"敌人内部祸患严重，就要乘机出兵夺取利益。当形势对自己有利时，就要果断地战胜对方。但现在，这个词却变成绝对贬义。

　　如果我们熟知了这些谋略，就可以将计就计，看穿他人的计谋，做好防备，应对突发事件，从而形成对自己有利的一面。如看懂"笑里藏刀"这则计谋，"信而安之，阴以图之，备而后动，勿使有变。刚中柔外也"。其意思是取得敌人相信，并使其麻痹松懈，却在暗中策划谋取他们，做好充分准备，而后动手，使敌人来不及应变。这就是表面上和好，内心却藏有杀机的谋略。如：蒋介石在内战期间，打着停战、议和的口号，内心却蕴藏着阴谋。就现在而言，兵书也只在军事中起参考作用。人与人交往，应真诚相待，少一些计谋，多一些诚意！　　（佚　名）

营商韬略之"以逸待劳"篇

　　《三十六计》中的"以逸待劳"之计，原指在战争中依靠有利地形，一边防御，一边养精蓄锐，待进攻者疲惫不堪，士气沮丧之时，再转守为攻。这一谋略思想，在现代企业营销活动中则表现为，依据自身有利条件，巧令对手疲劳而自身从容，掌握主动权。

以不到500美元的资本起家，最后主持年营业额达数亿美元的国际管理顾问公司的美国人麦科马克，在他写的《哈佛大学商学院里学不到的学问》一书中，道出他成为暴发户的一个成功的秘诀："自己的地盘有地利。"在营销活动中，最大的"地利"莫过于使自己能够以逸待劳，从容地应付远道而来的生意对手。运用以逸待劳之计，不在自己的地盘里也可以达到同样的目的，只需设法使对方感受到犹如远道跋涉的疲惫就行了。比如，你是一个采购员，到外地去采购货物，在排除竞争伙伴、独居买方"皇帝"位置之后，就可以设法调动你的货主，使其疲于奔命。你可以以"检查样品质量"为由，一而再、再而三地让他拿出一件件货物来让你观看，再一件件地放回原处；你还可以以"落实货源"为由，催他四处检查；等等。货主为你花费了许多时间和精力，折腾得焦头烂额，这笔生意若做不成，便觉得十分冤枉，于是在价格等许多方面会做出让步，从而成功地施展了你的以逸待劳之计。

《三十六计》作为集实用与简约理论于一体的管理典籍，必能相助中国企业在竞争战略上"避盘击实"，在竞争优势上"制人而不制于人"。
——当代学者 葛存根

大家所熟知的《三十六计》，虽为历代兵家所不著录，但颇为广大民众所接受，传诵至今。该书的最大特点是每一计的解语都引易理为据，是一个"以易演兵"、"以易推谋"的范例。
——军事谋略专家 李炳彦

在现代商战中，以逸待劳实际上还是掌握经营主动权的一门艺术。凡事先作充分准备，以不变应万变，以小变对待大变，沉着应付竞争对手的挑战，也是企业经营者常用的"以逸待劳"战术，他们把握时机，制造机遇，占领市场，以获得商战的胜利。

20世纪90年代，中国餐饮市场竞争激烈，各个大小饭店努力突破传统，采用各种新招数吸引消费者，这其中不乏超前领导新潮流的典范。不过，北京一家经营清真小吃的饭店却采用"以逸待劳"的战术，坚持挖掘传统风味品种，在京城小吃市场独领风骚。这家生意兴隆的饭店，有70多种风味小吃，在正餐厅，携家小的顾客，专门要吃麻辣豆腐、卷果、爆肚儿等传统小吃。海外人士也慕名而来，一个马来西亚旅游团的团员兴奋地说："太有特色了。"中国台湾《联合报》一位记者在京期间，三次到这家饭店采访，表示要介绍给台湾读者。在京城餐饮业受到川、鲁、粤、潮和洋快餐的冲击下，这家饭店却很兴旺，这其中的道理令人深思。从消费心理看，尽管消费者对商品需求具有"喜新厌旧"的心理，但"厌旧"之后，又会对曾经喜爱之物萌生恋旧之情。从生活方式看，尽管现代人都善于追逐新潮流，但以往的生活方式并不随之销声匿迹，沉寂一段时期后，还会重新显现自己的存在。从意识形态方面看，人们习惯以传统观念为尺度，挑剔新潮流中逐渐显现的短处，往往以传统之长比非传统之短，于是，回归之情油然而生，一经触发就会如泉涌而出，形成气势磅礴的潮流。所以，京城这家传统小吃店在激烈的餐饮市场竞争中再起新潮，是"以逸待劳"的商战成功运用。

"以逸待劳"并非好逸恶劳，而是养精蓄锐，等对手兴师动众、疲于奔命、彼竭我盈之后待机而动。因此，决胜之关键除了要有"泰山崩于前而色不变，麋鹿兴于左而目不瞬"的镇定冷静之处，还要有"知己知彼"、"妙算多者胜"的能耐。（佚　名）

《三十六计》与创新思维

当我偶然读到《三十六计》的英文翻译版时，我扪心自问，这本古代中国兵书能否对现今的商界起到某种作用。借助《三十六计》分析了近300个当今商战案例后，我大彻大悟，那些计谋饱含着东方的智慧，是通过竞争赢得复杂商战的强有力工具。

《三十六计》这部兵书，为我们如何影响、超越对手，并保持住优势，提出了新的视角。它并没有倡导必要的武力，恰恰相反，它只是扩展了想象力，帮助我们在竞争日益激烈与关系日益错综复杂的当代世界里，激发出连贯的创新思维与策略。目前的社会，信息泛滥，竞争趋于白热化。撇开其他因素不谈，与较低的通信成本及快速的技术发展相比，创新策略重要得多。产品生命周期越来越短，跨行业竞争正在形成，竞争对手的日益增多迫使每一个参与者都要有自己独特的优势。结果是竞争步伐加快，比赛更富生气，而冲突的特点，却与在中国战国时期（前475~前221）诞生《三十六计》时的背景极其相似。无论是在当今商界，还是在古代的中国战乱时期，三十六计同样奏效。许多公司包括微软、索尼和可口可乐，早就在不知不觉中运用它们，在最具争议的论战中赢得了先机。

有两个兴趣吸引我最先关注《三十六计》。首先，我10岁时开始对东方哲学感到好奇并着手学习中国的兵书。几年后，我父亲，一位交际学教授，引领我接触道家学说和禅宗。此后，在我来自南非的母亲及其家族的鼓励下，我持之以恒地探究东方与南非的哲学真谛。

我对《三十六计》的第二个兴趣，在于它们也可以用于商业，可以说是非常棒的商业策略。在沃顿、哥伦比亚及伦敦商学院求学时，最令我兴趣盎然的故事，是一些公司在很多情况下只动用了极少的人力物力，以创新手法击败了竞争对手。毫无疑问，规模效应可以保证长远赢利，成为夺取持久竞争优势的重要因素，犹如戴比尔斯主宰钻石业，美国铝业称雄钢铁业那样。然而，那些机会在当前的信息时代并不多见。竞争的另一类形式是：通过保持一系列暂时优势，获取谋略上的胜利，来保证公司连绵不断的成功。

当我发现《三十六计》涵盖了赢得商机、快速发展的锦囊妙计后，我激动万分。尤其是我察觉到《三十六计》在中国之外鲜为人知，我更备受鼓舞。西方人已经接受了《孙子兵法》，但对它的姐妹篇《三十六计》却鲜有耳闻。在过去精心撰写并被证明确凿无疑后，《三十六计》触及了人类一如既往的本性。哪怕经历了工业革命、信息时代及因特网潜力，我们想象中发现的新游戏，实际上都存在着古代的、被长久遗忘的先例。尽管我们觉得自己早已进入以新规则为基础的"新经济"时代，其实回头一望，才怅然悟出，游戏规则根本没有变化。如同政治和生活本身，商业还是建立在一成不变的实力与生存的原则上的。人类的本性没有改变，被历史证实的战术依然与当今休戚相关。（袁长燕）

延伸阅读 YANSHEN YUEDU

《尚书》是我国最早的一部历史文献。这部文献是春秋以前历代史官所收藏的政府主要文件以及政治论文的选编，是我们科学地研究中国原始社会和奴隶社会所必不可少的史料。同时，它既是帝王治国平天下的政治教科书，又是封建士大夫必读必尊的"大经大法"，因而在整个中国历史中，它有过巨大的影响。正因为如此，《尚书》问世以来，被历朝历代所重视，被当代史学理论工作者所青睐，而且其中的某些观点，至今在我们的社会中还有较大影响，并给予我们很多启迪。

※　※　※　※

历尽劫波，以坚韧挺劲的无畏精神而成"天下之大功"的曾国藩，对"挺"有了更深刻的理解：势不可用尽，功不可独享，大名要推让几分，盛时要作衰时想，《挺经》中融入了老庄的"刚柔相济"、"无为而无不为"的内容。读《挺经》，读懂一个真实的曾国藩，读一位真实的"谋略大师"。《挺经》一书是曾国藩总结自身人生经验和成功心得而成的一部传世奇书，它是曾国藩修身处世、居官治平的最高法则。因其具有极强的实用性、启迪性和借鉴性而受到各界人士的重视和喜爱。

★世人活学活用的绝世经典

★政治家推崇的为官必备之书

★中国百部国学经典之一

★家训堪称典范，谋识谓之大家

曾国藩家书

曾国藩（中国·清朝 1811~1872）

《曾国藩家书》是一个思想者对世道人心的观察体验，是一个学者对读书治学的经验之谈，是一个成功者对事业的奋斗经历，更是一个胸中有着万千沟壑的大人物心灵世界的袒露。

——著名学者 唐浩明

曾国藩是中国历史上最有影响的人物之一，在政治、军事、文化、经济等各个方面产生了令人瞩目的影响，这种影响不仅仅作用于当时，而是一直延续至今，从而使曾国藩成为近代中国最显赫、也是最有争议的历史人物。

曾氏的一生给我们留下了很多"谜"，他以一介书生入京赴考，中进士留京师后十年七迁，连升十级，37岁任礼部侍郎，官至二品。这究竟是一种什么样的人生谋略？为人、为官、处世、致用又是一种什么样的魔力在起作用？这也许就是在当代的"曾国藩热"中，数不尽的中国人对曾国藩其人其事、其德其智产生浓厚兴趣的原因之所在吧！

中国古代家书中当以《曾国藩家书》为第一，最能给人带来谋略的启示。故李鸿章曰："曾以一生的睿智和圆通之道，全在其家书中耳，若能深读之，必可实现人生之砺志。"《曾国藩家书》被台湾著名学者南怀瑾先生推崇为"牢不可破的人生十三经"。书中从修炼身心到洞察对手、从做大事的本领到高人一招的功夫、从战胜绝境的胆略到培养与众不同的气质、从克服人性中的弱点到掌握成功的步骤，从巧处人际关系到为官之道、从追求学识到养生经验，应有尽有，而且见解深刻、智慧闪烁，读来发人深省，意味深长。一个完整而真实的曾国藩在《曾国藩家书》中得以全面体现，通过读者的细细品味，不仅会读到他的为官谋略和方法，还会品读出一套实用的治国术、治学术、治家术、用人术、带兵术。总之，你会发现在家书中曾国藩的"为官治国"之谋略一览无余。

旷世杰作
KUANGSHI JIEZUO

曾国藩是清朝末期的第一名臣，是中国封建社会的最后一尊官场偶像，他的赫赫战功和严于律己的精神，对后世学者和政治家产生了深刻而又深远的影响。毛泽东、蒋介石曾经对曾国藩倍加赞赏，孙中山、章太炎则贬斥曾国藩是"汉奸"、"卖国贼"。后人毁誉相差如此之大，使曾国藩成为一个颇有争议的"谜"一样的人物。在《曾国藩家书》中你会发现你所寻求的答案，全书以曾国藩为官治国、为政治军的谋略为核心议题，在这里，我们可以看到曾国藩以儒家文化为本位，对先秦老庄之学、兵家等思想内涵的阐释。读者能从此书中受到不少启迪。

曾国藩从少年得志到官运亨通，他的个人素质和时代背景起了决定性的作用。在转战疆场时，他一方面要与太平军作战，一方面还要对付来自朝廷的猜忌与怀疑，任何一方面处理不好都可能杀身取祸。由于曾国藩完美地处理好了这两件事，才终于能够镇压了太平天国。然而，功成之后清廷的猜忌更甚，完全靠了他的奇计巧谋和小心谨慎才全身而退。虽然晚景凄凉、抑郁而亡却仍然完整地实现了中国人"善始善终"的传统思想。

> ●●● 华文精选 ●●●
>
> 现在人才不振，皆谨小而忽于大，人人皆趋习脂书唯阿之风，欲以此疏稍挽风气，冀在廷官趋于骨鲠，而遇事不敢退缩，此余区区之众意也。
>
> 译文：现在国家人才不振作，都在小的地方谨小慎微，而在大的地方疏忽大意，人人都习惯于唯唯诺诺、阿谀奉承，想通过这个折子稍微挽回一下风气，使这些人在朝廷里敢于说话，遇事不敢退缩，这是我小小的一点余意。

"做官难，做大官更难"，从曾国藩的一生可以看出这一点。曾国藩的做官艺术无论在和平时期和战乱时期都发挥得淋漓尽致。读者可以了解到曾国藩的做官艺术和为官思想的精髓，从律己、忍让、选贤任能、审时度势等多个方面学到做官的具体可行的方法，了解一个善于做官的人在各种复杂的形势下所应该采取的立场、手段，从而更好地做清官，审时度势，严于律己，更好地做好官。在曾国藩思想中包含了刚柔相济和以柔克刚的经世之法，他认为，"近来见得天地之道，刚柔互用，不可偏废，太柔则靡，太刚则折。"总体来看，曾国藩在其政治、为人上侧重儒家之刚强有为，在军事、养生上侧重道家之柔弱收敛。他的那副对联"养活一团春意思，撑起两根穷骨头"，便是这种刚柔结合思想的典型反映。它使得曾国藩能居安思危，辱中求荣，挫时思奋，从而达到能进能退，可行可藏的境界。

在《曾国藩家书》中，我们可以看到，作为一个处于权力核心中的人物，曾国藩之所以能青云直上而又能得以善终，在于他对中国传统文化的兼容并蓄和独到的理解。这使他无论为人处世，也无论是为政治军都能游刃有余。如为人时，他能保持宽和、平正、谦逊、诚信、乐天知命的操守，他说："为臣不可负气自矜，责人不可吹毛求疵"、"庸人以惰致败，才人以傲致胜"，他求师择友，宁缺毋滥，与人为善，宽以待人。为政时他更是注重养民爱民，恩威并举；居高位常思衰败之时，不骄不奢；注重人才的选拔——求才必试以艰危，用人当责以实效；不浮夸，心口如一，直言其事，保持是非公正之心。

曾国藩已经是一个离我们很远的人，但他身上有民族和文化的负载。在全球经济越来越趋向于一体化的时候，民族的文化认同以及民族自信心和自尊心的建立就显得尤其迫切和重要。而对于传统，对话也许会比批判有效得多。现实的新的需求与传统文化的持续对话，最有可能给传统精神资源以新的解释，从而赋予它全新的意义。阅读曾国藩的必要性恐怕就在这里。阅读《曾国藩家书》正是与民族文化传统的一次对话，而解决现实的新的需求的机会，或者就蕴藏在现实与传统的对话之中。

一位深得儒家神韵和精髓的东方大儒，加上其既博大精深又贴近世道人心的绝学经典，使得众多政治家对其推崇有加。毛泽东青年时，曾对曾国藩倾服备至，现藏韶山纪念馆的光绪年间版《曾国藩家书》中，数卷扉页上都有毛泽东手书的"咏之珍

青少年必知的智谋经典

藏"。他曾说，曾国藩建立的功业和文章思想都可以为后世取法。蒋介石也多次告诫他的子弟僚属："应多看曾文正，胡林翼等书版及书札"，"曾文正家书及书札……，为任何政治家所必读。"他审订《曾胡治兵语录注释》时说："曾氏已足为吾人之师资矣"。在黄埔军校，他以曾国藩的《爱民歌》训导学生，希望军队的将士有一个崭新的精神面貌与必胜的信心。

一部《曾国藩家书》，堪称谋略学的百科全书。细读曾国藩留下来的文字，浸润着他自己对人生、事业的深刻领悟。其中没有空洞无物的大话，句句朴实无华，耐人寻味，然而最重要的是，这些浸透着人生哲理的箴言，既是他阅历了人情险恶的官场、风云莫测的战场后得出来的，也是他对中国传统谋略思想的精辟总结。五千年的人生智慧，在他一个人身上得到集中展现。曾国藩的成功，是他对成功经验和教训一点一滴积累的结果。他将这些成功经验写在家书、书信中或提醒自己，或教导子弟或朋辈，互勉共进。《曾国藩家书》，一部最生动、最系统、最真实的谋略学。

经典导读
JINGDIAN DAODU

曾国藩的从政为官之道

曾国藩在仕途上的发展可以说是一帆风顺。他于1838年中进士，1840年授翰林院庶吉士，1847年任内阁学士兼礼部侍郎衔，1849年任礼部右侍郎。在十年之内，连升十级。这在当时是很罕见的。变化如此之快，连他自己都感到很意外。即所谓"朝为田舍郎，暮登天子堂"。但他又很自负地在给弟弟的信中说："37岁至二品者，本朝尚无一人。"曾国藩升迁如此之快，有两个主要原因：一是个人勤奋干练，在士林中有一定的声望；二是得到穆彰阿的垂青，受其举荐。颇能洞察内情的王闿运就坚持认为，曾国藩的迅速发迹，主要是得益于穆彰阿的扶持和提携。事实正是如此，曾国藩才对穆彰阿感激涕零。从1840年到1847年间，除1843年赴四川充任正考官主持乡试以外，一直担任闲散文职。他充分利用这个条件，大量读书，结交友朋，精心研究历代典章制度和从政的经验，为以后的步步高升奠定了基础。也就是说，他有着与他人不同的机遇和自我从政能力的储备。

1. 适应环境。曾国藩是靠镇压太平天国起义而发家，但其为官生涯也颇费了一番周折。起初，他自命清高，对封建官场习气很不习惯，甚至厌恶、反感。在组成湘军之后，他一味蛮干，地方大吏不予合作，使他处处碰壁，吃软钉子；而一旦有了小小的战绩，他便沾沾自喜甚至洋洋得意，被别人抓住了小辫子，在官场上处境艰难。但是曾国藩是一个很注意总结经验教训的人。他及时发现了自己的不足，在为人处世方面不断自我修正。到1858年他再次踏入官场的时候，在处世作风上便一改往日的做法，逐渐得心应手。

2. 言行谨慎。曾国藩对自己有较为清醒的认识。他在给其弟的信中说："兄昔年自负本领甚大，可曲可伸，可行可藏，又每见人家不是。自从丁巳、戊午（即1857~1858）大悔大悟，乃知自己全无本领，凡事都见得人家几分是处。故自戊午至今九年，与40岁前迥不相同。"随着经历的增多，他的这种感受也越来越深，他还给在家的四弟说："开口议人短长即是极骄极傲之表现。"曾国藩是一个适应环境能力很强的人。他

清代中兴名臣曾国藩有十三套学问，流传下来的只有一套《曾国藩家书》。
——国学大师 南怀瑾

愚于近人，独服曾文正。
——毛泽东

阅读《曾国藩家书》正是与民族文化传统的一次对话，而解决现实的新的需求的机会，或者就蕴藏在现实与传统的对话之中。
——著名学者 解玺璋

曾国藩生前身后，毁誉参半。曾国藩的成功，可以归结为两方面的因素：一是其识人用人的本领，一是其"内用黄老"的谋略。前者可见曾国藩留下的《冰鉴》，这在一般人尚可了解、运用；后者则是《曾国藩家书》。
——《国学经典》

知道单凭自己的能力是不可能改变官场风习的。所以他就努力去适应这样的环境，调整自己的心态。他说：吾往年在外与官场落落不合，几至到处荆棘。此次改弦易辙，稍觉相安。"转变后的曾国藩在做官方面的本领有很大的提高，能够在较短时间里熟悉官场的习气，在以后的官宦生涯里，没有再发生任何过激行为。

3. 功成身退。1864年镇压太平天国运动以后，曾国藩的"事业"达到了顶峰。他根据自己对官场的了解和以往的历史经验，已经产生了功成身退的念头。尤其是

在进攻天京之前，他已经在考虑自己何去何从与如何收场的问题。他在给曾国荃的信里说："阿兄恭窃高位，又窃虚名，时时有颠坠之虞。吾通阅古今人物，似此名位权势，能保全善终者极少，深恐吾全盛之时，不克庇荫弟等，吾颠坠之时，或致连累弟等。惟无事时常以危词苦语互相劝诫，庶几免于大戾。"在曾国藩感到情况十分严重的时候，朝廷更是越发离间他和湘军将领及地方督抚的关系。面对这样的状况，曾国藩在给家中的一封信中说到过罢官归家的想法。但是人在江湖，身不由己。从他内心深处，也不愿意放弃他苦心经营的局面。于是便采用削减湘军的办法，缓和与清政府之间的关系。但是这样的办法不能够使他继续保持在清朝统治集团的地位。这是他第一次产生功成身退的念头；第二次是在镇压了捻军以后，仍然没有从官位上退下来。而他又未能以镇压太平天国的办法消灭捻军，也使他感到很没有面子。到处理了火烧望海楼事件的时候，他的退与不退，已经没有什么太大的意义了。 （陶　然）

《曾国藩家书》中的大智慧

曾国藩写家书，写得跟他人不一样。不谈抱负，不展胸襟，多说些种菜、养鸡之类的小事，使人大为不解。却不知这家书的可读之处，不在书里，而在书外。或者说，读罢书里才能悟到书外的意思。

100多年后的今人，早已了然曾国藩的用心良苦，说明今人比前人聪明。因此，现在较为普遍的看法是，曾国藩写家书，是间接地向朝廷表心迹，避免杀身之祸。所谓：功高震主者，身危。曾国藩自然也深谙其中三昧。古人避祸方式种种，却不见有借助家书以自表心迹的先例，可见曾国藩这人是绝顶的聪明。

除了农活家务小事，家书里还有一大部分涉及曾国藩所体验与感悟的为官处世的道理，乃其呕心而出的"为官谋略"，在今人眼里成为这部家书的精华所在。例如其"好汉打脱牙，和血吞"的名言，例如其"处大位而兼享大名，自古曾有几人能善其末路者，总须设法将权位二字推让少许，减去几成，则晚节渐渐可收场耳"的人生说教，很能赢得一些今世掌声。今人读家书，主要读这些内容。

我曾经认为，这是不得已写上去的，因为家书里若仅仅是种菜养鸡，盼早日归甲种田之类的内容，前人也不至于傻到不懂"此地无银三百两"的含义。但恰恰因于其家书里入木三分的毕生感悟，引起我对"曾国藩忧惧被杀，而作家书以自明"说法的小小的怀疑。

曾国藩若仅仅从避免杀身之祸出发，是不必向世人展示其"入世谋略"的精髓的，这种绝妙绝伦的为官谋略技巧，朝廷一样畏惧。并且，人称"曾剃头"的曾国藩会怕死？也经不起推敲。史实也不相信，因为他已死过好几回了。晚年的曾国藩曾几次吐过"吾日夜望死"的由衷之言。曾国藩读破万卷书，却不是书生。这种人就不可小看了。所以，我认真地看罢，认为里头隐藏着曾国藩非凡之深的心机。表心迹的说法是对的，但不仅仅是针对清王朝，曾国藩想到了百年之后，他的身后名。他的家书里关于"为官哲学"的部分，实际上是留给后人看的，他知道，后人一定会看他的家书，因为他的"为官哲学"实在是太过于打动人心了。

曾国藩别具这样一种良苦用心，是因为他心有隐衷。史书上，他绝对是作为一个不光彩的人物出现在后人眼里，那么，家书是他有力的辩白。后人看了他的家书之后，也一定会把家书里的曾国藩与史书里的曾国藩进行比较，家书里的曾国藩，是个正统意义上的人，有着清远的品格和正直的为人，人们可能会因此怀疑史书上是否有误。

的确，我们现在已经开始为怎样评价曾国藩而众说不一了，是家书为曾国藩在历史上的定位添了麻烦。曾国藩的大智慧，在于他在家书里的不辩白。综观历史，没有一位人杰像曾国藩这样窝囊，但也没有一位人杰具有曾国藩这样的智慧，从而勉强善终。这都与家书有关。诗人流沙河说他可怕，仅仅说到他治军的可怕，却没有讲到他家书的可怕。曾国藩家书，实在是一件前无古人、后无来者的处世杰作，集古今中外智力于一体的官场教科书。　(王纯野)

大师传奇
DASHI CHUANQI

曾国藩字伯函，号涤生。1811年出生于湖南省双峰县井字镇荷叶塘的一个豪门地主家庭。祖辈以农为主，生活较为宽裕。祖父曾玉屏虽少文化，但阅历丰富；父亲曾麟书身为塾师秀才，满腹经纶，作为长子长孙的曾国藩，自然得到二位先辈的爱抚，他们望子成龙心切，便早早地对曾国藩进行封建伦理教育了。曾国藩6岁时入塾读书，8岁能读八股文诵五经，14岁时能读周礼，史记文选，并参加长沙的童子试，成绩俱佳列为优等，可见他自幼天资聪明，勤奋好学。曾国藩从小听从祖训，"男儿需有倔强之气，人以懦弱无刚为大耻"，故曾国藩少年立志曰："此生不为圣贤，便为禽兽；不问收获，只问耕耘。"

曾国藩是中国历史上最有影响的人物之一。他从湖南双峰一个偏僻的小山村以一介书生入京赴考，28岁便考中了进士，从此之后，他一步一步地踏上仕途之路，并成为军机大臣穆彰阿的得力门生。在京十多年间，他先后任翰林院庶吉士，累迁侍读，侍讲学士，文渊阁直阁事，内阁学士，稽查中书科事务，礼部侍郎及署兵部，工部，刑部，吏部侍郎等职，曾国藩就是沿着这条仕途之道，步步升迁到二品官位。紧接着因母丧返乡，恰逢太平天国巨澜横扫湘湖大地，他因势在家乡拉起了一支特别的民团湘军，历尽艰辛为清王朝平定了天下，被封为一等勇毅侯，成为清代以文人而封武侯的第一人。后历任两江总督、直隶总督，官居一品，死后被谥"文正"。曾国藩所处的时代，是清王朝由乾嘉盛世转而为没落、衰败，内忧外患接踵而来的动荡年代，由于曾国藩等人的力挽狂澜，一度出现"同治中兴"的局面，曾国藩正是这一过渡时期的重心人物，在政治、军事、文化、经济等各个方面产生了令人注目的影响。

从文才上看，曾国藩的仕途畅通是与他好学有关，他学习孜孜不倦，苦读日夜不息，尤其在京参加朝考进入庶常馆学习后，"日以读书为业"。勤于求教，不耻下问，博览历史，重视理学，还读了大量的诗词古文，才华横溢，

曾国藩（1811～1872）

满腹经纶。官吏中如此勤奋好学者实不多见。由于他博览群书，涉猎文献，故在政治上有自己的独特观点：如要统治者"内圣外王"，要自如地运用儒法思想治理天下。他推崇程朱理学，认为程朱理学正统于孔孟之道，后君臣应以习之。尤其他曾主张或奏明皇上，提出治理天下之办法，涉及吏治与廉洁，选才与用才，物质与财用，兵力与兵法等。他应诏陈述政治主张说："今日所当讲求者，惟在用人，人才不乏，欲作用而激扬之，则赖皇上之妙用，有转移之道，有培养之方，有考察之法，三者不可废。臣观今日京官办事通病有二，曰退缩，曰琐屑。外官办事通病有二，曰敷衍，曰颟顸。习俗相沿，但求苟安，无过不肯振作起来，将一遇困难，国家必有乏才之患。"要想使官员振作起来，又须皇上以身作则。他从理论乃至实践上都极力标榜封建伦理道德，来维护地主阶级的根本利益。从武将上说，他本不具备先决条件，然而正是由于他的步步青云，得到了皇上与同僚们的青睐，他感皇恩，谢皇意，甘为保主子尽心尽力，表现在为建湘军呕心沥血，精心操劳练出了一支战斗力赛过绿营的正规军，为镇压太平天国立下了赫赫战功，为清王朝西拼东杀，征战毕生，直至卒死在两江总督的宝座上。

曾国藩是一个颇具魅力的神秘人物，近百年间许多豪杰人物都对他顶礼膜拜。人的神秘可能来自本身经历的坎坷曲折，也可能来自其人的独行孤举，而最重要的是他的人格魅力。他最终从群山环绕的峰谷中走出，走进一座高山仰止而很少有人企及的"圣殿"。功高震主者危，行高举独者谤，自古已然。面对"不世之功"，嫉贤妒能者有之，幸灾乐祸者有之，千刀万剐者有之，而曾国藩最终保存了自己，幸免天噬，不能不说是一个奇迹，一个谜。关于曾国藩，肯定之言，誉其为完人，谓其"立德、立功、立言三并不朽"，谓其成就震古烁今，成孔子之后两千年来《春秋》经世之义之唯一"解人"。否定之言，则谓其为"吾祖民贼"，"民族罪人"，谓其愚诚而不顾"民族大义"。呜呼，如此大誉大毁之人，求之中国历史，能有几人乎？求之世界历史，又能有几人乎？近百年来仁者见仁，智者见智，对曾国藩褒扬者有之，斥骂者也不乏其人。早在曾国藩镇压太平天国时，即有人责其杀人过多，送其绰号"曾剃头"。到了1870年"天津教案"，不少人骂他是卖国贼，以致曾国藩也觉得"内咎神明，外咎清议"，甚至有四面楚歌之虑。

读曾国藩，读懂曾国藩，通解曾国藩的学识、见解和主张。更直接、更清晰、更深入地窥见他的内心世界。对人生，对世事会有"柳暗花明"之感慨！

《颜氏家训》是北齐文学家颜之推所作的著名家训，是一本教育子弟的书，一经产生便被历代奉为金科玉律，自隋朝以来影响普遍而深远。此书文字生动优美，思想内涵深邃，是儒家思想在家庭教育中的实际应用，是以儒家思想全面阐发修身治家的开山之作。书中告诫子孙要见贤思齐、苦学成才，强调学以致用，报效国家，传业扬名，全书内容广博，除谆谆家训外，还从侧面反映了当时的历史和社会生活情况。该书论述平实，见解独到，思想通博，不落时俗，成书一千多年来，备受推崇，影响深远，被誉为"家训之祖"。

※　　※　　※　　※

曾国藩一生都在逆境之中，而且没有任何的先天优势，却最终能够成就一番事业，在不可能之中做出可能的大事，得力于他的反经学问。**《反经——曾国藩反败为胜的八大策略》**一书从曾国藩一生八个角度剖析曾国藩成就大事的原因，见解独到，是研究曾国藩的别具意味的作品。

★最有影响和最畅销的世界十大名著之一

★欧洲历代君主的案头书

★一部毁誉参半、不可不读的奇书

君主论

马基雅维里 Machiavelli （意大利 1469~1527）

《君主论》这部书既不是一部讽刺作品，也不是一部道德教科书，而是一部为马基雅维里的同时代人所写的政治杰作。为政治学提供"一般的"理论，绝不是马基雅维里的意图，他只是描写了习俗即他自己的时代的思考与行为的方式。

——西方大思想家 卡西尔

16世纪正是欧洲的文艺复兴时期，这一时期正如恩格斯指出的那样，是一次人类从来没有经历过的最伟大、最进步的变化，是一个需要巨人的时代，而且产生了巨人……在思维能力、热情和性格方面，在多才多艺和学识渊博方面的巨人时代，马基雅维里正是这个伟大时代的巨人之一。在马基雅维里的著作中，《君主论》是最小的一本，但却最有名。此书在作者去世后5年即1532年发行，迄今已400多年。从西方到东方，在宗教界、政界、学术领域和社会上引起了各种强烈的反响，在20世纪80年代又被列为最有影响和最畅销的世界十大名著之一。

马基雅维里在思想史上是一位谜一样的人物，对他思想的评论解读，几百年来一直众说纷纭，留下种种相互分歧的评断。有人认为他在政治理论方面导致了一场革命，有人却称之为"罪恶的导师"。哲学家罗素就斥《君主论》为"恶棍的手册"，而在欧洲叱咤风云的拿破仑则视其为政治家的枕中秘籍。该书撕破人类道貌岸然的表象，揭示出人类心灵深处最卑鄙、最肮脏、最奸诈、最残忍的部分。马基雅维里认为，君主可以不择手段地达到自己的目的，他们可以奸诈、残忍、背信弃义，而最终却往往会被后人奉为杰出的人物。有人认为尽管《君主论》有助于认识人类的丑恶一面，但这本书本身也是一种罪恶，因为它不但无助于人们向善的方向发展，反倒为恶的存在寻求合理依据。善良的书使人向善，邪恶的书使人向恶。《君主论》也曾一度被看成是人类智慧开出的最丑恶最刺眼的花朵，更是于1559年在欧洲被一度列为禁书。

由于马基雅维里坦诚地揭示了政治艺术，使得《君主论》成为有史以来引起争论最多的著作，它遭到最多的攻击，也受到最严重的误解甚至曲解。但是它的重要性并没有因此而受到忽视。有人说它是"人类智慧在政治思想方面最精深的表现"，有人说它是"人类历史迈向科学研究的郑重一步"，因此它成为400年来形成欧洲人思想的10部名著之一。罗素指出："这世界已经比向来更类乎马基雅维里的世界，现代人谁希望驳他的哲学，必须作一番超过19世纪时似乎有必要作的深思。"

旷世杰作 KUANGSHI JIEZUO

《君主论》（亦名《霸术》），是意大利政治家、思想家尼科洛·马基雅维里的代表作。16世纪初叶的意大利，邦国林立，政乱方殷。1513年，佛罗伦萨的学者马基雅维里僻处乡野，操危虑患，经过一番惨淡经营，完成了他的《君主论》一书。和那个时代写作君王宝鉴的其他作家们一样，马基雅维里把它献给了当时佛罗伦萨的统治者美第奇家族的小洛仑佐，希望能借此换得一官半职。可惜，对于这样一部后来成为政治学史上的煌煌名著，耽于逸乐的小洛仑佐仅仅赏给作者两瓶葡萄酒便草草了事。在马基雅维里去世之后5年，《君主论》才最终得以印刷发行。

《君主论》是一本关于君主应该如何治理国家的著作，全书看似薄薄一册，实则深文周纳，玄机四伏。全书以源自经验的理念为基础进行逻辑推演与概括，彻底斩断了与当时还占统治地位的古典政治学、伦理学与基督教传统的联系。整本著作集中讨论了两个问题：君主权力的类型及如何获得和保持这种权力。整个《君主论》似一张密不透风的网，不但是马基雅维里的得意之作，也是西方思想史上的经典著作之一。500年的时间里，无论是赞扬还是谩骂，《君主论》的魅力丝毫不减当年，是马基雅维里真正把古典价值观

···华文精选···

革新的记忆与原因，由于统治已经年代久远并且连绵不断而消失了；因为一次变革总是为另一次变革留下可以继续进行的条件的。

人们爱戴君主，是基于他们自己的意志，而感到畏惧则是基于君主的意志，因此一位明智的君主应当立足在自己的意志之上，而不是立足在他人的意志之上。

青少年必知的智谋经典

中"求好"的追求变成了现代价值观的核心"求新"，他成为整个现代性的源头，开启了西方思想史的新纪元。他从国家利益出发，认为主权拥有者——君主——可以不顾道义以实现国家利益。在他那里，主权不仅对内方面是绝对的和不受限制的，对外方面也同样如此，因为君主不仅不承认、也不服从外部任何单位的权威；就连自己与别国达成的契约，也可以违背，国家可以以需要为借口运用一切手段——包括侵略战争——来实现国家利益。

《君主论》是一部划时代的著作，全书共26章，论述了新君主确立、巩固及君主的统治方法，提出了被称为"马基雅维里主义"的政治学理论。主张君主为了达到目的，可以不择手段。《君主论》的写作目的主要着眼于意大利政治分裂的现实，马基雅维里希望意大利出现一位强大的君主，谋求国家统一和民族独立。它把政治当做一个现实的权宜之计来探讨，而不是当做理想问题来研究，同时又把历史当做实践的向导，发扬了鉴古知今的精神。马基雅维里的政治学说主流是爱国主义，反映了新兴资产阶级反对封建割据，

●●●华文精选●●●

君主务必把担待责任的事情委诸他人办理，而把布惠施恩的事情自己掌管。我们还可以得出结论说：君主因此必须看重贵族，但是不应该因此使自己为人民所恨。

君主既然必须懂得善于运用野兽的方法，他就应当同时效法狐狸与狮子。由于狮子不能够防止自己落入陷阱，而狐狸则不能够抵御豺狼。因此，君主必须是一头狐狸以便认识陷阱，同时又必须是一头狮子，以便使豺狼惊骇。

拥护中央集权，反对外来干涉，主张民族独立的人文主义精神。

一部伟大的著作必然充满了争议，但这些却丝毫掩盖不住《君主论》这部划时代著作所发出的耀眼光芒。马基雅维里的《君主论》是为那些处心积虑企图夺取或保有大权的人而写的，是一本关于政治谋略的书，是欧洲思想史上的一部重要著作，原《欧洲文学史》的评价是：作者"为了夺取并维护权力，主张使用诈术，不受任何道德的约束"。新编《欧洲文学史》则不仅对《君主论》的内容与特色作了扼要的概括，而且交代了这部著作一度被歪曲理解、后来又得到纠正的史实。马基雅维里《君主论》中"狮子与狐狸结合"的思想，甚得后世枭雄希特勒的欣赏。兵法与权谋术数的巧妙结合，使其具备了机巧、诡诈、神秘的特性。

《君主论》问世以后，对整个世界的政治思想和学术领域都产生了极为巨大的影

响，然而毁多于誉，对这部书及作者的攻击几乎一直没有间断过。只是到20世纪后期，人们才逐渐地能够以平静的心情和科学的态度来予以研究。在西方，这部书被认为是人类有史以来，对政治斗争技巧的最独到、最精辟、最诚实的"验尸报告"。四个多世纪以来，《君主论》在西方和东方的政界、宗教界、学术领域及社会上产生了强烈的反响。除了内容上的许多片面和偏激之处外，该书的历史进步意义是不容置疑的。马基雅维里指出政治问题的核心是权力，第一次完整地提出资产阶级国家学说，被认为是近代西方政治学的奠基人。此外，从拿破仑到克伦威尔，从希特勒到墨索里尼，都深受《君主论》的影响，甚至把这本书奉为政治家的最高指南。

经典导读
JINGDIAN DAODU

《君主论》的权力谋略

《君主论》的核心是论述君主如何统治和治理国家，即权力成为马基雅维里探讨的主题。他领先于洛克和孟德斯鸠，阐发了权力制约与平衡的思想：他赞扬党派纷争，认为这有利于君权的居中调度；他直面社会的冲突，认为利益间的冲突反而有利于共和制的长治久安；他指出路易十二世的5个错误，如灭掉弱小国家、扩大强国势力，这实际上是不懂得保持均势的艺术。这样，由于各党派的力量在相互斗争中得到平衡，他们之间的相互监视和权力制约，使得任何一种势力都不可能取得压倒性的胜利，民主和自由就由此产生。但是，马基雅维里的权力谋略是相当丰富的，他的权力思想实际上是建立在对权力合法性充分论证的基础之上的。

> 欧洲的若干学者相信，千百年来，人类写过三部具有永恒价值的处世智慧奇书：一是《君主论》，二是《孙子兵法》，三是《智慧书》。
> ——《纽约时报》

> 马基雅维里拒绝了基督教的伦理学，而信奉另一个体系，一个异教徒的道德世界，这就是勇气、活力、百折不回、公共成就、秩序、纪律、幸福、力量、正义，尤其是对保证这些品质实现的正当要求、知识和权利的维护。
> ——英国哲学家和政治史家赛亚·伯林

权力之所以合法是因为：权力合乎人性；权力合乎道德；权力合乎目的。马基雅

青少年必知的智谋经典

维里的思想往往难于理解，似乎是因为他的思想显得矛盾而复杂。他虽然认为民众不具有自然的美德，天生自私自利和忘恩负义。但是，他却认为维持城邦自由和强盛的关键在于依靠民众。因此，权力的运用如果合乎人性的不同发展状态，权力就是合法和合理的。他认为，当时现实中的人心已经堕落，道德已经沦丧，更谈不上古罗马的公民美德，教会使得意大利四分五裂，如果此时追逐罗马式的共和不仅不合时宜，而且只能是一种空中楼阁。对于道德沦丧的国家，只有用武力、用君主来救治才显得切实可行。这种君主制在一段时间内也许是必要的，但如果民众具备良好的美德和健全的人性，那么共和制就成为一种必要，这也是马基雅维里倾心的理想政体。他实际上奠定了这样一种理念：国家权力的合法性基础根基于与时俱进地适应人性的发展，民众是国家权力的最后拥有者和合法性来源。

> 马基雅维里自称是在给国王讲课，其实他是在用《君主论》给人民讲大课。
> ——卢梭
>
> 马基雅维里的《君主论》于1513年问世，它把政权的基础由神圣转到世俗，它向国家的内部去寻求国家的重心，而把道德思想和价值判断完全驱逐出政治思维的领域之外。
> ——德国思想家 梅尼克

马基雅维里从经验得出，所谓的道德就是有助于君主夺取和维护权力，有助于国家的安全和存续，相反的，就是不道德的和不正义的。正是在这个意义上，人们一般认为他所推崇的权力实际上是建立在不道德的基础之上的。事实上，且不说他对于善良、贤明的统治者，如奥勒留的喜爱远胜于像尼禄那样凶恶、残酷的统治者。最重要的是，他是以现实的眼光来看待政治和权力的，他认为这种世俗的、公共的、爱国的道德和神学的、私人的、赎罪的道德具有同样的价值和地位。因此，君主既像狮子又像狐狸运用权力，完全是合乎道德的。

权力的合法无论是合乎人性还是合乎道德，最终都是建立在合乎目的的基础之上的。权力无论是通过什么手段获得和维持，都应该服从并遵循一个唯一的目的，只要这个目的被经验事实证明是有效的和必需的，权力就是合法和正当的。这个唯一的目的就是国家的安全和人民的幸福。手段是否合法，是不具有独立意义的，只要合乎目的的手段，就是合法的。马基雅维里不仅认为宗教具有调剂功能，承认道德准则具有稳定国家的功能，甚至承认包括君主制和共和制在内的各种政体都有利有弊，并不存

青少年必知的智谋经典

在唯一绝对良好的政体，所有这些都只是国家赖以统治的工具。君主如果能适应时代潮流，以唯一的目的为准绳，把这些工具当做有价值的盟友善加利用，就可以影响人民去积极追求君主自己的目的，促进国家的安全与稳定。

（陈双鹏）

君王们的谋略

马基雅维里认为，"一位君主必须依靠他的行动去赢得伟大人物与才智非凡的声誉"。这是最重要的。君主应"慎思明辨，人道为怀，有节制地行事，以免由于过分自信而使自己流于轻率鲁莽，或者由于过分猜疑而使自己褊狭不能容人"。他认为君主们的谋略应该包括：

一、注重实效，不图虚名

马基雅维里主张，君主应以能否有效治理国家、抵御内乱外侮、维护国家统一稳定为其统治目标，不可贪图一时的虚名。君主的行为应考虑是否损害大多数人民的利益、是否会危及政治统治。

《君主论》英文版封面

马基雅维里说，慷慨是好名声，但慷慨只对谋取君主地位的人才十分必要，因为这是笼络民心、争取人民支持的重要手段；尤其对于别人的钱财，君主不应该忽略表示慷慨的任何机会。"一位君主如果带军队出征……慷慨是必要的，否则士兵就不追随他了。"而对于已经君权在握的人来说，慷慨是有害的，君主的慷慨必然加重人民的负担，失去民心。因为君主若希望有人能为其歌功颂德，就不可避免地会带有奢豪的性质，一掷千金，以至于挥霍无度，耗尽财力。尽管少数受其恩惠的人对君主感恩戴德，却令天下百姓深受重赋之灾。因此，英明的君主对吝啬之名不应该有所介意，"这是他能够统治下去的恶德之一"。

马基雅维里还指出，君主必须提防滥用仁慈。"君主为着使自己的臣民团结一致和同心同德，对于残酷这个恶名就不应该有所介意，因为除了极少数的事例之外，他比起那些由于过分仁慈、坐视发生混乱、凶杀、劫掠随之而起的人说来，是仁慈得多

了，因为后者总是使整个社会受到损害，而君主执行刑罚不过损害个别人罢了。"

二、避免轻视与憎恨

马基雅维里说，"君主如果被人认为变幻无常、轻率浅薄、软弱怯懦、优柔寡断，就会受到轻视。"他认为，作为一国之君，需具备令人信服、敬仰的气质和大家风范。要得到臣民的敬重，君主必须表现出一系列良好的品质：遇事沉着冷静、从容不迫，既要谨慎、周全地考虑问题，又要果断、大胆地做出决定，要具有勇敢、坚韧的个性。切不可遇事慌张，毫无主见，优柔寡断，或是刚愎自用，喜怒无常。

马基雅维里认为，理想的君主应当既使人民爱戴，又使人民畏惧，但是他认为一个君主要两者兼具也许是十分困难的，若要有所取舍，那被人畏惧要比受人爱戴安全得多。因为"人们爱戴君主，是基于他们自己的意志，而感到畏惧则是基于君主的意志，因此一位明智的君主应当立足在自己的意志之上，而不是立足在他人的意志之上。"君主应时时保证自己的绝对权威。

马基雅维里又认为，一个君主虽然可以不必使人民爱戴，但却决不应使人民憎恨，因为他们人数众多。他"非难那种依赖堡垒而认为来自人民的仇恨无足轻重的君主"。因为他认为，"当人民对君主心悦诚服的时候，君主对于那些阴谋无需忧心忡忡；但是如果人民对他抱有敌意，怀着怨恨的话，他对任何一件事，对任何一个人就必然提心吊胆。"君主"最好不过的堡垒就是不要被人民憎恨"，如果人民憎恨你，即便有真正的要塞，也将无济于事。

三、重民

马基雅维里说，"如果一个人由于人民的赞助而成为君主的话，他应该同人民保持友好的关系。因为他们所要求的只是免于压迫，君主是能够轻而易举地做到这一点的。但是一个人如果同人民对立而依靠贵族的赞助成为君主的话，他头一件应该做的事就是想方设法争取人民。""君主必须同人民保持友谊，否则他在逆境之中就没有补救办法了。"马基雅维里重视"人民"的作用，深知水能载舟、亦能覆舟的道理。他认为不论君主是否曾经依靠人民的支持而登上宝座，都应重视同人民的关系。如果是的话，切不可在成为君主后就无视人民的存在，仍应善待人民，使他们免于压迫、剥削。如果不是，就更应该努力争取人民的拥护与支持，赢得人民的信赖。如果君主认为，只要有坚固的堡垒、城池便可高枕无忧，那就大错特错了。在马

基雅维里看来，人民人数众多，不可等闲视之。否则，君主在逆境中将陷入孤立无援、众叛亲离的境地。只有赢得天下百姓的支持、拥戴，君主才可能稳居宝座，不怕小人的居心叵测、阴谋诡计；但如果激怒了民众，再牢不可破的要塞也无济于事，君主终究要被人民赶下台。（韦　琳）

大师传奇 DASHI CHUANQI

马基雅维里是意大利著名的政治学家、历史学家和文学家。1469年5月3日出生在佛罗伦萨一个衰落的贵族家庭。受过人文主义教育，学识广博。1498年萨沃纳罗拉政权解体时，开始在佛罗伦萨共和国担任书记官等职务，多次出使意大利各城邦和欧洲国家。1512年因美第奇家族在佛罗伦萨复辟而被解职，次年遭放逐，从此隐居乡村，从事写作。他著有许多政治学、历史学著作，著名的《君主论》（1513）最先完整地提出了资产阶级国家学说；《佛罗伦萨史》（1520~152）和《军事艺术》（1519~1520）曾得到马克思的好评。这些著作结构严谨，善于在史料的陈述中勾画人物的形象，是优美的散文。马基雅维里不仅是一位欧洲著名的多才多艺、学识渊博的文艺复兴时代的巨人，而且是一位在意大利历史上享有盛

马基雅维里　（1469~1527）

185

名的爱国主义者和人文主义思想家。

马基雅维里是西方思想史上遭受非难最多的伟大思想家，他的思想对政治生活中的道德基础产生了重大威胁。迄今为止，他的名字仍然作为狡猾、口是心非和在政治事务中运用欺诈的象征。罗素认为，对马基雅维里的毁谤"一大部分出于恼恨人坦白自供坏事的伪君子的愤慨"。

事实上，真实的马基雅维里却是另一种面貌。布克哈特在《意大利文艺复兴时期的文化》中指出："在所有那些认为有可能建设一个国家的人们当中，马基雅维里是一个无与伦比的伟大的人物。他把现存势力看做是有生命的和能动的，对于可能采取的方法，观察得广泛而精确，既不想自欺也不想欺人。他不矜虚荣且不尚浮夸，无人能及；的确，他不是为一般群众，而只是为了君主和执政者，或者是为了私人朋友而写作的。对他来说，危险并不在于他冒充天才或在于思想体系的错误，而在于他自己显然也难以控制的强有力的想象力。

马基雅维里的政治论断的客观性，其坦率程度有时令人吃惊，但它是危急存亡之秋的朝代标志。在马基雅维里所处的那个时代里，人们是难以相信正义或者别人有正义的行为的。我们如果从道德观点上来衡量而对他感到愤怒，那是没有必要的，因为我们已经看到我们自己这一世纪的政治家们是把政治道德理解为什么意义的。"

在西方马基雅维里被看做是近代政治哲学当之无愧的奠基者。他的名字也成为一派独立的政治学理论，即"马基雅维里主义"，他的思想决非政治学或者断代历史学（如文艺复兴史）的狭窄领域所能概括的，他的思想只有放置进哲学史和政治史中才能得以理解。他与他之前的所有政治哲学家都毅然地决裂，并开创了思想史的新时代，他的思想成为现代性的开端与起源，西方学者称其为"政治学之父"。

延伸阅读 YANSHEN YUEDU

葛拉西安的人生经验显示出无人能比的智慧，他的《智慧书》谈的是知人观事、判断、行动的策略——使人在这个世界上功成名就且臻于完美的策略，是与《君主论》、《孙子兵法》齐名的人类三大智慧奇书之一。全书由300则箴言警句构成，这些箴言警句意义深远而不可不与友朋同事分享共赏，又鞭辟入里而不能不蒙敌人对手于鼓里。葛拉西安这位哲学大师以一种令人感到惊异的冷峻客观态度，极深刻地描述了人生处世经验，为读者提供了战胜生活的尴尬、困顿与邪恶的种种神机妙策。通过这些多姿多彩的人生格言，人们不仅能获得克服生活中可能出现的逆境的良方，更重要的是可以增强对生活的理解和洞察力。

青少年 必知的智谋经典

青 少 年 必 知 的 经 典 系 列

　　安德烈·博福尔是法国军事理论家，他所推崇的"使用军事胜利以外方式取得某一结果"的所谓"间接战略"，是西方资产阶级军事理论中颇有影响的一种流派。博福尔是从总体战入手阐述战略问题的。在他看来，由于战争是总体性，它将在政治、经济、外交、军事等诸领域内展开，因此，他认为"战略也必须是总体的"，战略已不再是军人独占的禁区。博福尔虽然将自己于1963年出版的这本书定名为《**战略入门**》，但其中却阐述了许多独特而深奥的战略原理。对此，利德怀·哈特在为该书所作的序中曾评价说："事实上，他的书是迄今所出版的一本内容最丰富、写得最严谨的战略专著。在许多方面超过了过去的任何著作。这本书可能成为这门学问方面最优秀的一本教科书。"

战争论

卡尔·冯·克劳塞维茨 Carl von Clausewitz（德国 1780~1831）

> 无论从形式上还是从内容上，《战争论》都是有史以来有关战争的论述中最高超的见解。
>
> ——原德军总参谋长　冯·施蒂芬伯爵

克劳塞维茨是普鲁士著名的军事理论家，现代战争思想和军事理念的奠基人。在德国，众多军事家都把克劳塞维茨看做是他们的"开山祖师"，对《战争论》推崇备至。

《战争论》是西方近代军事理论的奠基之作。在《战争论》中克劳塞维茨运用德国古典哲学辩证法对以往战争特别是拿破仑战争加以总结，并在此基础上对战争理论进行了深入的分析考察，从而提出了诸多跨时代的军事理论观点，引发了一场军事理论界的革命。《战争论》是一部博大精深、举世公认的军事学经典著作，书中蕴藏了许多军事科学和军事艺术的珍宝。它实际上阐述的是一种对战争最有价值的反思，是对战争最本质的把握，它向军事思想家们勾勒了一幅浩渺的统帅艺术的画卷，同时也以深刻的认识震撼了整个世界。

《战争论》具有很高的学术地位和研究价值，被誉为西方近代军事理论的经典之作，对近代西方军事思想的形成和发展起到了巨大的作用。作为一部不朽的军事理论著作，《战争论》所引起的反响，也实现了克劳塞维茨自己所期望的："我的抱负是要写一部不是两三年后就被人遗忘，而是对此有兴趣的人经常翻阅的书。"可以说克劳塞维茨是历史上第一个试图通过严密的逻辑对战争进行科学部署的人。他把对历史

青少年 必知的智谋经典

上诸多战例的详细分析，结合自己对所处的时代军事冲突的实际考察，从而得出了关于战争本质的许多深刻见解，再加上他为研究战争理论而制定的一整套方法论原则，这些都在很大程度上推动了整个西方军事谋略学的发展。

多年以来，《战争论》也一直被美国西点、英国陆军以及法国圣·西尔等世界一流军校广泛地应用于教学。《战争论》是世界军事战争史上的一朵奇葩，它的智慧之光照亮了整个世界，在一定意义上讲，《战争论》就是军事战略学的"圣经"。

旷世杰作 KUANGSHI JIEZUO

克劳塞维茨的《战争论》是西方近代军事理论的最重要的著作，对近代西方军事思想的形成和发展起到了重大的影响。克劳塞维茨本人也曾参加过欧洲反法联盟对拿破仑的战争。历任骑兵军参谋长、军团参谋长、柏林军官学校校长等职，并获少将军衔，长期的军事实践为其后来形成系统的战略理性思维提供了坚实的现实依据。《战争论》是克劳塞维茨对战争长期的观察、研究、分析、思考的结晶，书中既有对战争进攻与防御的宏观描述，又有对战争本质的深刻反思，所以说它既是一部军事理论著作，同时又是一部思想深邃的哲学著作。

宏观上研析军事谋略学的军事理论著作《战争论》共3卷8篇124章。第一篇，论战争的性质；第二篇，论战争理论；第三篇，战略概论；第四篇，战斗；第五篇，军队；第六篇，防御；第七篇，进攻；第八篇，战争计划。整部著作涉及军事领域的各个方面，包含了大量丰富且具跨时代意义的军事谋略思想。

••••华文精选••••

战争是一种人类交往的行为，战争不属于技术或科学的领域，而属于社会生活的领域。战争是一种巨大的利害关系的冲突，然而更接近战争的是政治，政治也可以看成是更大规模的贸易。不仅如此，政治还是孕育战争的母体，战争的轮廓在政治中就已经隐隐形成，就好像生物的属性在胚胎中就已形成一样。

战争就是政治交往用另外一种手段的继续。我们之所以讲是用另外一种手段，就是为了要同时指出，这种政治交往并不会因为战争的爆发而中断，也不会因为战争而变成某种根本不相同的东西，无论利用什么样的手段，政治交往实质上总是不间断地存在的。而且，战争事件所遵守开受其约束的主要路线，是贯穿全部战争直到媾和为止的政治交往的轮廓。

战争是政治的继续。克劳塞维茨认为，战争就如同一条变色龙，每一次战争都有其自己的特色，千变万化，各不相同。但战争的暴烈性，战争的概然性和偶然性却是

189

其根本属性之一。从战争与政治的关系看，政治是战争的母体。在任何情况下，都不应把战争看成独立的东西，而要看做是政治的工具，是为政治服务的。军事观点必须服从于政治观点。任何企图使政治观点从属于军事观点的做法都是错误的。战争爆发之后，并未脱离政治，仍是政治交往的继续，是政治交往通过另一种手段的实现，是打仗的政治，是以剑代笔的政治。战争的目的就是消灭敌人，而消灭敌人必然要通过武力决战，通过战斗才能达到，它是一种比其他一切手段更为优越、更为有效的手段。消灭敌人包括物质力量和精神力量两个方面。当然，消灭敌人并不意味着蛮干。有勇无谋的硬干，不仅消灭不了敌人的军队，反而会使自己的军队被敌人消灭。

克劳塞维茨认为战略包括精神、物质、数学、地理、统计五大要素。精神要素指精神力量及其在军事行动中的作用；物质要素指军队的数量、编成、各兵种的比例等；数学要素指战线构成的角度、向心运动和离心运动等；地理要素指制高点、山脉、江河、森林、道路等地形的影响；统计要素指一切补给手段等。克劳塞维茨认为，"这些要素在军事行动中大多数是错综复杂并紧密结合在一起的。"其中精神要素占据首位，影响战争的各个方面，贯穿于战争始终。

"物质的原因和结果不过是刀柄，精神的原因和结果才是贵重的金属，才是真正锋利的刀刃。"在战略战术的基本原则上，克劳塞维茨认为，数量上的优势在战略战术上都是最普遍的制胜因素。虽然在实际作战时，通常不可能处处形成优势，但必须在决定点上通过巧妙调遣部队，造成相对优势。一切军事行动或多或少地以出其不意为基础，才能取得优势地位，使敌人陷入混乱和丧失勇气，从而成倍地扩大胜利的影响。战略上最重要而又最简单的准则是集中优势兵力。用于某一战略目的的现有兵力应同时使用，越是把一切兵力集中用于一次行动和一个时刻就越好。会战是战争的真正重心，由几个战斗所形成的大规模会战能有效地消灭敌军，所取得的成果最大，所以高级将领应当重视这种双方主力之间的战争，视其为挫败敌国交战意志的重要手段。

对于战争中的攻防，克劳塞维茨则认为，进攻和防御是战争中的两种基本作战形式。二者是相互联系、相互转化的。整体为防御，局部可能为进攻。进攻中含有防御因素，防御中也含有进攻因素。进攻可转变为防御，防御也可以转变为进攻。一般说来，防御要离自己的兵员和物资补给地较近，能依靠本国民众的有利条件，但它的目的是消极据守。进攻具有"占领"这一积极目的，并通过占领来增加自己的作战手段。克劳塞维茨还提出要积极向战史学习。战争理论是成长于战争经验土壤里的果实。战史是最好的、最有权威、最能说服人的教师。战争理论和原则的提出，应当在研究战史的基础上进行。当然，战争理论也要随着时代和军队的变化而变化，要适应特定国家的需要，这也具有相当的时代特点。

《战争论》中克劳塞维茨认为："战争不是独立的东西，而是政治通过另一种不同的手段的继续，因此，所有大的战略计划中的主要方针，绝大部分都是带有政治性的，而且这些主要方针越是涉及整个战争和整个国家，它们的政治性也就越为明显。"在此基础上，他提出了一个著名论

••• 华文精选 •••

坚强是指意志对猛烈打击的抵抗力，顽强则是指意志对持续打击的抵抗力。虽然坚强和顽强这两个词的意义十分接近而且常常相互代用，但是它们之间本质上的显著差别是不容忽视的。人们对猛烈打击所表现出来的坚强，可以仅仅来自意情力量，但顽强却还要更多地依靠智力的支持，因为，随着行动时间的延长，就要加强行动的计划性，顽强的力量有一部分就是从这种计划性中获得的。

点："战争无非是政治通过另一种手段的继续"，"政治意图是目的，战争是手段，没有目的的手段永远是不可想象的。"《战争论》一直也受到各国军事界的普遍重视。列宁曾高度评价了《战争论》一书的学术价值，并始终把"战争是政治的另一种手段的继续"这一原理公正地看做考察每一次战争意义的理论基础。

英国军事历史学家迈克尔·霍德华认为，克劳塞维茨的巨著《战争论》，可能在许多年里，将要成为一切认真从事战争与和平研究的人的基本典籍。他的著述深度和创造性把战争研究引向了一个全新的阶段，其中关于从总体上探讨战略等问题的一些观点，今后仍然是几乎所有谈及此类问题的新理论的出发点。日本《现代战略论》一书的作者小山内宏认为，克劳塞维茨是近代制定科学战略论、具有军事天才的一个人。他在其不朽的古典战略论——《战争论》中揭示了战争的本质，其战略理论正在成为欧美现代战略思想的出发点。在现代战争中，克劳塞维茨的战略思想仍以其现实意义

在向前发展。

伟大的军事谋略巨著

卡尔·冯·克劳塞维茨的《战争论》是一部19世纪军事理论顶峰的伟大之作。他的贡献可简单概括为一句话：对西方世界十八九世纪的战争现象进行了从宏观到微观尽可能全面而细致的考察，从而使军事理论在其深度上达到了他所处时代的巅峰，而且是前所未有的巅峰。因为，自哥伦布发现新大陆后，欧洲新兴的资本主义文明逐渐领先于世界诸文明，因而《战争论》作为资本主义文明体系孕育的产物，也是那个时代极少数的最先进的军事思想成果。

事物的意义从时间角度来看，分现时和长远两部分，意义越是久远，其价值就越大。《战争论》对19世纪的现时意义是毋庸置疑的，随着时光的流逝，社会演进至21世纪，《战争论》的长远价值也开始凸现。对于当代战争指导而言，克劳塞维茨在宏观战略层次上的思想仍然具有极强的生命力。例如，他认为要打垮敌人必须在实力上保证三个条件：（1）使我们能够对敌人军队获得一次决定性的胜利；（2）使我们能够经受得起必要的兵力消耗，可以把胜利发展到敌人不再能恢复均势的程度；（3）我们在政治上的处境必须能保证：这样的一次胜利不致招来新的更强大的敌人，不致为了对付他们而丢开原来的敌人。这一原理今天对于国家战略计划的制订仍具有指导意义。再如，当实力处于绝对劣势时，克劳塞维茨认为：即使自己没有获胜的可能性，也不应该认为采取行动是不可能的或者是不理智的。如果我们没有更好的办法，而且兵力很少，那么，尽可能地把一切安排妥当，就始终是理智的。这一

···华文精选···

> 战争中的防御（其中包括战略防御）不是绝对的等待和抵御，也就是说，不是完全的忍受，而是一种相对的等待和抵御，因而多少带有一些进攻因素。防御的最好的手段是进攻，对这点来说古今中外实例甚多；相反，进攻也不是单一的整体进攻，而是在不断同防御交叉进行，我中有你，你中有我。一个聪明的指挥官、军事家都会审时度势，灵活地运用进攻和防御。

论述对今天小国或弱国同大国对抗时战略的制定，仍是一种正确的态度。类似这样精辟的观点，《战争论》中可谓珠玑满盘，比比皆是。

克劳塞维茨对"理论"的构建独具慧眼，"任何理论一接触精神因素，困难就无限增多"、"理论必须考虑到人的感情"、"理论应该是一种考察，而不是死板的规定"。这些见解对那些试图在自己专业领域建筑理论的学者以及人们如何识别理论的优劣极有启示。当代人文社会科学中，引进自然科学的理论和方法已是一种时尚，各种机械的数学模型纷纷在人文社科领域亮相，虽然这些模型有一定的参考价值，但与现实相距甚远，原因就在于它们不考虑人类的情感问题，而置身于19世纪的克劳塞维茨却能对此一眼洞穿，他自己在建筑着军事理论，但同时机警地避免坠入其中的陷阱，体现了非凡的睿智。他具有极其深厚的哲学素养，是一位深悉知识价值的人，"知识必须变为能力"。他借助哲学的翅膀，时而翱翔于战争的"形而上"的天空，时而着落在"形而下"的陆地，对战略、战术一系列问题给予深刻的哲学透视，使他在许多见解上达到了博大精深的地步，并将军事理论推进到一个前所未有的境界。

（倪乐雄）

《战争论》的实用性和可操作性

大凡兵法书及战争理论著作都是经验性的理论总结，脱离战争实践经验的兵法书是没有的，纸上谈兵只是笑柄。克劳塞维茨的《战争论》也不例外。然而，《战争论》一书的经验谈特色是更浓郁、更突出，全书完全是作者自己亲历战争的经验总结以及诸多战例的经验概括。

克劳塞维茨十分重视实践经验，自觉地把实践经验上升为理论认识。他说："作为军事艺术基础的各种知识，无疑都属于经验科学……事物的性质多半只有通过经验才能认识。"基于这种认识，克劳塞维茨在谈论战争的具体问题时，都是根据实践经验谈用兵之道。例如在总结战术原则时，《战争论》书中说："非不得已，不得用骑兵攻击敌人队形完整的步兵；在敌人进入有效射程以前，不得使用火器；战斗中要尽量节约兵力，以备最后使用，这些都是战术原则。"又说："如果发现敌人生火做饭的时间反常，就可以断定敌人准备转移，如果敌人在战斗中故意暴露自己的部队就意味着准备佯攻，那么这种认识真理的方法就叫做规则"，"在战斗中一旦发现敌人开始撤退炮兵就应该立即猛烈地攻击敌人是一条规则"。克劳塞维茨在这里所谈的用兵"原则"、"规则"，显然都是从战争实践中提炼出来的经验总结。实践经验是克劳塞维茨军事理论的源泉。《战争论》实际上是实践经验总结的兵书。书中诸如此类的经验谈还有很多，例如说什么山地、森林、耕作区等通行困难的地方不适于使用大量骑兵；密林区不适于使用火炮等等，不胜枚举。这些兵法与用兵之道无不建筑在实践经验之基础上的。无怪乎克劳塞维茨在《战争论》书中屡屡使用诸如"从大量的经验来看"、"根据普通的经验来看"、"这是大量经验所充分说明了的"这类字眼与词句。在克劳塞维茨眼里，经验对于战争指挥员来说是非常重要的，"因为在军事艺术中经验要比一切哲理有价值得多。"因此，几乎可以说全书属经验之谈。

《战争论》一经出版即在世界范围广为流传，受到各国军事界的高度重视，被推崇为军事理论的经典著作，成为研究军事理论人员的必读书。19世纪以来的德国名将大多是《战争论》的忠实读者。据称希特勒常将《战争论》摆在案头，不过他若真正理解了《战争论》，恐怕不会重蹈拿破仑于严冬之际进攻俄国之悲剧性错误的覆辙。俄国的马克思主义者则仔细地研究了《战争论》，并自如地运用了克劳塞维茨的思想。例如，前苏联政府于1933年发表了列宁读《战争论》的笔记，斯大林更是依据《战争论》发展了自己的军事思想。由此可以窥见《战争论》巨大魅力之一斑。

——《世界军事史》

有鉴于此，正是由于克劳塞维茨的军事理论是建筑在丰富的实践经验之上，因此《战争论》全书深入浅出，生动活泼，不仅通俗易懂，而且具有实用性和可操作性的优点。不像有的兵法书好似"天书"，谈起来隐晦难懂，也不易操作执行。缺乏实用性和可操作性的兵法天书，其价值与效用受损。因此，军事理论的实用性和可操作性是十分重要的，也是其价值之所在。克劳塞维茨的战争理论实用性强，指挥官可以看得懂、摸得着、用得上的。例如，战争中的兵力数量问题，克劳塞维茨认为："数量上的优势是决定一次战斗结果的最重要的因素"，主张"必须在决定性的地点把尽可能多的军队投入战斗"，提出"战略上最重要而又最简单的准则是集中兵力。"显而易见，克劳塞维茨的这些用兵之道是可以学来与践行的。指挥官可以根据这个理论，调配兵力，以数量上的绝对优势而克敌制胜的。又如克劳塞维茨提出"任何部队都不应该脱离主力，我们要严格遵守这一准则，并把它看做是一种可靠的行动指南"的理论，以及"在战术上兵力可以逐次使用，而在战略上兵力却只能同时使用"的用兵之道，这些都是有很强的操作性，指挥官可以在战役中加以运用的。此外，克劳塞维茨在书中多处提出忌讳用兵的告诫，如"被迫同敌人两面作战，这是危险的，没有退路，这是更严重的危险"的告诫。睿智的指挥官一定会从这个告诫中吸取教训，避免重蹈两面出击的覆辙。总之，事实表明，克劳塞维茨的军事理论不仅是实践经验的总结，而且有很强的实用性与可操作性，这种特色是可贵的。（夏祖恩）

《战争论》仿佛是一座充满着哲学理论的迷宫，读者当中很少有人能够真正把握其逻辑路线，或者深入其理论境界而不致迷失方向。
——英国著名军事理论家
利德尔·哈特

克劳塞维茨的理论虽然不是产生于美国，但是这种理论对美国的作战方法和政策都具有重要影响。
——《美国军事学说》作者
达尔·奥·史密斯将军

马克思、恩格斯、列宁都高度评价了《战争论》一书的学术价值，始终把"战争是政治的另一种手段的继续"这一原理公正地看做考察每一战争的意义的理论基础。
——《军事理论》

大师传奇
DASHI CHUANQI

克劳塞维茨，普鲁士军事理论家，西方近代军事理论奠基者。参加过欧洲反法联盟对拿破仑的战争。卡尔·冯·克劳塞维茨1780年6月出生于普鲁士马格德堡附近布尔格镇的一个小贵族家庭。12岁时在波茨坦的一个步兵团中充当士官生。1793年，当普鲁士同革命后的法国作战时，他曾参加围攻美因兹城等战斗。1795年升为少尉。

1801年秋，他被送入柏林军官学校，因学习成绩优异，深得校长香霍斯特的赏识。香霍斯特是以后普鲁士军事改革的倡导者，克劳塞维茨的思想和以后的活动受他的影响很大。1803年春，他在该校毕业后，被香霍斯特推荐为奥古斯特亲王的副官。在这一段时期，他经常参加香霍斯特主办的

克劳塞维茨（1780～1831）

青少年必知的智谋经典

军事协会的活动，听康德主义者基瑟韦特的哲学课，研究军事、哲学、历史和文学等著作，写了一些这方面的文章。1806年10月普鲁士同法国作战时，他随奥古斯特亲王所率的步兵营参加了奥尔施塔特会战，退却时在普伦次劳被法军俘虏。1807年10月释放回国后，根据亲身的体验，力主改革普鲁士的军事制度。1808年到科尼斯堡（仍为奥古斯特亲王的副官），积极参加香霍斯特主持的军事改革工作，结识了军事改革委员会成员格乃泽瑙、博因等人。1809年秋回到柏林，后来进入总参谋部，在香霍斯特属下工作。1810年升为少校。

1818年，克劳塞维茨被任命为柏林军官学校校长，并升为将军。从此，他在12年中致力于《战争论》的著述工作。根据自己20余年的战争实践，陆续研究了130多个战例，整理了亲身经历的战争经验。1830年春，克劳塞维茨奉命调到炮兵部门任职。1831年秋，克劳塞维茨因患霍乱去世，妻子玛丽将他的3000多页遗稿进行整理，出版了《卡尔·冯·克劳塞维茨将军遗著》共10卷。其中第一、二、三卷合称《战争论》。

克劳塞维茨生活的那个时代，正是近代欧洲大变革、大动荡的时代。青年克劳塞维茨目睹了1789年开始的法国资产阶级革命的进程。随法国革命接踵而至的，便是震撼整个欧洲的拿破仑战争。拿破仑统率的法军占领了德意志的大部领土，将它置于被统治和被奴役的地位。尽管法军所到之处，犹如摧枯拉朽，势不可挡，但它对外实行的民族压迫和掠夺政策不能不遭到被占领国家及其人民的强烈反抗，终于导致军事上的彻底失败和灭亡。在这一历史时期，战争的规模和作战的方式都有了巨大变化，出现了许多有关战争的新现象和新问题，要求人们去认识和理解，并从理论上加以阐明。克劳塞维茨关于战争的学说，正是在这种客观形势和主观需求下应运而生，逐步形成体系并完成这一历史使命的。

克劳塞维茨和当时一般的德意志人一样，出于爱国热忱，不堪忍受外来压迫和掠夺，积极参加了1813年至1815年的解放战争。他依据自己的战争经历，细心考察历次战争现象，先后研究了历史上130多个大大小小的战例，批判地阅读了当时各种军事理论文献，系统地总结了战争经验，建立了独创的完整的军事理论，写下了不朽的著作《战争论》。这本巨著自1832年问世以来，已经再版20次，并被译成各种世界通用语言的译本，广为流传，被推崇为资产阶级军事理论的主要经典著作，克劳塞维茨本人也被公认为资产阶级军事理论的奠基人。克劳塞维茨本人也因此被视为西方近代军事理论的鼻祖。

《克劳塞维茨传》一书内容十分丰富，史料翔实可靠，作者文笔生动流畅，被认为是当代有关克劳塞维茨的权威著作。它向读者展示了克劳塞维茨一生的坎坷道路，读后会对克劳塞维茨有一个全面而又深刻的了解，而且读者也将会从此书中了解到克劳塞维茨的军事思想及《战争论》一书的形成过程。书中叙述的当时欧洲广泛的历史背景以及克劳塞维茨所处时代欧洲各国的对外政策，特别是普鲁士在内政、外交、军事方面改革派和保守派之间的复杂斗争，这对于我国史学界和军事学术界在这方面的研究也都极具学术上的参考价值。

※　　※　　※　　※

《谋略》是古罗马的军事著作家弗龙蒂努斯的一部惊世骇俗的著作。他将大量富有教益的作战实例加以系统地归纳整理，借以阐释军事谋略，其中不乏妙计高招，读后颇能令人悟出一些克敌制胜的道理。《谋略》是一部介绍古希腊和古罗马将帅机智用兵手段的战史文集，且分类详尽，举例繁多，内容涉及作战用兵的方方面面。它既是西方军事学术思想启蒙读物中最有代表性的范本之一，同时也是研究古罗马帝国时代军事谋略的重要文献，颇受欧美军事学术界重视。该书最早以拉丁文行世，后来又被译成多种文字，并在西方国家广为流传。